本书是国家社会科学基金项目“公共项目社会稳定风险评估的法律机制研究”（项目号13CFX070）的成果

社会稳定风险评估的法律机制研究

SHEHUI WENDING FENGXIAN PINGGU DE FALU JIZHI YANJIU

林鸿潮　彭　浩　◎著

中国法制出版社
CHINA LEGAL PUBLISHING HOUSE

PREFACE | 前言

在理论上，风险行政是近年来我国行政法研究的一个重要新兴领域，有关其理论、制度和政策各层面的研究成果十分丰富。但是，研究者关注的重点多数集中在食品安全、公共卫生、环境安全、工程技术安全、生物科技安全等技术性风险方面，对于建构性的社会稳定风险关注得比较少。近十几年来，在政治学、公共管理学界和社会学界，对社会风险治理特别是社会稳定风险评估（以下简称“稳评”）讨论得如火如荼之际，法学界的关注者仍然不多。直到 2017 年 6 月，国务院发布的《重大行政决策程序暂行条例（征求意见稿）》将“稳评”直接写入重大行政决策程序当中，学者们在研究“征求意见稿”中的各项制度时，仍然选择性地将“稳评”遗忘。关于“稳评”的研究在法学界“遇冷”，一个重要的原因在于社会稳定风险之源是人的行为，其规制方式与其他风险存在重大差别，在制度设计上也面临着更多价值目标之间的冲突，因而更加复杂。因此，我们从法学的视角对“稳评”进行一个相对系统的、解构与建构并重的研究，可能有助于拓展风险行政的研究边界，并丰富有关风险评估理论的成果。

从实践层面来看，“稳评”是在当前社会矛盾相对突出、传统的“刚性维稳”模式走入困境之后出现的制度创新。20 世纪 50、60 年代发源于西方的公共项目“社会影响评价”“社会风险评价”等机制在 80 年代随着国际援助项目被引入中国之后，在很长一段时间之内并没有得到很大发展。但当其基本方法和 21 世纪初以来中国政府“科学维稳”的需求意外结合之后，却迅速开花结果。“稳评”自2005年在四川遂宁出现以来，就被视为中国社会管理创新的一大亮点。目前，这一做法正处于从地方分散探索转入全国统一推动的阶段，其关键就在于实现规范化、制度化、法治化。但到目前为止，就全国性的制度而言，只有2019年4月国务院制定的《重大行政决策程序暂行条例》第二章第四节用三个条款对包括“稳评”在内的风险评估制度作出了原则性规定。在地方上，只有四川等个别省市出台了地方规章，大多数地方还缺少基本的制度支撑、制度规范，实施“稳评”的依据基本上以低层级的规范性文件为主。在实践中，“稳评”的性质和功能定位不准确、评估主体角色错位、评估程序缺失、评估效力定位偏差、评估结果运用失当等问题普遍突出，亟待解决。我们的研究尝试一一回答实践中存在的突出问题，为建立一套系统、完善、有效的“稳评”制度提供帮助。

在本书中，我们首先提出了对“稳评”的法治批判，并提出其法治化重构的基本思路；在澄清“稳评”性质的基础上，提出了重构“稳评”运行体制的基本方案；提出了关于“稳评”效力的弹性设计模式；分析了社会稳定风险治理中的责任追究事由并提出了纠偏的思路；分析了在“稳评”中“借用”行政许可的做法，并由此引申提出了建立“类别许可”制度的主张；研究了对以“稳评”程序为代表的行政行为审慎程序的司法审查，并提出了具体的审查标准；研究了“稳评”机制进入司法决策活动的可能性和基本路径，并以此为基础提出了在司法机关的审判执行工作中构建“稳评”机制的具体方法；研究了个人信息在社会稳定风险治理中的利用方式及其限制。

最后，我们提出了两份与立法文件相关的建议稿。一是以当前正在开展的北京市“稳评”地方立法为对象——所谓“首都无小事”，北京的“维稳”工作在全国具有无可置疑的代表性，以我们多次参加该项立法论证工作获得的信息为基础，提出了完善其立法思路的十点建议。二是起草了适用于法院系统的《关于在审判执行工作中建立社会稳定风险评估机制的实施意见》，尝试性地提出了在司法机关建立“稳评”机制的具体方案。

林鸿潮撰写了本书第一章到第六章、第九章、附录一，并对全书进行统稿；彭浩撰写了本书第七章、第八章和附录二。

CONTENTS 目录

第一章
社会稳定风险评估的法治批判与转型

重大行政决策中的“稳评”是地方政府为了解决传统“刚性维稳”机制成本高昂、末端治理、被动应对等缺陷而创制的改良机制，自2005年以来发展迅速。“稳评”的原初设计所蕴含的判断标准挤压了行政决策中的法治空间，并可能导致消极行政和不作为，甚至威胁到司法权威。但是，“稳评”在其实际推行过程中，为了实现其有用性和可信度，逐步嵌入了公众参与、风险沟通等具体机制，出现了被改造为一种民主决策程序的契机。转型之后的“稳评”在合理设定适用范围、坚持运用参与式评估方法、赋予评估结果以弹性效力、增加反映评估过程民主性的指标等条件下，有助于增强行政决策的民主性，有助于沟通行政决策中“利害”和“是非”两个价值维度。在《重大行政决策程序暂行条例》中，建议将“稳评”移出“风险评估”而纳入“公众参与”，将“稳评”的实施提前到决策动议或项目规划阶段，规定补充评估或后续评估的机制，将风险沟通拓展到重大行政决策的全过程。

从总体上看，“稳评”的议题对于法学界来说是陌生的。尽管相关的实践从2005年的四川遂宁起步至今已有十余年，并在出现之后，迅速成为公共管理学乃至政治学、社会学中的一个热门话题，但法学界或许是由于“稳定”二字将其归入“维稳”一类的政治问题，或许是由于“评估”二字将其归入管理问题，总之是“法味”不浓，对“稳评”缺乏足够的研究兴趣。法学界有限的研究成果可以分成两种，一种是对“稳评”的否定性批判，另一种是在回避价值评价基础之上的具体制度架构。

2019年4月，国务院出台了《重大行政决策暂行程序条例》，其第22条第1款规定：“重大行政决策的实施可能对社会稳定、公共安全等方面造成不利影响的，决策承办单位或者负责风险评估工作的其他单位应当组织评估决策草案的风险可控性。”这意味着“稳评”已经成为一项法定的行政程序，法学界将不得不认真审视这个重大行政决策程序中的“闯入者”——和条例中规定的其他所有程序比起来，“稳评”无疑是一项最本土化也是最特别的制度安排。我们必须回答的一个关键问题是：“稳评”到底有没有充当一项行政程序的“资格”？其背后的追问则是：“稳评”的正当性能否通得过行政程序所追求的某种法律价值——比如控权、科学或者民主——的检验？如果答案是肯定的，后续的问题才是其在重大行政决策中如何安放，以及如何进行具体的制度设计；如果答案是否定的，则只能将其定位为行政机关的自制规则甚至仅仅是一项工作流程，从法定的行政程序中摒除。

一、作为法治“溢出物”的“稳评”

（一）从社会影响评价到社会稳定风险评估

“稳评”发端于工程项目领域，源出工程项目的社会影响评价。社会影响评价（Social Impact Assessment）是对政策、项目、事件、活动等所产生的社会方面的影响、后果进行事前、事后分析评估的一种技术手段，通过运用社会科学的知识和方法分析政策或项目所可能带来的社会变化、影响和结果，并提供一定的“有用的知识”或者对策，以降低负面影响和实现有效管理。[①]社会影响评价的核心在于系统地调查和分析政策或项目在设计、建设、实施和运营过程中可能产生的故意和非故意的社会后果或社会影响，从而提出相应的预防和缓解矛盾的措施。[②]其目的是使人类社会环境在生态、社会文化、经济各方面更加可持续、更加平等，促进社区的发展、能力建构和社会资本培育。

20 世纪 60 年代，工程项目的社会影响评价在西方兴起。其背景是西方国家进入了后工业化时代，开始反思现代化进程对自然和社会环境的破坏，希望开发新的工具弥合经济发展与环境、人文之间的紧张关系。1969 年，美国《国家环境政策法》第 102 条要求在进行项目评价时不光要考虑环境影响，还要考虑其社会影响。20 世纪 70 年代，社会影响评价开始在美国应用于水资源开发、城市土地开发等大型建设项目之中。1994 年 5 月，美国专门颁布了社会影响评价的指导原则，形成了比较规范的环境和社会影响评价体系。[③]

社会影响评价在包括中国在内的发展中国家的应用源于世界银行在其投资项目中的大力推广。1980 年，世界银行首先在移民安置中分析了社会问题，1982 年对受项目影响的土著居民也进行了分析，1984 年明确提出将社会评价作为其开展投资项目可行性研究的重要组成部分，在项目评价阶段与

---

① See Wolf C. P., Social Impact Assessment: The State of the Art, in Wolf C.P., ed. *SIA*. Washington: Environmental Design Research Association, 1974, pp.15–16.

② 参见李强、史玲玲:《“社会影响评价”及其在我国的应用》，载《学术界》2011 年第 5 期。

③ The Interorganizational Committee on Guidelines and Principles for Social Impact Assessment, *Guidelines and principles for social impact assessment*, 1994, https://www.tandfonline.com/doi/ref/10.1080/07349165.1994.9725857，最后访问时间 2020 年 12 月 17 日。

财务、经济、技术和机构评价共同进行。1985 年，世界银行出版了《把人放在首位》的报告，介绍了社会分析在农业、农村发展项目设计中的应用。[①] 此外，亚洲开发银行、泛美开发银行等在 20 世纪 80 年代末 90 年代初也分别设立了社会发展部门，将社会影响评价发展作为项目评价中一个不可或缺的组成部分。

从具有代表性的“社会影响评价指导原则跨组织委员会”列出的指标中，我们可以看到社会影响评价的主要内容，包括：（1）人口特征，指人口规模、密度和变化，种族和宗教信仰的分布状态，移民，流动人口，季节性或休闲度假的居民；（2）社区与制度结构，即志愿组织，社团活动，地方政府的规模和结构，变化历程，就业和收入特征，弱势群体的公平就业权利，地方、区域、国家的联系，产业、商业的多样性，规划和区划活动；（3）政治和社会资源，即权力和权威的分配，新移民和原住民的冲突，资金的证明、鉴定，感兴趣和受影响的政党，领导能力和特征，国际组织的合作；（4）个体和家庭的变迁，即对风险、健康和安全的感知，对迁移和拆迁的关注，对政治和社会制度的信任，居住的稳定性，相识的密度，对政策、工程的态度，家庭和友谊网络，对社会福利的关注；（5）社区资源，即社区基础设施的改变，本地人口，土地利用方式的改变，对文化、历史、宗教和考古资源的影响。[②] 国内学者李强等人提出的中国社会影响评价框架则包括人口与迁移、劳动与就业、生活设施与社会服务、文化遗产、居民心理与社会适应五个方面，每个方面之下包含数个具体的评价指标。[③]

---

① 参见王朝刚、李开孟：《投资项目社会评价专题讲座》，载《中国工程咨询》2004 年第 3 期。

② The Interorganizational Committee on Guidelines and Principles for Social Impact Assessment, *Guidelines and principles for social impact assessment*, 1994, https://www.tandfonline.com/doi/ref/10.1080/07349165.1994.9725857，最后访问时间 2020 年 12 月 17 日。

③ 参见李强、史玲玲、叶鹏飞、李卓蒙：《探索适合中国国情的“社会影响评价”指标体系》，载《河北学刊》2010 年第 1 期。

但是，社会影响评价引入中国之后遭到了冷遇。从20世纪90年代开始，原国家计委投资研究所出版了投资项目社会评价的指南和方法，环保、水利、民航、铁路、森林、煤矿、电力、公路、城建等项目评价中也增加了社会评价的内容或提出了一些评价指标和方法。但从总体上看，社会影响评价的应用范围和效果十分有限，只有在世界银行、亚洲开发银行的贷款项目或者其他援助项目中才会严格按照援助机构给出的标准进行社会评价；在国内项目的可行性研究中虽然也会有所体现，但主要是作为经济评价或环境影响评价的附属品。有时候，社会影响评价还会被异化为社会效益评价，即从评价项目对社会系统的消极影响变成评价其积极影响，甚至虚构和夸大社会效益，以推动项目方案通过审批。①

与此对比鲜明的是，自进入21世纪之后，一项名为“社会稳定风险评估”的新机制异军突起、迅猛发展，其适用范围从重大投资项目到重大事项再到重大决策，无论从哪一个维度上讲，其发展之迅猛都为原来的社会影响评价所望尘莫及。应当承认，“稳评”在基本内容和方法上并未脱离社会影响评价的范畴，因为其评价内容仍然属于项目或者决策介入社会系统之后的影响。但是，“稳评”对此前项目可行性研究报告中的“社会评价”、项目申请报告中的“社会影响分析”“社会影响评估”以及类似的“互适性分析”等进行了重新整合、放大、深化，由宏观演化为微观，已经将评价的焦点专门限定在“社会稳定”这个特定层面，尤其是引发群体性事件等不稳定因素的可能性上，社会影响评价中所包含的环境友好、人文关怀等理念则被稀释了。②

遇冷多年的社会影响评价为何在被极化为“稳评”之后竟成燎原之势，其动力源于何处？推敲其背后的逻辑，对于判明“稳评”的价值取向至关重要。

---

① 参见杨华均等：《工程项目社会影响评价的回顾与展望》，载《中国农学通报》2007年第8期。

② 参见张振生：《关于重大项目社会稳定风险分析评估中的几个问题》，载《中国工程咨询》2011年第9期。

（二）作为“刚性维稳”替代机制的“稳评”

在大多数语境下，我国的社会稳定风险特指可能引发群体性事件、大规模上访、大规模打砸抢烧事件、严重暴力犯罪事件以及骚乱暴动等严重影响社会秩序、破坏社会安定、影响社会团结、引发社会动荡的事件的不确定性。[①] 社会稳定风险评估，则是指在重大决策、重大工程建设项目、与社会公共秩序相关的重大活动等在制定出台、组织实施或审批核准之前，对可能影响社会稳定的风险因素进行调查、预测和分析评估，制订风险应对策略和预案，以便有效规避、预防、控制重大事项实施过程中可能产生的社会稳定风险事件，确保重大事项的顺利实施。[②]

“稳评”的勃兴源于社会转型期中国社会风险的高涨和传统“刚性维稳”“压力维稳”模式的失灵。社会转型期中国社会稳定的风险，又源于传统意识形态和社会控制机制的失效和新的社会控制机制尚未真正建立。这种失效是两方面合力作用的结果：一是旧的正义标准失效所导致的原有制度设置的问题化和非正当化；二是改革开放之后产生的新问题在原有制度设置下得不到解决。这两个方面相互加强，一方面的问题化也会导致另一方面的问题化。[③] 随着经济利益格局的调整、社会阶层的分化、价值观念的嬗变、公众权益意识的萌动，滞后的社会管理导致不满情绪滋生，大量社会矛盾与纠纷同时涌现，群体性事件不断发生。加上经济的高速发展，使得在西方国家漫长历史阶段所展现出来的历时性矛盾在中国表现为共时性矛盾，社会稳定面临巨大挑战，维稳被上升为关乎长治久安的大政方针，成为各级党委、

① 参见张欢：《从评估到监测：社会稳定风险应对的新策略》，载《四川大学学报（哲学社会科学版）》2016 年第 6 期。

② 参见李开孟：《风险社会与社会稳定风险评估》，载《中国工程咨询》2013 年第 2 期。

③ 参见徐亚文、伍德志：《论社会稳定风险评估机制的局限性及其建构》，载《政治与法律》2012 年第 1 期。

政府的当务之急和重中之重。[①] 正是由于长期以来以追求“刚性稳定”为目标的压力维稳已经走入了无法持续的困境，[②]“稳评”作为一种新工具才应运而生。

首先，高昂的维稳成本迫使政府寻求“科学”的成本分配机制。“刚性维稳”成本与其收益的比例严重失调。“2014 年中央财政预算中，中央本级支出预算总额达到 22506 亿元，比 2013 年预算执行数增加了 9.9%。其中公共安全支出为 1389.15 亿元，比去年的预算执行数增加了 7.1%，这是公共安全支出预算连续第四年增长。”[③]“维稳工作已经陷入‘怪圈’，各级政府将大量的人力、物力、财力用于维稳，但社会矛盾和社会冲突的数量非但没减，反而不断增加，在某种意义上已经陷入‘越维稳越不稳’‘天价维稳反而不稳’的恶性循环。”[④]“那些经济落后地区承担的财政负担更为沉重，地方政府则面临维稳行政低效的艰难困境。”[⑤] 由于成本上的不堪重负，各级政府开始转向“有所为有所不为”，通过“稳评”这样的机制将一些可能引发社会稳定高风险的项目或者决策先行淘汰，以降低其可能引发的维稳压力和成本。

其次，末端治理的被动性促使政府寻求源头治理工具。维稳依托的是自上而下的压力传导机制，基层政府承担了大多数维稳职责，但基层政府对维稳压力不堪重负却无力从源头上化解社会矛盾，因为大多数社会稳定风险的

---

① 参见王宏伟：《完善重大决策社会稳定风险评估机制的五大转变》，载《云南社会科学》2013 年第 2 期。

② 参见于建嵘：《当前压力维稳的困境与出路——再论中国社会的刚性稳定》，载《探索与争鸣》2012 年第 9 期。

③ 罗丹阳：《财政部公布中央预算中央本级支出细化到项级科目》，载《北京青年报》2014 年 3 月 26 日。

④ 孔祥勉：《“天价维稳”现象的政策浅析》，载《改革与开放》2011 年第 12 期。

⑤ 谢岳、党东升：《“维稳”绩效困境：公共安全开支视角》，载《同济大学学报（社会科学版）》2013 年第 6 期。

制造者远在公共治理的前端，比如国家规划、上级决策、项目审批等，最终却要求资源与能力有限的基层政府化解矛盾、平息事件。[①]这种末端治理思维必然使基层政府疲于奔命、劳而无功。为此，政府希望将维稳的注意力转移到风险的源头，通过“关口前移”，在决策之初就将风险评估、甄别出来，将能够避免的矛盾避免掉，不能避免的则提前采取风险缓解和防范措施。

最后，危机管理意识启发政府提升社会稳定风险的可预测性、可控制性。说服、教育、调解、截访、收买、打压等传统维稳手段其实都是一种“打击—反应”式的行为，是基层政府害怕被问责而采取的被动应付，而不是主动性、前瞻性化解矛盾、解决问题的行为。[②]由于社会矛盾的日益普遍，基层政府迫切希望能够扭转这一被动局面，2003 年以来快速发展的公共危机管理体系恰恰为此提供了启示。现代公共危机管理理念要求将突发事件应对从传统的以事中处置为中心拓展为对危机的全过程管理，尤其强调对风险的前端治理，突出预防、预测、预控、预警的意义。受此启发，政府在维稳领域也尝试引入某种“科学”方法，实现对社会风险的主动把握，各级政府由此形成对社会不稳定事件预测的需求，进而才提出了“稳评”的概念。[③]

面对窘境的维稳遇到了被“科学”包装的稳评，两者如“久旱逢甘霖”般地“一拍即合”。“稳评”诞生之后，很快就被寄予各种厚望，戴上了“科学维稳”“精准维稳”“维稳变创稳”“社会管理创新”等各种“帽子”。“‘稳评’就是要……确立科学‘维稳’新思维，建立法治‘维稳’新常态，使对社会稳定问题的处理由原先的事后被动处置向事前预防转变，由传统灭火式应急

① 参见魏治勋、白利寅:《从“维稳政治”到“法治中国”》，载《新视野》2014 年第 4 期。

② 参见容志、陈奇星:《“稳定政治”: 中国维稳困境的政治学思考》，载《政治学研究》2011 年第 5 期。

③ 参见张欢:《从评估到监测: 社会稳定风险应对的新策略》，载《四川大学学报（哲学社会科学版）》2016 年第 6 期。

管理向‘综合风险治理’转变，从源头上减少人为制造的不稳定事件，进而变‘刚性维稳’为‘长效创稳’。”①

作为“稳评”发源地的四川省遂宁市，出于对2004年发生在该地的一起重大群体性事件的反思，在2005年年初出台了《重大事项社会稳定风险评估化解制度》，明确要求新建重大工程须进行社会稳定风险评估，凡是未经风险评估的不得盲目开工，评估出的“涉稳”重大隐患尚未化解的不得擅自开工。②因此，遂宁模式成为“稳评”的开创性标志，并很快得到了中央层面的肯定和推广。2007年，原中央“维稳”领导小组转发了《风险评估消除隐患，从保到创谱就和谐——关于四川遂宁推行社会稳定风险评估机制，做好维护稳定工作的调研报告》。③2009年，党的十七届四中全会公报要求“建立健全重大社会决策、重大工程社会稳定风险评估机制”。2012年1月，中共中央办公厅、国务院办公厅发布的《关于建立健全重大决策社会稳定风险评估机制的指导意见（试行）》明确了“稳评”的指导思想和基本要求，确立了评估范围、评估主体、评估程序、风险等级认定、评估结果运用等基本内容，提出了加强组织领导、综合保障、责任追究等具体要求，这是迄今为止指导和规范“稳评”最核心的文件。2012年8月，国家发改委发布了《重大固定资产投资项目社会稳定风险评估暂行办法》，使“稳评”成了工程建设项目行政审批前的必经程序。2012年，党的十八大报告再次提到要“建立健全重大决策社会稳定风险评估机制”；2013年，党的十八届三中全会提出要“创新有效预防和化解社会矛盾体制、健全重大决策社会稳定风险评估

---

① 刘泽照、朱正威：《掣肘与矫正：中国社会稳定风险评估制度十年发展省思》，载《政治学研究》2015年第4期。

② 参见刘裕国：《四川遂宁推行社会稳定风险评估》，载《人民日报》2006年6月6日，第10版。

③ 刘泽照、朱正威：《掣肘与矫正：中国社会稳定风险评估制度十年发展省思》，载《政治学研究》2015年第4期。

机制”；2014 年，党的十八届四中全会通过的《中共中央关于全面推进依法治国若干重大问题的决定》要求“健全依法决策机制，把公众参与、专家论证、风险评估、合法性审查、集体讨论决定确定为重大行政决策法定程序”。直至 2019 年 4 月，“稳评”被写入了备受关注的《重大行政决策程序暂行条例》。

可以说，近十年来，“稳评”在各种官方重要文件中出现频率之高令人瞩目。从地方到中央，“稳评”机制快速扩散，俨然已成了中国社会管理领域的一项重要创新和品牌。

（三）“稳评”对法治的侵蚀和挤压

诚然，追求社会的有序、稳定，实现长治久安，本身就是法治的重要目标之一。因此，维护社会稳定本身无所谓契合或者背离法治，关键在于实现这种目标的具体运作机制是否和法治的精神、原则相一致。传统的刚性维稳机制之所以饱受诟病，在于其关注“治标”而非“治本”，片面追求将社会矛盾掩盖、拖延或者压制下去，而非谋求通过更根本的制度改革消灭社会矛盾产生的根源和土壤，或者通过完善民主机制和司法机制将这些社会矛盾尽量予以消纳。刚性维稳通常采取“胡萝卜加大棒”的办法，“胡萝卜”就是“花钱买平安”；“大棒”则是采取强力压制手段，往往以损害公民的合法权益为代价。[①]刚性维稳关心的是社会矛盾在结果上有没有被“摆平”，并不关心“摆平”的过程是否符合正当程序。刚性维稳依靠的是自上而下的压力传导机制，并不考虑为此付出的社会成本和可能诱发的、更大的系统性风险。虽然“稳评”是在传统刚性维稳模式遭遇种种困难的背景下推出的创新举措，但“稳评”说到底还是为维稳服务的。我们必须承认，“稳评”的推行确实为传统

---

① 参见唐皇凤：《“中国式”维稳：困境与超越》，载《武汉大学学报（哲学社会科学版）》2012 年第 5 期。

的“刚性维稳”模式提供了一定的弹性，使维稳的运行成本有所降低，并具备了某些“治理能力现代化”的色彩；但同时也应承认，大多数地方政府作为“稳评”的设计者和推行者，其基本立场仍然是工具主义的，他们并无意于对那些引发社会风险的顶层制度进行根本的改革，其初衷仅仅是针对此前维稳体系中的某些弊端加以改良，使其更加精准、科学、高效。任何对这种初衷的过度解读，都难免显得一厢情愿。“稳评”作为维稳的一种改良装置，其吸纳这种外溢的社会复杂性的能力是有限的。[①] 维稳的基本价值取向及其与法治之间的紧张关系，必然为“稳评”所继承。

首先，在最初的制度设计上，“稳评”为重大行政决策所提供的判断标准与法治的价值显然是相斥的。法律的评价说到底是一种“是与非”的判断，最终要诉诸公平、正义、民主、自由等基本价值所型塑的规范主义框架。而“稳评”推行之初，实际上就是政府在决策出台之前对民意所进行的一种压力测试，聚焦于利益相关者对决策所抱持的态度和可能采取的行动以及行动的能力——重点是反对的力量有多大，以及基于这种力量进行对抗的可能性和破坏力有多大，说到底是一种“利与害”的判断。“是非”与“利害”是两种不同的价值维度，尽管“是非”的判断和“利害”的权衡有的时候在结果上会趋向一致，但并非总是如此；尽管“利害”的平衡有时候是判明“是非”的基础，并能够为公共决策的作出提供合法性来源，但这种转化需要借助正当程序的设计来实现，而非直接将“利害”凌驾于“是非”之上。但是，“稳评”最初的逻辑恰恰是用“利与害”去压倒“是与非”，这不可避免地将对法治形成侵蚀乃至挤压。有学者以土地征收为例说明了这一点，一个带有公益性质的、完全符合形式合法要件的土地征收项目，有可能因被拆迁方以制造群体性事件相要挟，从而无法通过“稳评”，最终难以实施。而在被拆

---

① 参见徐亚文、伍德志：《论社会稳定风险评估机制的局限性及其建构》，载《政治与法律》2012 年第 1 期。

迁方洞悉这一点之后，“稳评”还可能诱导其在无法通过法定化的公众参与程序进入公共决策过程的背景下，以制造社会不稳定的方式打开“政策之窗”，通过群体性事件或者集体上访等手段影响最终的征收决策。“风险评估程序本身却意外打开了社会抗争的‘潘多拉魔盒’，……在政府‘维护稳定’与公众‘破坏稳定’的博弈中，征收决策的合法性判断更加隐遁不彰，社会稳定而非合法性争议最终成为双方谈判的终极筹码。”①

其次，“稳评”的推行还有可能打击行政机关依法履职的积极性，导致其懈怠和不作为。一方面，这源于社会不稳定事件发生之后给地方政府及其官员带来的灾难性后果，因此维稳领域的责任倒查机制极其严厉，无论事件的发生源于决策错误还是对决策的不当执行，相关官员都将受到严厉的责任追究，而相关的责任追究机制往往只问结果、不问过错。另一方面，对“稳评”的过高期待又使得很多地方不恰当地赋予评估结果以绝对效力，乃至可以根据“稳评”结果对重大行政决策“一票否决”。面对如此“前后夹击”的维稳“高压线”，很多官员本着“多一事不如少一事”的自保心理，难免消极懈怠，变得无所作为。对于某些依法应当履职但实际上比较棘手的事项，地方政府甚至可能主动引入“稳评”机制，借“稳评”结果提示高风险为由推脱，将“稳评”当作其规避责任的“挡箭牌”。因此，“稳评”正在变成地方政府一种明哲保身的方式，暗含着消极行政的因素，不利于中国的改革。②

最后，“稳评”的强力推行甚至威胁到了司法权威。2011 年 2 月 15 日，最高人民法院印发了《关于新形势下进一步加强人民法院基层基础建设的若干意见》，明确提出要“建立重大敏感案件风险评估机制”；2011 年 5 月 9 日，

---

① 卢超：《“社会稳定风险评估”的程序功能与司法判断——以国有土地征收实践为例》，载《浙江学刊》2017 年第 1 期。

② 参见于立深、刘东霞：《论社会稳定风险评估制度的行政自制功能》，载《东北大学学报（社会科学版）》2015 年第 4 期。

又下发了《关于坚决防止土地征收、房屋拆迁强制执行引发恶性事件的紧急通知》，明确规定法院在处理拆迁裁决非诉执行案件时应当进行社会稳定风险评估；2012 年 3 月 26 日，又发布《关于办理申请人民法院强制执行国有土地上房屋征收补偿决定案件若干问题的规定》（法释〔2012〕4 号），规定对申请法院强制执行国有土地上房屋征收决定的案件，要求申请机关应当提供《行政诉讼法》中所没有规定的“稳评”材料。有的地方司法机关进一步推而广之，在办理其他案件时也要求实施“稳评”，这在司法系统中也引发了争论。[①] 按照这一逻辑，法院的司法决策——包括对案件作出裁判、裁定是否执行一个生效判决、是否执行一个生效的行政行为等——都需要在法律的规定之外考虑社会稳定风险，特别是考虑当事人是否采取激烈的反抗措施。这显然不是法院所应该和善于扮演的角色，在司法活动中无差别地强力推行“稳评”只会让法官越来越无所适从，最终削弱司法的权威。

必须承认，“稳评”机制在最初的设计上确实与法治目标相悖，我们完全赞同从法治立场出发对“稳评”的上述批判。但假如我们的讨论止步于此，不难得出应当将“稳评”废除，进而寻求社会风险治理的其他法治路径的结论。不过，我们也常常发现，当一项制度被设计出来之后，未必会完全按照设计者最初的预期演进，而是会出现某种偏离，这种偏离多数时候是消极的，但也有可能是积极的。在我们看来，“稳评”的演进恰恰属于后者。地方政府为了保证“稳评”的有效推行，在操作过程中所采取的某些具体设计，已经“无心插柳”地蕴含了某些法治元素，而且，这些元素正日益变得不可或缺。如果我们能够充分挖掘和放大这些元素，使其在“稳评”中发挥越来越关键的作用，并依托其对“稳评”机制进行改造，最终有望以较小的制度变迁成本撬动整个维稳体系的改革，将不失为一种可以考虑的路径。

---

① 参见方工:《司法活动需要评估社会风险吗》，载《检察日报》2011 年 3 月 17 日。

二、“稳评”的演进及其法治化契机

很多学者在论及“稳评”的完善方案时，都乐于提出推进其法治化的建议，但其所称的法治化大多特指立法。例如，认为应尽快将“稳评”纳入法治轨道，提升其法律地位，把“稳评”从具有弹性的“必经程序”提升为刚性的“法定程序”，增强其强制性和约束力。[①] 或提出具体的立法规划，希望“构建以《重大决策社会稳定风险评估条例》等专门法规和各领域单行行政法规为基础，以各职能部门规章为支撑，以地方性法规和地方政府规章的实施或配套细则为准则，全面涵盖各类稳评事项的门类齐全、结构合理、内容完备的稳评法律体系”[②]。有的学者提出了更详尽的立法路线图，提出先由地方政府出台规章，再由地方党委出台党内法规，继而由地方人大及其常委会通过地方性法规，接着由中央政府择机推动“稳评”的顶层立法，制定《重大决策社会稳定风险评估条例》，对“稳评”的范围和内容、主体和程序、结果运用、责任追究和组织领导等进行更为明确的规定，进一步的努力方向则是由全国人大常委会颁布法律。[③]

如果我们仅仅将“法治化”的内涵理解为立法的话，“稳评”的立法进程不可谓不快，其成果也已经颇为可观。在地方层面，2010 年 12 月，作为“稳评”发源地的四川省，已经颁布了第一部地方政府规章《四川省社会稳定风险评估暂行办法》；在 2016 年经过修改，去掉了“暂行”二字。近年来

---

① 参见刘泽照、朱正威：《掣肘与矫正：中国社会稳定风险评估制度十年发展省思》，载《政治学研究》2015 年第 4 期。

② 张玉磊、徐贵权：《重大决策社会稳定风险评估机制的问题与完善》，载《中共天津市委党校学报》2015 年第 4 期。

③ 参见黄杰、朱正威、吴佳：《重大决策社会稳定风险评估法治化建设研究论纲——基于政策文件和地方实践的探讨》，载《中国行政管理》2016 年第 7 期。

在如火如荼的地方行政程序立法进程中，也有一大批地方政府将“稳评”设置为其重大行政决策的必经程序之一。在国家层面，2013 年 3 月印发的《国务院工作规则》第 23 条规定，“涉及重大公共利益和公众权益、容易引发社会稳定问题的，要进行社会稳定风险评估，并采取听证会等多种形式听取各方面意见”。在单行法上，2011 年的《国有土地上房屋征收与补偿条例》第 12 条第 1 款规定：“市、县级人民政府作出房屋征收决定前，应当按照有关规定进行社会稳定风险评估；房屋征收决定涉及被征收人数量较多的，应当经政府常务会议讨论决定。”而随着 2019 年 4 月《重大行政决策程序暂行条例》的颁布和实施，“稳评”在立法文本中的地位得到了进一步提升。

很显然，有法可依、有章可循并非“法治化”的核心主旨所在。即使我们将“稳评”写入法律、法规，但假如其制度设计并不以权利保障和权力控制等价值为目标，而仅仅在于提升行政决策过程的经济性或者效率性，也不应认为其实现了“法治化”，只能称之为规范化、制度化，充其量是“法制化”。反过来，即使政府的某种创新尚未被法律所确认，但其制度安排却有助于实现前述目标，我们仍然认为其在内涵上是“法治化”的。“稳评要体现公民权优先的原则……政府依法开展稳评是为了保护群众利益，保障公民权利，并通过稳评将政府行为置于法律的制约和控制之下。”① 正如上文所述，我们很难从各级政府推行“稳评”的初衷当中挖掘出法治目标，相反，如果完全按照设计者的初衷去推行“稳评”，其结果必然导致对法治空间的侵蚀和挤压。但出人意料的是，在“稳评”的推行过程当中，为了保证其结果具备最起码的可信度，地方政府所发展出来的一些关键方法——特别是公众参与和风险沟通——却包含了鲜明的法治色彩，打开了对“稳评”进行法治化再造的“窗口”。

---

① 童星、张乐：《国内社会稳定风险评估政策文本分析》，载《湘潭大学学报（哲学社会科学版）》2015 年第 3 期。

（一）公众参与在“稳评”中的嵌入

公众参与是对现代“传送带模式”的间接民主的修正，是在承认立法理性不足、政府单纯依法律行政难以有效回应行政管理过程复杂性的基础上，通过引入公众的价值判断，以增进行政活动的共识基础，从而补充其民主性和正当性的一种行政程序。很多研究者认为参与在“稳评”当中具有构成性的价值，应当成为“稳评”的指导方针和核心程序。[①] 但实际上，参与机制在“稳评”中的引入并非地方政府意识到了其在法治中的构成性价值，而恰恰是从发现了其对于实现“稳评”目标的工具性价值开始的。

社会稳定风险具有极其明显的人为特征，直接源自个体或集体的社会行动。[②] 因此，对社会稳定风险的评估就是对不同人群的态度、利益、偏好、价值，以及这些人群集体行动能力和资源动员能力的一种判断。[③] 离开了这些群体对其真实意思的充分表达，而仅仅以旁观者的身份进行观测，我们无法想象这样的评估结果会有任何可信度。一切闭门造车、通过行政系统内部循环完成的“稳评”，其结果必然是虚假的，利益相关者的参与和表达一开始就应该成为“稳评”最不可或缺的环节。

从学者们既有的研究中可以发现，公众参与在“稳评”中的重要性，无论是从社会风险本身的建构性，还是从风险感知理论、社会预期理论，抑或是科学理性的不足等进路出发，都可以得到充分的证明。

---

① 参见程瑜、陈世明：《从“维稳”到“参与”：社会稳定风险评估新探》，载《广西民族大学学报（哲学社会科学版）》2015 年第 3 期。

② 参见彭宗超等：《社会生态系统治理视角下的中国社会稳定风险评估的理论框架与指标体系新探》，载《公共管理评论》2013 年第 2 期。

③ 参见朱德米：《开发社会稳定风险评估的民主功能》，载《探索》2012 年第 4 期。

首先，社会风险的建构性特征决定了“稳评”赖以展开的核心信息只能来源于利益相关群体的参与和表达。风险评估有两种主要模式，一种是秉承实证主义精神，运用科学技术和数学模型来构建指标体系；另一种是持建构主义学说，试图回答的基本问题是人们会认为哪些社会事实是社会风险，或者哪些社会风险构成重大威胁。[①]建构主义的评估模式注重探寻公众对风险的心理感知，力图将公众纳入评估的实践中来，趋向于福克斯等提倡的“一些人的对话”，这种形式能够保证话语的真实性，切合情景的意向性。[②]客观存在的风险对应的解决策略是偏向科学的“理性—工具范式”，主观建构的风险对应的则是偏向民主的“商谈—建构范式”策略。前者往往指的是客观的、可计量的、不确定性可控的决策事项，需要基于科学性质的信息和理性的专门知识，高度依赖“成本—效益”分析以及量化分析工具，对决策机关的行政裁量权施加较严格的控制，典型者如“环评”中对噪声、化学物质应该采取何种污染控制措施；后者则主要是复杂的、涉及价值和认识论的社会甚至是政治难题，需要广泛的信息和社会公众等多方主体的知识，依赖合作、商谈等定性分析手段，其典型就是“稳评”。[③]“社会风险评估，实质是对决策承受者的心理行为反应进行的预判。……是基于社会常态运行秩序的维持，进行事实因素的统计分析和价值判断，从而制约决策权力、使之缜密慎重加以应用的技术和方法，是将决策可能进行的利益分配与利益调整中的损益强度和损益分布，以及由此波及和影响的行政关系人的配合、容忍或观望、反对等承受状况进行检测和推演，由此防控利益增益方可能的再行要价、利益

---

① 参见张海波:《社会风险研究的范式》，载《南京大学学报（哲学人文科学社会科学版）》2007 年第 2 期。

② 参见［美］查尔斯 · J. 福克斯、休 · T. 米勒:《后现代公共行政——话语指向》，楚艳红等译，中国人民大学出版社 2002 年版，第 13 页。

③ 参见戚建刚:《我国行政决策风险评估制度之反思》，载《法学》2014 年第 10 期。

受损方的过激反应、边缘利害者的声索介入。”[①] 由此可见，“稳评”的主要对象是人而不是物，其性质是对不同社会群体关于风险的心理和态度的评估。这种心理和态度会对个体或群体的行为产生直接影响，进而成为影响社会稳定的核心因素。那么，民情民意的获取、测量与分析就应当成为“稳评”中不可或缺的重要内容。[②] 从这个意义上讲，“稳评”的质量高低在很大程度上就取决于能否全面准确地识别出利益相关者，并将他们充分吸纳到“稳评”当中。那么，利益相关者的参与程度越高，“稳评”的效果就越好。[③]

其次，风险感知在公共决策的可接受性中具有决定意义，而对风险感知的测量又主要依赖参与。如学者童星所言，“风险感知的增强使得风险的接受变得不再理所当然，能否接受风险取决于人们对风险的认知和态度，这使得任何政策都表现为关于风险的不同认知达成一致后的产物。因此，没有最好的公共政策，只有可以接受的公共政策，或者说最多的利益相关群体可接受的政策才是好政策。在这个意义上，未来整个公共政策的导向都是面向社会风险的”[④]。群体性事件的发生存在“风险感知—应对行为—社会冲突”的链条。因此，社会稳定风险的高低取决于公众基于对风险的感知而产生的抗争意愿和行为，而公众的风险感知又受诸多因素的影响，如心理层面的焦虑、恐惧、直觉思维，以及文化层面的社会经济背景、信任等。[⑤] 有学者通过对

---

① 石东坡：《政府重大决策前期社会风险评估立法引论——以〈重大行政决策程序条例〉的创制为指向》，载《浙江工业大学学报（社会科学版）》2014 年第 3 期。

② 参见黄杰、朱正威：《国家治理视野下的社会稳定风险评估：意义、实践和走向》，载《中国行政管理》2015 年第 4 期。

③ 参见张玉磊、贾振芬：《基于利益相关者理论的重大决策社会稳定风险评估多元主体模式研究》，载《北京交通大学学报（社会科学版）》2017 年第 3 期。

④ 童星：《公共政策的社会稳定风险评估》，载《学习与实践》2010 年第 9 期。

⑤ 参见胡象明、王锋：《一个新的社会稳定风险评估分析框架：风险感知的视角》，载《中国行政管理》2014 年第 4 期。

工程项目的研究发现，个体的“风险—收益”感知是影响附近公众对项目可接受度的最重要因素，地方的“风险—收益”感知影响程度次之，国家的“风险—收益”感知影响程度再次之。[①]可见，风险感知是基于主观感知、经验总结和认识的复杂结果，有时候会偏离事实——特别是政府和专家所定义的事实。而对风险感知程度及其与政府预期目标的差异程度进行判断，就可以检视政府是否具有推行政策或项目的条件。要缓解利益相关者和公众较高的风险感知，就需要在重大决策做出之前对风险感知相关因素进行了解、排查与评估，综合各方影响，充分掌握影响相关群体风险感知状况的主要因素。[②]近年来，我国社会稳定风险的持续放大，在某种程度上就同地方政府对公众风险感知的严重忽视有关。因此，地方政府在“稳评”中就需要以更加积极的姿态广泛听取利益相关者的意见和诉求，有效获取公众的风险感知以进行后续的利益整合。[③]

再次，从社会预期的视角同样可以发现公众参与对于“稳评”的重要价值。与风险感知的分析视角类似，有学者使用社会预期的分析进路，认为社会稳定风险来自相关利益群体对决策或者项目在利益性、安全性和合法性上的社会预期，这种社会预期直接引发了其与社会稳定相关的行为或行为倾向。社会稳定风险的显性指标对应着一套公众社会预期的虚拟指标，这套指标致力于从一个更加微观的层面衡量决策或项目的社会稳定风险，侧重于研究公众所预期到的风险程度。公众对社会风险的预期状况是决策或项目社会稳定的“晴雨表”，可以确切地反映出其对人们心理状况造成的影响。有鉴

---

① 参见朱正威、王琼、郭雪松：《工程项目社会稳定风险评估探析——基于公众“风险—收益”感知视角的因子分析》，载《西安交通大学学报（社会科学版）》2016 年第 3 期。

② 参见朱正威、吴佳：《社会稳定风险评估机制的运行困境与优化策略》，载《中国党政干部论坛》2017 年第 5 期。

③ 参见黄杰、朱正威、王琼：《风险感知与我国社会稳定风险评估机制的健全》，载《西安交通大学学报（社会科学版）》2015 年第 2 期。

于此，研究者主张将社会预期分析作为重要工具纳入“稳评”框架当中，在评估过程中充分听取和尊重公众的意见和建议，兼顾和反映各方诉求，找准最大多数人的共同利益与不同群体具体利益的结合点。[①] 我们以对工程项目的合法性社会预期为例，一个工程项目的合法性到底如何，不难由法律专家依据主体、依据、程序、资金来源等标准做出精准的评判。但与此同时，这个问题在公众心目中也有其自己的答案，这个答案很可能并不真正以法律为依据——大多数人并不真正了解与这个项目相关的法律，也不具备此种分析能力。因此，其判断的结果必然千差万别，而且大部分存在这样那样的错误，但正是这种结果决定了公众对项目的态度和接受程度，以及采取某种对抗行动从而引发社会风险的可能性。如果政府过度执着于项目真正的合法性状况，而忽视公众对合法性的主观预期，就有可能陷入巨大的社会风险，且毫不自知。

最后，科学理性在社会风险治理中的不足，呼吁公众参与为决策的正当性提供新的支撑。由于不同群体间对社会稳定风险的认知不同，在风险评估中就不能仅仅依靠专家和科学技术去测量风险。基于实证主义的分析式评估所发出的官僚制独白话语无法掌握受影响群体对风险的主观认识，必须通过引入参与式评估才能予以完善，由此必须赋予受影响群体以相应的知情权、参与权、建议权、监督权和评价权。[②] 另一方面，公众参与风险规制的需求源于对专家以及相应的对决策者的不信任，以科学为名的专家理性很难再为决策提供足够的正当性。只有允许所有可能受到政府风险决策影响的人都参加到决策过程当中，通过与决策者的不断商谈影响决策结果，才能够削减风

① 参见陈晓正、胡象明:《重大工程项目社会稳定风险评估研究——基于社会预期的视角》，载《北京航空航天大学学报（社会科学版）》2013 年第 2 期。

② 参见高山、王京京:《社会稳定风险评估的两种模式及其融合》，载《湖南师范大学社会科学学报》2015 年第 2 期。

险决策中因信息不对称而带来的不确定性，从而增进决策结果的合法权威。[①] 即使撇开公众对专家的不信任，科学方法在“稳评”中的“用武之地”也天然受限。因为，不同于技术性风险评估通常借助于理论假设、环境模拟、科学实验等方法进行，社会稳定风险评估由于影响因子难以量化、数据样本有限等因素，难以完全比照。风险决策要求对风险的可接受性、控制成本的合理性等问题做出价值判断，科学永远不能单独成为风险决策的充分基础。因此，行政机关在风险评估的基础上做出风险决策时，必须充分考虑公众的不同利益诉求，做出不同的风险分配，这一过程必然依赖于有效的公众参与。[②]“风险科学的局限性，保持信任的重要性和难度，以及风险的主观性和背景化本质都在呼吁着新研究路径的出现，这种路径关注的是在风险评估和风险决策中引入更多的公众参与，以使决策过程更加民主化。”[③]

从世界范围内来看，与社会风险有关的评估都经历了一个从科学方法主导向公众参与主导转变的过程。在西方，始于 20 世纪 60 年代的社会影响评价到了 80 年代就开始从分析方法转向以建构主义的参与方法为主，承认对社会影响的最终评价不是来自形式化的数据计算，而是来自群体之间就发展计划的冲突和合作。[④] 社会影响评价指导原则跨组织委员会开发的 1994 年版“导则”提出了社会影响评价的 9 项原则，第一项就是“多元化的公众参与：确认所有潜在的受影响的群体或个体，并使之参与到评价之中”。在中国，几乎所有关于“稳评”的成功例子都与公众参与紧密地联系在一起。四川遂

---

① 参见张红显：《重大决策社会稳定风险评估程序建设研究》，载《河南财经政法大学学报》2015 年第 4 期。

② 参见成协中：《风险社会中的决策科学与民主——以重大决策社会稳定风险评估为例的分析》，载《法学论坛》2013 年第 1 期。

③ ［美］保罗·斯洛维奇：《风险的感知》，赵延东等译，北京出版社 2007 年版，第 20 页。

④ 参见李强、史玲玲：《“社会影响评价”及其在我国的应用》，载《学术界》2011 年第 5 期。

宁和江苏淮安作为开展"稳评"的两大典范，不约而同地将自己的经验概括为"五步工作法"，遂宁的第三步是"公开征求群众意见"，淮安的第二步是"收集社情民意"。江苏徐州则专门研发应用了"稳评工作监测平台"和"稳评工作服务网"，对"稳评"报告中必须包括的利益相关群体参与意见情况进行网上公示。[①]

（二）从公众参与到风险沟通

有学者发现，"稳评"在实际运作过程中发挥了极强的政策宣传倡导与群众动员的隐性功能，座谈会、听证会等公众参与装置的实质内核更多体现了群众动员的国家治理传统。例如，在土地征收项目中，政府在"稳评"的程序运作中正面宣传倡导征地开发建设的社会经济意义，有意模糊城市开发经济增长与道义逻辑之间的边界，实现对普通群众的动员教化目的，以此增进被拆迁群体对开发建设的认同感。并由此认为，"稳评"在制度外观与精神内核之间的这种张力，使得现代行政程序的诸多构造装置——特别是公众参与——并未发挥应有的控权功能，其群众动员的政治蕴涵远大于法律意义，这间接导致了合法性判断价值在风险评估程序中的消弧流失。[②]但在我们看来，地方政府的这种做法却不乏积极意义，"稳评"中的政策宣传和政治动员实际上构成了风险沟通的一部分。

尽管有相当一部分地方政府仍然以"走程序""做做样子"的态度对待"稳评"，[③]但在自上而下的压力体制下，群体性事件爆发对于官员仕途的灾难性后果，使敢于大胆"闯关"的官员日益减少。越来越多的地方政府真正希

① 参见张玉磊、程倩：《江苏重大决策社会稳定风险评估的实施经验与优化对策》，载《淮阴师范学院学报（哲学社会科学版）》2018 年第 1 期。

② 参见卢超：《"社会稳定风险评估"的程序功能与司法判断——以国有土地征收实践为例》，载《浙江学刊》2017 年第 1 期。

③ 参见童星：《公共政策的社会稳定风险评估》，载《学习与实践》2010 年第 9 期。

望在决策正式做出之前，将决策所可能引起的社会风险真正控制在可接受的范围之内，借助“稳评”中的公众参与装置与利益相关群体展开风险沟通。从广义上讲，风险决策中公众参与的内涵可以包含风险沟通，但一般来讲，公众参与侧重于强调态度的表达和利益的权衡，风险沟通则更强调以风险为中心的沟通、磋商和回应。对于“稳评”来说，公众参与的目标是准确地反映社会稳定风险程度，风险沟通则进一步谋求实质性地降低这种风险。“为了有效弥合不同主体风险感知差异、化解社会冲突，就需要在重大决策社会稳定风险评估过程中建立健全制度化的风险沟通机制……而不是简单地为社会风险进行量化打分、等级判定，要将细节化的评估内容作为风险沟通的重要依据，并在此基础上有效化解社会稳定风险。”[①]

诚如上文分析，群体性事件在一定程度上是利益相关群体基于风险感知做出的本能反应，而风险感知更多的是主观上对风险的辨识、计算和价值判断，这种感知只有通过参与式的表达才会被真实地展现出来。而利益相关群体的立场又是可变的，这些立场的系列光谱包含着强烈反对、温和反对、中立、温和支持，直至强烈支持。通过公共决策过程中信息告知、协商、卷入、谈判、公民主导等方式的不断强化，在决策过程的包容性、开放性、互动性等作用下，相关群体的利益认知、偏好和立场都有可能发生改变。[②]换言之，通过政府与公众之间就公共决策主题展开的倾听、对话乃至争辩，可以使“稳评”在信息、资源、情感、心理的互动过程中发挥其风险识别和风险减缓作用，即通过风险沟通来弥合风险认知鸿沟，从而降低利益相关群体所主观建构的社会稳定风险。风险沟通同时也体现了风险建构主体对于营造一种积极、开明的社会关系的期望，有助于在决策者、专家与公众之间形成

① 朱正威、吴佳：《社会稳定风险评估机制的运行困境与优化策略》，载《中国党政干部论坛》2017 年第 5 期。

② 参见朱德米：《深化社会稳定风险评估的理论支持》，载《中国社会科学报》2011 年 6 月 2 日。

稳定的社会信任。[①] 因此，“稳评”的具体实现过程需要应用座谈走访、公开听证、抽样调查、舆情跟踪等工具进行分析论证，但不应止步于此，还应搭建官民对话、风险沟通、多方互动的协商平台，确保利益相关者完整、正确地认知公共决策的内容和过程，最大程度降低因信息不对称而产生的社会冲突，并帮助决策者在利益冲突的问题情境中找寻最佳方案。[②]

风险沟通首先需要信息公开和理由说明。既然社会稳定风险都与公众的风险感知及由此引发的风险行为有关，那么，公众的不信任感就是症结所在。政府想要公众接受其提供的评价结论，就得让他们认为决策或者项目不会危及自身健康和生命、不会损害自身经济收益、不会减少本地就业机会、不会造成严重的生态环境破坏。[③] 这就要求政府建立和完善“稳评”的信息系统，及时公开和披露诸如重大工程项目的规划选址、房屋征收、移民安置、生态环境和安全评价一类的重要信息，便于社会公众阅览、查询、收视、复制、下载等，减少公众和政府之间的信息不对称。[④] 对于公众不理解的问题，政府应当通过新闻发布会、大众传媒、公众代表座谈会、公民接待日、上门走访等形式做出必要的说明和解释，充分了解公众心理，并帮助其进行风险信息处理。[⑤]

在公众充分了解信息和表达意见之后，政府应当与其开展对话协商。

---

① 参见刘泽照、朱正威：《中国社会稳定风险评估实践框架及关键着力点》，载《西南大学学报（社会科学版）》2014 年第 5 期。

② 参见刘泽照、朱正威：《掣肘与矫正：中国社会稳定风险评估制度十年发展省思》，载《政治学研究》2015 年第 4 期。

③ 参见张乐、童星：《重大决策社会稳定风险评估的问题、回应与完善》，载《江苏社会科学》2015 年第 4 期。

④ 参见李开孟、徐成彬：《“五化”并举完善我国项目稳评机制》，载《中国投资》2013 年第 12 期。

⑤ 参见胡象明、张丽颖：《科学主义与人文主义视角下大型工程社会稳定风险评估困境及对策探析》，载《行政论坛》2018 年第 2 期。

有效的风险沟通能够弥合公众与政府之间的风险感知差异，进而避免集体行动的发生。因此，“利益—风险”分配正义的实现，应当建立在利益相关者有效参与和协商决策的基础之上。[①]1996年，美国国家科学院关于风险描述的一份报告提出了风险决策的“分析—协商”模式，“分析”的设置重在解决风险评估过程中的科学性问题，即消除参与者的知识贫乏与认知困境，获得尽量系统科学的知识；“协商”的目的则是解决风险评估中的价值冲突，旨在消除包括专家在内的风险评估参与主体的价值偏爱；继而通过“合作式对话”程序的建构，融合包括专家和公众在内的各类主体从而达到知识整合和价值整合的目的。[②]分析与协商是一个整合性过程，“协商构建分析、分析指导协商”，应当贯穿于决策全过程。[③]在风险评估过程中，对于利益相关者可能提出的不合理诉求，评估方应当运用“分析”所得到的知识进行合理解释、有力论证和详细说明，以取得其理解和支持。公众通过广泛参与、管理议题的审理和决策的形成，还有利于培育其对社会的责任感和归属感。[④]

就对话磋商的结果，政府应当做出回应。风险沟通的目的是力图把公众从对立转变到中立甚至支持的立场上，或者降低对抗的激烈程度。因此，政府既要保证公众在评估中“在场”和“发声”，还要对沟通中发现的风险点采取积极行动以降低风险程度。[⑤]对于利益相关群体提出的合理诉求，政府

---

① 参见黄杰、朱正威：《国家治理视野下的社会稳定风险评估：意义、实践和走向》，载《中国行政管理》2015年第4期。

② See Paul C. Stern, Harvey V. Fineberg. *Understanding Risk-Informing Decisions in a Democratic Society.* Washington DC: National Academy Press, 1996, pp. 2–5.

③ 参见朱德米：《深化社会稳定风险评估的理论支持》，载《中国社会科学报》2011年6月2日。

④ 参见周林刚、王阳：《公民参与视野下的社会稳定风险评估——以深圳X环境园的社会稳定风险评估为例》，载《北京工业大学学报（社会科学版）》2013年第5期。

⑤ 参见朱德米：《开发社会稳定风险评估的民主功能》，载《探索》2012年第4期。

应当通过重新调整决策中的“利益—风险”分配方案，给予公正解决。[①]对于难以满足的诉求，也应发布有实质内容的信息做出积极回应，避免借口相关建议不合理而不予采纳的粗陋做法，尤其是对于比较尖锐的反对或者质疑，应当通过新闻媒体、社会组织的舆论介入进一步消除由于信息不对称造成的“污名化”，提高公众对决策的接受程度。[②]

江苏淮安作为“稳评”的滥觞之一，其操作模式有一个十分鲜明的特点，就是自始至终与当地高等院校、学者深度合作。这些深入地方实践的研究，常常折射出“淮安模式”的新进展和新问题，而把风险沟通融入“稳评”过程正是他们近年来最强烈的主张之一。他们希望淮安着力打造新型风险沟通模式，不应停留在政府和专家通过媒体把风险信息单向告知公众的传统模式上，而应当将重点转向政府、专家、公众、社会组织、企业、媒体等多元主体的互动和协商。[③]

在很多复杂、棘手的风险决策案例中，有效的风险沟通都扮演了关键角色。例如，浙江省发展规划研究院的一位学者描述了其接手该省某市已经爆发了群体性事件的一个邻避项目进行“稳评”的案例，最终凭借出色的风险沟通成功地“收拾残局”。其成功的经验主要有两点：一是将“稳评”过程划分为多个阶段推进，在每一阶段都进行风险沟通、实施风险化解，并根据其结果动态调整风险等级判断后再进入下一阶段；二是对相关群体在沟通中表达出来的如下诉求进行了回应，包括落实好 70% 以上“有条件支持”者提出的 5 项条件，回应群众提出的 41 条 8 个方面的建议，办妥投资主体变更

---

① 参见朱正威、王琼、郭雪松：《工程项目社会稳定风险评估探析——基于公众“风险—收益”感知视角的因子分析》，载《西安交通大学学报（社会科学版）》2016 年第 3 期。

② 参见张乐、童星：《重大“邻避”设施决策社会稳定风险评估的现实困境与政策建议——来自 S 省的调研与分析》，载《四川大学学报（哲学社会科学版）》2016 年第 3 期。

③ 参见吴长剑：《淮安重大决策社会稳定风险评估优化——基于风险沟通视角的研究》，载《淮阴师范学院学报（哲学社会科学版）》2018 年第 1 期。

手续并完成“环评”、规划选址、土地预审、能评等核准前所需的前置文件，积极回应合力推进项目的N市希望享受与项目所在地M区同等政策待遇的诉求。[①] 再如，有研究者认为2014年北京水价调整的成功，关键就在于把风险沟通作为“稳评”的核心环节，将风险沟通有机嵌入“稳评”的各环节和全过程，没有粗暴地将风险沟通理解为一次性的信息发布，而是展开持续的协商对话，在充分听取意见、全面分析论证、确定风险等级、提出评估报告、风险防范与化解等环节中，都结合其重点难点选择了相应的沟通策略，切实提高了风险沟通的有效性。[②]

（三）小结

尽管法学界对“稳评”的研究不多，但学者们仍然敏锐地感觉到了“稳评”在发展过程中以决策民主为方向的功能和价值演变。正如有学者所指出的那样，尽管从表面上看，“稳评”的直接动力在于“维稳”，但它作为一种前置的决策影响评估对政府的民主决策形成了倒逼作用，迫使政府搭建沟通桥梁，在决策前征求公众意见，吸纳公众利益。“稳评”已经成为协作式决策的重要机制之一，公众参与被引导和吸引到决策的方式和结果上，使公众利益在决策内容上得以表达，这有助于提高公众对决策的认知和认同，为决策达成预期目标创造良好条件，还有助于培养公民参与公共管理的能力，能够促进基层民主的发展。[③] 就连对“稳评”在总体上持批判态度的学者也承认，“稳评”所内嵌的各类座谈听证、意见征求等程序，在一定程度上彰示

---

① 参见董嘉明：《邻避项目“边稳评边化解风险”的典型样本——基于某垃圾焚烧项目稳评实践的思考》，载《中国工程咨询》2016年第2期。

② 参见朱正威、刘莹莹：《重大公共政策社会稳定风险评估中风险沟通机制的构建——基于北京市水价调整政策的案例分析》，载《北京社会科学》2016年第11期。

③ 参见李霞：《重大改革决策社会稳定风险评估的现实意义与规范路径》，载《中国发展观察》2014年第8期。

了基层民主建设的积极意义。因此，不可否认这种工具主义的风险评估程序理念多少蕴含了基层民主建设的积极价值。[①] 我们必须看到，“稳评”业已蕴含的这种民主价值并非基于地方政府在设计、推行这一机制时的自主、自觉，也没有地方政府在这一价值的指引下对“稳评”进行过整体的制度设计，这仅仅是在“稳评”出于对自身运行有效性的追求中而发展出来的一种“意外效果”。但由于承载着民主价值的公众参与、风险沟通等装置已经为“稳评”的顺利推行所须臾不可分离，这恰恰为我们提供了契机，那就是以这些已有的程序装置为依托，加以挖掘、完善和扩充，将“稳评”彻底改造为一项真正的民主决策程序。

三、以决策民主为目标的转型

（一）“稳评”解决的是行政决策中的民主性问题

王锡锌教授提出了检讨行政决策正当性的复合模式，认为决策的合法性不应局限于传统上的形式合法性，还应将科学性和民主性问题纳入考虑。在行政决策活动的过程中，有三个角色起着基本作用：作为管理者的政府，作为利益相关者的公众，以及作为政府与公众之间中介的专家。三者的交涉互动构成了行政决策的主要过程，如何使这三个角色充分发挥作用并相互制约，是行政决策获得正当性的核心问题。因此，行政决策正当化的要素可以被归纳为形式合法性、民主性和科学理性，相对应的实现路径就是依法决策、民主决策和科学决策。[②] 那么，对于行政决策的正当性而言，“稳评”解决的是什么问题呢？

---

① 参见卢超、马原：《社会稳定风险评估机制的基层实践及其功能异化——以西北某省H镇的风险评估为例》，载《行政法论丛》（第18卷），2016年。

② 参见王锡锌：《行政决策正当性要素的个案解读——以北京市机动车“尾号限行”政策为个案的分析》，载《行政法学研究》2009年第1期。

首先，“稳评”肯定不解决决策的合法性问题。各地方、各行业“稳评”的内容基本上都沿用国家发改委《重大固定资产投资项目社会稳定风险评估暂行办法》所规定的“合法性、合理性、可行性、可控性”四要素，有的地方还会加上“安全性”，变成五要素。而所谓“合法性”，通常指“决策主体、决策权限、决策程序、决策内容等是否符合法律、法规、规章和国家政策规定”。[①] 但如此一来，“稳评”中的这种合法性评估和由政府法制机构（2018年机构改革之后变成司法行政部门）另行实施的合法性审查就完全重复了；而且，由于“稳评”项目大多委托给工程咨询机构实施，这些机构并不具备合法性审查的专业能力。因此，在实际操作中，“稳评”中的“合法性评估”在很多项目中早已转变为就公众对决策或者项目合法性的“社会预期”的调查了，也就是说，这里评估的是公众主观上认为这个决策或者项目是否合法，而不是从法律教义学的立场来判断其合法性。

其次，“稳评”也不解决决策的科学性问题。很多研究者将“稳评”看作行政决策程序中的“科学”装置，认为“社会稳定风险评估的有效性主要体现于其科学理性。认为风险评估主要基于科学证据和科学分析，因此它主要是一个科学分析过程”[②]。或者将风险评估和公众参与分开，认为前者解决科学问题，后者解决民主问题。[③] 这种观点的影响是巨大的，不仅多数地方政府在推行“稳评”之初都对其寄予了维稳“科学化”的期望，连国务院的《重大行政决策程序暂行条例》也将其定位为“科学决策”程序。这从条例将“稳评”与“环评”（属于典型的科学决策程序）在第二章第四节中合并

---

① 参见《四川省社会稳定风险评估办法》（四川省人民政府令第313号）第11条第1项，其他地方的规章或者规范性文件的定义与此大同小异。

② 许传玺、成协中：《重大决策社会稳定风险评估的制度反思与理论建构》，载《北京社会科学》2013年第3期。

③ 参见成协中：《风险社会中的决策科学与民主——以重大决策社会稳定风险评估为例的分析》，载《法学论坛》2013年第1期。

规定，位置紧随第三节“专家论证”（显然属于科学决策程序）之后，就可以看出来。实际上，突出“科学性”是对稳评的最大误解。“稳评”归根到底评的是人的态度和价值判断，而不是观测自然现象，因此，“稳评”有效的关键不在于采取了何种复杂的数学模型，而在于广开言路，倾听公众呼声，了解真实民意。[①] 恰恰是由于科学方法在社会风险评估中的缺陷——专家存在学科惯性并容易被利益掣肘，风险归因理论和风险界定方法存在局限性，科学评估指标和评估模型的刻板性，科学评估过程中专家与公众获取信息的不对称性等，才促使“稳评”转向了以公众参与、风险沟通为中心的建构主义。[②] 而且，任何社会影响评价本身都是在一定的政治框架下进行的，其结果不可能像科学结论一样具有绝对的确定性从而对决策形成刚性的约束力，而是通过参与将“地方知识”和决策过程结合在一起，最终由谁来决定影响的显著性、决定什么构成有价值的“地方知识”，都需要依据特定的政治社会形势来确定。[③] 在实践中，与“稳评”有关的多种制度设计上的谬误，如“一票否决”、结果问责，以及以风险定级为中心等，都与人们误将其作为行政决策中的科学装置有关。

最后，“稳评”解决的主要是决策的民主性问题。“选举（权力来源）固然是政府与民众之间建立回应关系的重要环节，但它不是唯一的，在权力行使（公共政策）的环节，我们同样可以建立起强固的政府对公众的回应关系。”[④] “稳评”在公共决策过程中的真正价值，恰恰就在于建立了这样一种

---

① 参见王宏伟：《完善重大决策社会稳定风险评估机制的五大转变》，载《云南社会科学》2013 年第 2 期。

② 参见胡象明、张丽颖：《科学主义与人文主义视角下大型工程社会稳定风险评估困境及对策探析》，载《行政论坛》2018 年第 2 期。

③ 参见李强、史玲玲：《“社会影响评价”及其在我国的应用》，载《学术界》2011 年第 5 期。

④ 景跃进：《关于民主发展的多元维度与民主化序列问题——民主化理论的中国阐释之二》，载《新视野》2011 年第 2 期。

回应关系。一方面，“稳评”的进程将政府的决策系统与公民的维权系统连接在一起，把公民对重大决策的事后激烈抗争转变为事前积极参与，通过自主性、嵌入性的程序构造拓展传统的决策结构，实现行政决策由封闭模式转变为开放模式，通过吸纳利益相关者进入决策过程，实现对公共决策权力的约束和制衡。因此，“稳评”不仅是一个风险识别和控制过程，也是公民对行政决策的知情权、参与权、表达权和监督权得到实现的过程。[①]另一方面，政府、专家和公众在“稳评”中对话的过程也是达成共识、形成共同价值观、提高政府决策质量、创造社会性价值的过程。[②]“稳评”可以通过参与结构上的“开门”和沟通机制上的“磨合”，将协商民主引入决策过程中，增强公共政策的可接受性、共识度和实质合法性，体现公共决策过程的民主化。[③]

朱德米教授较早就注意到了“稳评”的民主建设功能及其普遍意义，指出“稳评”的一个潜在功能就是能够推进中国公共决策过程的民主化。[④]“稳评”的这种民主价值既是法律意义上的，也是政治意义上的。在法律上，“稳评”增强了重大行政决策这一控权难点的民意含量和法治水准，为在形式合法性、科学性和民主性的复合标准之下证成行政决策的正当性提供了有力的支撑。[⑤]在政治上，“稳评”可以被看作协商民主理念在社会治理层面的具体体现。正如有学者进一步指出的那样，在充满风险挑战的社会转型背景下，“稳评”可以成为中国特色协商民主实践的一项重要制度供给，其政治意义

---

① 参见张玉磊：《多元主体评估模式：重大决策社会稳定风险评估机制的发展方向》，载《上海大学学报（社会科学版）》2014 年第 6 期。

② 参见柳恒超：《风险的属性及其对政府重大决策社会风险评估的启示》，载《上海行政学院学报》2011 年第 6 期。

③ 参见黄杰：《需关注重大政策类稳评中的共识构建》，载《学习时报》2016 年 5 月 16 日，第 A5 版。

④ 参见朱德米：《开发社会稳定风险评估的民主功能》，载《探索》2012 年第 4 期。

⑤ 参见石东坡：《政府重大决策前期社会风险评估立法引论——以〈重大行政决策程序条例〉的创制为指向》，载《浙江工业大学学报（社会科学版）》2014 年第 3 期。

在于作为群众路线理念下的政策工具，增强转型社会治理的合法性、有效性和适应性。①

（二）通过“稳评”沟通行政决策中的“利害”和“是非”

“稳评”作为一种与法治相龃龉的维稳机制的原初设定，以及被普遍当成“科学决策”机制的重大误解，和它在制度演变过程中“意外”萌生的民主意蕴和法治因素结合在一起，形成了一种到处充满内在矛盾的奇特决策机制：政府既承认民意的复杂和多变，并希望借助“稳评”中的风险沟通去引导民意，又希望在决策前“一评了之”“一锤定音”；政府希望通过公众参与尽早识别风险以实现对社会稳定风险的“源头治理”，却把“稳评”放到了临近决策做出的环节；政府已经注意到了社会稳定风险的建构性特征和“稳评”的民主功能，又执着于评估指标的科学化、客观化；政府已经知道“稳评”的结果不可能具有和技术性评估一样的唯一性、确定性，又执迷于据此对决策进行“一票否决”。即使在那些最可称为典范的地区，“稳评”仍然呈现为一个由行政自制、科学主义和协商民主三者混合的矛盾体。我们认为，“稳评”解决的是行政决策中的民主性问题，有助于实现决策过程中的价值整合，但其最终呈现出来的仍然是一种“利与害”对比的格局，并不必然和法律上“是与非”的评价相容。要避免“稳评”和法治之间的抵牾，反过来使“稳评”所体现的行政决策民主有益于法治目标的实现，其关键是通过“稳评”实现行政决策“利与害”和“是与非”两种价值维度的转换和沟通，而这需要一定的条件方能实现。

首先，“稳评”的民主价值主要是在形式合法性、科学性和民主性的复合标准之下，通过利益衡量实现决策正义，但其适用范围必须受到一定限制。

① 参见朱正威、吴佳：《社会稳定风险评估机制的运行困境与优化策略》，载《中国党政干部论坛》2017 年第 5 期。

某些行政决策的实质合法性之所以需要诉诸公众参与，是因为这些决策事项难以通过简单的适用法律就直接得以决断。这些决策事项或者由于在科学上尚无定论从而难以在事实层面解决问题，或者由于在政府、专家和公众的认知中存在巨大分歧，这才导致决策变成了一个利益衡量的过程，或者说在本质上变成了一个政治过程。[①] 对于这些决策的作出，无论是来源于间接民主的法律还是代表着科学的专家理性都无法提供足够的合法性，不得不通过直接民主的公众参与来帮助其证成实质合法性，而“稳评”目前恰恰就演变成了这样一种特殊的公众参与机制。尽管这样的决策事项越来越多，但绝非行政决策的全部，对于那些直接适用法律或者加入专家判断之后便可解决的简单决策事项，如果我们不加甄别地引入“稳评”机制，实际上就是人为地制造价值冲突。“稳评”之所以在很多情况下对法治形成挤压，正是由于这种“评不应评”的滥用所导致的。

其次，通过“稳评”实现决策中的利益衡量需要借助于正当程序的建立。这些程序包括充分的信息公开、合理的利益相关者识别、恰当的代表遴选、坦诚的沟通和及时的回应等。正当程序具有双重价值：一是工具性的，即促进实体正义的实现；二是构成性的，即保障公民重要程序性权利的实现。[②] 上文所描述的参与型“稳评”程序的工具性价值在于通过利益相关者与决策者的不断商谈影响决策结果，削减风险决策中因信息不对称而带来的不确定性，从而增进决策结果的合法权威。[③] 其构成性价值则在于“稳评”的过程实现了公民的知情权、参与权和表达权。在这一意义上，参与型“稳评”

---

① 参见王锡锌：《公众参与和行政过程——一个理念与制度分析的框架》，中国民主法制出版社 2007 年版，第 30 页。

② 参见［美］迈克尔·D. 贝勒斯：《法律的原则——一个规范的分析》，张文显等译，中国大百科全书出版社 1996 年版，第 32—35 页。

③ 参见张红显：《重大决策社会稳定风险评估程序建设研究》，载《河南财经政法大学学报》2015 年第 4 期。

与法治自然是价值相容的，应当避免的是如下两种相反的情形：一是闭门造车的分析型“稳评”，这种“稳评”的早期模式至今仍为相当一部分评估机构——特别是工程咨询机构所奉行，它略去了公众参与和风险沟通的大部分过程，依靠专家团队的分析和推演得到决策所面临的利益冲突格局，将其呈现给政府作为决策依据；二是应激型“稳评”，主要依靠个体或群体的极端抗争行为来判定决策风险，利益相关者与政府展开赤裸裸“以暴制暴”的博弈，往往源于此类做法的刺激和鼓励。

再次，对“稳评”结果只能赋予弹性效力，并就结果的应用建立说理回应机制。如果“稳评”的结果具有刚性效力，就意味着“稳评”报告所呈现的利益格局实际上将成为政府决策的唯一依据，包括形式合法性和科学理性在内的其他决策标准一旦和“稳评”所指向的决策结果不一致，都将被摒弃。令人遗憾的是，目前的主流操作正是如此。在大多数情况下，“稳评”的结果都会表现为一个整体风险等级，而风险等级又会和决策结果相对应，如果风险等级不是“低风险”，决策就会被否定。[①]“稳评”之所以常常被认为用“利害”凌驾于“是非”之上，并受到诟病，其重要原因正在于此。这是将“稳评”错误定位为“科学决策”装置的结果，认为“稳评”同“环评”等技术性评估一样可以通过科学方法得到确定的、唯一的结果。姑且不论“稳评”方法的成熟度还远远不足以使其结果达到如此可靠的程度，具有明显建构主义特征的社会稳定风险本身也是易变的，而且这种风险也并不是政府赖以决策所应当考虑的唯一因素。强行赋予“稳评”结果以“一票否决”的绝对效力，虽然可以产生倒逼地方政府尽早识别风险、化解风险的压力效应，但同时也很可能刺激地方政府将其架空，只走过场、不问实效，直接操纵“稳评”的具体实施者得到一个“低风险”的结果，冒险让决策通过。我们不应

---

① 参见彭振武、李开孟、徐成彬：《当前我国普遍采用的以整体风险等级为导向的项目稳评框架问题剖析》，载《技术经济》2013 年第 12 期。

忘记，政府不仅仅是社会期望的回应者和社会价值的整合者，还是法律的执行者，这决定了政府必须在多元冲突目标的复杂决策条件下，综合权衡各种因素作出决断，而不仅仅是根据“稳评”结果进行“傻瓜式”操作。因此，“稳评”结果的效力只能被设计为弹性的，就是赋予决策主体对这种结果的说理回应机制，以及对“稳评”报告所指出的风险点进行化解的职责。这意味着，政府不一定只能在“稳评”结果为“低风险”的情况下才能通过决策，而是有权基于更加重要的理由作出与“稳评”结果所提示的方向相反的决定。[①] 但与此同时，我们必须建立起一种说理回应机制，要求政府依托“稳评”结果充分阐明其决策理由，包括“稳评”的结果是如何得到的，对于公众意见是如何吸纳的，对“稳评”结果的运用是否符合法律的原则和精神，对识别出来的风险已经或者即将采取何种干预措施；如果决策的结果与“稳评”的风险等级并不一致，还应当说明导致决策通过的其他更重要考量是什么。无论是对于决策者本身，还是对于公众，充分的说理不仅能够展现风险评估报告的合理性，也是审查政府后续风险规制措施的基础。[②] 这意味着，政府应当对“稳评”报告中提示的风险点采取规制措施，如果将来因为这些风险点产生了社会安全事件，决策者应当被追究责任。

最后，在“稳评”的指标体系中增加体现评估过程民主性的指标。有学者提出，政府应当建立对“稳评”实效的评估，即实行所谓“评估之评估”，以达到“以评促建”的目标。这种“评估之评估”的指标体系中，有大量指标指向了“稳评”过程中的参与水平，以及公众参与如何影响决策结果，如二级指标“参与者”中的“包容性”“代表性”“参与率”，二级指标“准备阶段”中的“早期介入的程度”“早期信息公开的程度”，二级指标“实施

---

① 参见许传玺、成协中：《重大决策社会稳定风险评估的制度反思与理论建构》，载《北京社会科学》2013 年第 3 期。

② 参见许传玺、成协中：《重大决策社会稳定风险评估的制度反思与理论建构》，载《北京社会科学》2013 年第 3 期。

阶段”中的“参与者的主观感受”，二级指标“对决策本身的影响力”中的“对决策指向的影响程度”“决策回应的程度”“公众意见被采纳程度”，二级指标“对公众的影响力”中的“公众认知的改变程度”“公众态度的改变程度”“公众参与能力的改变程度”，二级指标“对社会的影响力”中的“价值分歧的弥合程度”“社会矛盾的化解程度”“公共信任的修复程度”等。[①] 我们认为，无论从政府的自身动力还是从行政成本的角度来看，这种“评估之评估”都没有可行性。但是，民主参与在“稳评”中不但具有工具性价值，其本身就具有构成性价值，因为良好的参与过程及其结果上的有效性本身就意味着对与决策项目相关的社会稳定风险的抑制。因此，大可不必将上述指标留到目前还是“空中楼阁”的“评估之评估”当中，完全可以直接将其纳入“稳评”当中，以激励地方政府提升“稳评”的民主性。

四、完善《重大行政决策程序暂行条例》的几点建议

在《重大行政决策程序暂行条例》的制定过程中，“稳评”是否写入和如何写入，是观察这一制度发展前景最重要的方向标。通过分析该条例最终颁布的版本可以发现，条例对“稳评”的态度颇有矛盾。一方面，该条例第22条第1款给予了“稳评”一席之地，这当然是对近十几年来这一制度既有发展成果的肯定；另一方面，条例又不愿过于突出“稳评”的地位，采取了跟“环评”混合规定的方式，在第22条第2款还做了这样的限制性规定：“按照有关规定已对有关风险进行评价、评估的，不作重复评估。”这一款显然是单独针对“稳评”的，因为“环评”并不存在这样的情形，而“稳评”中的合法性评估、可行性评估、安全性评估恰恰是有可能被其他的评价、评

---

① 参见张乐、童星：《社会稳定风险评估之评估：过程与效果的综合指标》，载《南京大学学报（哲学人文科学社会科学）》2016年第5期。

估程序所吸收的。至于对“稳评”的定位，从其所处章节便可发现，条例将其作为一种“科学决策”机制来对待，在评估方法上也和“环评”等而视之，列举了舆情跟踪、重点走访、会商分析等，并强调要“科学预测、综合研判”，而听取意见的对象也局限在“有关部门”而非面向公众。我们认为，条例对“稳评”的上述制度供给显然出现了偏差，并已滞后于当前的“稳评”实践。对此，我们提出以下三点修改意见。

第一，将“稳评”和“环评”分开，转而移入条例第二章第二节“公众参与”当中。正如上文所述，“环评”评的是技术性风险，主要采取分析主义的方法；“稳评”评的是社会性风险，主要采取建构主义的方法。两者存在本质差别，宜分不宜合。将“稳评”移出之后，条例的第二章第四节仍可命名为“风险评估”，其内容包括环境风险评估、灾害风险评估、生产安全风险评估等针对技术性风险的评估，仍是重大行政决策中非常重要的前置性程序。由于“稳评”是行政决策中的“民主装置”而非“科学装置”，其主要功能是通过协商民主来增进行政决策的正当性，相关规定应当移入条例第二章第二节“公众参与”当中。实际上，“稳评”就是一种以社会风险为中心的、特殊的公众参与程序，和一般的公众参与程序有很多交叉重叠之处，在很多情况下可以融合在一起进行。在实际操作中，已经有不少地方将两者融为一体，以“稳评”之名行公众参与之实。

第二，规定“稳评”在决策动议或项目规划阶段就开始实施。在适用与其他公众参与机制相同的程序、方法的基础上，“稳评”有一个特殊之处，就是应当及早启动，最理想的方案就是将其提前到决策动议或项目规划阶段便同步实施。按照2013年国家发改委办公厅发布的《重大固定资产投资项目社会稳定风险分析篇章和评估报告编制大纲（试行）》，“稳评”在项目审批（核准）所需的其他前置文件具备之后才需要完成，等于是项目进入正式决策之前的最后一道“防线”。但事实是，在项目审批所需的各种前置文件具备之前，社会稳定风险就已经产生了。2014年的广东茂名“PX事件”发生时，项目还处在规划阶段，“环评”才刚刚启动。此时“稳评”尚未开始，公众参与和风险沟通还无从开展，较早实施的土地规划、环境评估的风险沟通功能并不突出，最终由于错误信息迅速传播、发酵又得不到及时澄清，舆情得不到疏导，便导致了事态恶化。可见，将“稳评”放在规划、“环评”等其他决策前置环节之后是存在巨大隐患的，将直接导致“稳评”丧失预警功能。[①]

第三，规定“稳评”可以实行后续评估或补充评估，为风险沟通扩展到重大行政决策的全过程留出空间。目前，地方政府开展“稳评”的直接目的还是为行政决策确定风险级别，将“低风险”的结果作为决策通过的前置条件，而风险沟通则是为了提高利益相关群体对决策的接受度，以获得“低风险”的结果。但是，公众对决策的“利益—风险”感知始终存在，并将随着决策的实施而变化，社会稳定风险并不随着决策的做出而消失。因此，我们有必要在决策的实施过程中继续进行社会稳定风险的动态监测，并相应地将风险沟通延伸到决策的全过程。[②]国际风险管理理事会（The International Risk Governance Council，IRGC）提出的风险治理框架将系统的风险治理活动分成预评估、风险评估、风险特征描述与评价、风险管理四个步骤，这些步骤构成一个循环往复的连续过程，风险沟通始终贯穿于整个风险治理活动的全过程。在风险治理的每个步骤中，利益相关者都可以凭借风险沟通对决策事项展开对话、协商和辩论。[③]当然，不同阶段的风险沟通侧重点应该有所区别，在决策前确定风险等级的阶段，风险沟通主要表现为不同利益群体

---

① 参见程瑜、陈世明：《从“维稳”到“参与”：社会稳定风险评估新探》，载《广西民族大学学报（哲学社会科学版）》2015 年第 3 期。

② 参见张欢：《从评估到监测：社会稳定风险应对的新策略》，载《四川大学学报（哲学社会科学版）》2016 年第 6 期。

③ See Renn O., Walker K.D.（eds.）. *Global Risk Governance: Concept and Practice Using the IRGC Framework*. Springer，2008，pp.46–48.

之间的讨论、协商和妥协；在决策做出之后，风险沟通的重点应当是对决策执行情况的实时反馈，以及政府对各方意见的继续收集和有效回应。[①] 将风险沟通扩展到决策全过程之后，以风险定级为中心的“稳评”结果也应当是动态调整的，应当根据利益相关者的动态诉求与项目风险的整改情况进行风险的动态定级。[②]

不过，我们也注意到，《重大行政决策程序暂行条例》关于“稳评”的规定有一点是值得肯定的，就是对“稳评”结果的运用。其第 24 条规定：“风险评估结果应当作为重大行政决策的重要依据。决策机关认为风险可控的，可以作出决策；认为风险不可控的，在采取调整决策草案等措施确保风险可控后，可以作出决策。”这一规定将对风险容忍度的最终判断权交还决策机关，而不是交给“稳评”报告然后让政府“照方抓药”。相对于目前很多地方和部门比较僵化的“稳评”规定及与之配套的问责规定，这是一个值得肯定的进步。

---

① 参见朱正威、刘莹莹：《重大公共政策社会稳定风险评估中风险沟通机制的构建——基于北京市水价调整政策的案例分析》，载《北京社会科学》2016 年第 11 期。

② 参见唐钧：《稳评存三大问题亟待科学和规范》，载《中国县域经济报》2016 年 1 月 4 日。

第二章

社会稳定风险评估体制的重构

由于重大行政决策的“稳评”长期以非法治化的方式运作，且实践运行中对其性质定位错误，导致“稳评”的体制架构十分混乱。我们认为，“稳评”首先是社会风险管理中的一个重要环节，其次才是行政决策的一项前置性程序；其评估的对象是一种建构性风险而非技术性风险；在行政决策中，“稳评”是一种民主机制而非科学机制。从上述性质出发，地方党委、政府在“稳评”中可能扮演的三种不同角色应当得到清晰的界分；“稳评”的具体实施应当委托给第三方机构，且第三方参与“稳评”的独立性必须得到完整的保障；“稳评”主管部门在职能上应当被定位为党委、政府实施社会安全管理的决策辅助机构。

一、问题的提出

"稳评"自2005年从四川遂宁开始试点,2011年开始在全国范围内推广,经过几年时间，基本上实现了对各地的全覆盖。但这项已经实施了十五年的制度，在法律上却长期处于模糊状态，当社会学和公共管理学界讨论得热火朝天、高潮迭起的时候，法学界却对它欲言又止、讳莫如深，既无人喝彩，也少有批判。在2017年6月国务院对《重大行政决策程序暂行条例》公开征求意见的时候，"征求意见稿"中的几乎每一项制度都引发了法学家们的浓厚兴趣，唯独对"稳评"这一项绕道而行。究其原因，我们认为有以下三点。

首先，"稳评"服务于维稳，"稳评"在中国的出现和"社会影响评价""社会风险评价"等社会治理机制在西方的发展有不同的社会背景。西方国家由于20世纪工业化时代片面追求经济高增长，忽略了对生态资源和社会环境的保护，造成贫富阶层对立、种族隔阂等严重社会问题，从20世纪60年代前后开始关注公共项目的社会影响，其核心在于解决重大公共决策、公共工程所产生的社会效果如何符合社区、非政府组织和社会公众的合法期望，从而消减其消极的社会影响所导致的社会冲突。从产生过程来看，社会影响评价源出"环评"，但其考虑的因素更加广泛，包括人口特征、社区和制度化的结构体系、政治和社会资源、社区和家庭的变化、社区资源等。[①]"虽然社会学家以及其他学科专家在过去的几十年已经对各种'影响'有所研究，但是到70年代，作为对新环境立法的回应，社会影响评价领域

① The Interorganizational Committee on Guidelines and Principles for Social Impact Assessment, *Guidelines and principles for social impact assessment*, 1994, https://www.tandfonline.com/doi/ref/10.1080/07349165.1994.9725857，最后访问时间2020年12月17日。

才开始真正兴起。"[①] 社会影响评价的概念经过多个阶段的发展最终扩大为："分析所有对人类有影响的社会及文化因素的任何公共及私有行为，对他们的生活、工作、娱乐及相关活动的影响。"[②] 而在中国，"稳评"所评的是公共项目——逐渐扩大到所有的公共决策——对社会稳定的影响，对其他社会因素的影响一概从略，其服务于国家治理目标的色彩十分明显。"中国社会稳定风险源于传统意识形态和社会控制机制的失效和新的社会控制机制（如法治）尚未真正建立。这种失效是两个方面的合力作用的结果：一是旧的正义标准的失效所导致的原有制度设置的问题化和非正当化，二是改革开放之后产生的新问题在原有制度设置下得不到解决。"[③] 当前的中国还处于剧烈的社会转型期，法治化的进程和日益高涨的公民权利意识之间的差距并非短时间内所能弥合，法治和稳定之间张力的持续存在是国家发展过程中难以迅速逾越的一个阵痛期。维稳恰恰是这一背景下国家实施社会控制的"治标不治本"的手段，其与法治之间的龃龉已非一日之寒。而"稳评"又被寄希望为一种可以提升维稳效能、降低维稳成本的"科学化"机制。但是，由于维稳机制长期以来表现的非法治化倾向，很多人不认为新兴的"稳评"能回到法治的轨道上运行，没有将其当作一个法律问题来研究。

其次，较低的规范化程度使"稳评"的重要性被忽视。无论人们如何看待"稳评"和法治之间的关系，主管部门一直致力于推动"稳评"的规范化和统一化，但至今收效不大。在地方上，关于"稳评"的规定绝大多数是低

① William R. Freudenberg, Social Impact Assessment, *Annual Review of Sociology*, 1986 Annual Review, pp.451–478.

② IOC. *Principles and Guidelines for Social Impact Assessment in the USA*, 2003.

③ 徐亚文、伍德志：《论社会稳定风险评估机制的局限性及其建构》，载《政治与法律》2012 年第 1 期。

位阶规范性文件，只有四川省等个别地方出台了地方政府规章（2010年颁布的《四川省社会稳定风险评估暂行办法》,2016年修改后名称中删去了“暂行”二字）。2019年4月出台的国务院《重大行政决策程序暂行条例》虽然明确提出了对“社会稳定”的风险评估，却将“稳评”和早已成熟的“环评”合并在一起规定——尽管两者性质迥异——对于“稳评”中的特殊制度也避而不谈或者大而化之。这样的做法，使得“稳评”的规范性程度一直停留在低水平，成了行政决策程序中最不规范的一环。

最后，党内机构作为主管部门使“稳评”的性质更加模糊。“稳评”主要适用于重大行政决策，是毫无争议的行政事权。但在大多数地区，“稳评”的主管部门设在同级党委的政法委。那么，由党委的内设办事机构主管重大行政决策的某一环节，是意味着该机构代表同级党委对行政决策过程实施监督？还是代表同级党委参与行政决策过程？由于对维稳办的性质和职能的难以描述，不少地方关于“稳评”的规范性文件干脆将其彻底隐去，而该机构事实上仍在“稳评”中发挥着至关重要的作用。主管机构的特殊性本身又是导致“稳评”的相关立法迟迟难以推进的重要原因之一，因为一旦正式立法，维稳办（后来转入政法委）的角色和职权很难被明确界定，不得不继续保持性质上模糊的现状。当“稳评”偶尔像《重大行政决策程序暂行条例》那样走上前台时，也不得不跟“环评”“混搭”，对其主管部门没有明确化。

总之，整个“稳评”制度设计和运行的不规范、不透明、不统一严重制约了其运行效果，如同一架结构拙劣的机器在杂乱无章地高速运转着。在当前的整个制度架构中，“稳评”之“乱”在体制设计上表现得最为淋漓尽致，而一项制度得以长期存续并实现效能的基础又恰恰需要稳定合理的体制架构。“稳评主体是稳评体制中的核心要素。稳评主体间权责的分配关乎稳评主体赋予权力、履行职责、承担责任的重要问题，极大地影响着稳评主体在重大项目评估过程中的协调配合，对评估事项的绩效评价、责任追究等。”[①]要规范“稳评”主体之间的权责关系，就必须“通过法律形式对评估主体、责任主体和监督主体及其相互关系进行明确。以法律形式对评估主体、责任主体和监督主体及其相互关系进行明确规定，并对其各自的责任进行严格规范和约束，以切实做到程序合理、权责匹配”[②]。但事实恰恰相反，现行各种规范对“稳评”体制的架构含混不清又相互抵牾。

“稳评”中的“评估主体”（在某些地方被称为“责任主体”）一词可能是迄今为止在所有的行政规范性文件中被定义得最为混乱的概念之一。由于制度留白过多，造成一些地方政府自由发挥，对基本概念的定义各行其是，迟迟难以形成统一的话语体系。我们通过简单梳理各部门、各地方的现行规范可以发现，当它们使用“评估主体”一词时，可能有 11 种不同的含义，当它们使用相近的“责任主体”一词时，可能有 4 种含义，合计有 15 种含义。如果我们遵循这些文件中的定义，当我们提及“评估主体”一词时，就必须对其所处的语境做出十分严格且复杂的界定，脱离了这个语境，它所指的将完全是另外一个迥异的对象。而当我们认为自然而然地把“评估主体”和“责任主体”理解为同一个对象时——毕竟在通常的法律语境下，前者是从积极角度而后者是从消极角度来指称同一对象的，我们发现有时确实如此，有时又并非如此。不难想象，用这些歧义丛生的词汇所描述出来的体制架构及其衍生的权责关系将是如何的混乱。

---

① 白鹭、王楠：《浅谈重大项目社会稳定风险评估主体间权责问题》，载《改革与开放》2015 年第 19 期。

② 黄杰、朱正威：《国家治理视野下的社会稳定风险评估：意义、实践和走向》，载《中国行政管理》2015 年第 4 期。

表 2–1 现行规范性文件对“稳评”评估主体 / 责任主体的不同定义

概念	定 义	适用范围示例
评估主体	项目所在地人民政府或其有关部门指定	国家发改委、山东、福建、新疆
	人民政府及其职能部门	四川
	项目所在地县级以上人民政府指定所属机关	辽宁
	省发改委指定的工程咨询机构	山东
	项目所在地政府或发展改革部门	河北
	发改委委托咨询机构	重庆、天津
	项目所在地市、县（市、区）人民政府或其指定的部门、单位	浙江
	项目建设单位	内蒙古阿拉善
	决策承办单位	广东汕头
	市项目投资评审中心	甘肃兰州
	项目申报单位	江苏无锡
责任主体	项目所在地县级以上人民政府	辽宁
	市级职能部门	广东深圳
	各承办处（室、中心）	湖南
	项目报建部门和单位	甘肃兰州

尽管与“稳评”有关的主体被定义得如此混乱，但我们通过仔细的辨析仍然可以提炼出这个体制的一般架构。除了少数由高层级机关实施的重点决策事项之外，大多数地方的“稳评”是在这样的体制下运行：“稳评”的负责者通常是政府的一个部门，具体组织实施评估工作并编制“稳评”报告的是该部门中的某个机构；报告编制完成之后，这个部门经过初步审查送给同级维稳办进行形式审查，审查通过之后提交给此事项的决策主体，而决策主体可能是本级党委、政府，也可能是这个部门自己。如此一来，就在党委、政府内部的科层体系之内形成了一个封闭的循环，而基于下级对上级行政目标的服从，“稳评”就失去了为决策的正确做出提供有力参考的价值，全能政

府、执行不力以及法律监督的风险将随之而来。[①]“稳评”各部门之间权力和职责交叉，风险界定难以清晰，责任倒查过程中各部之间相互推诿，造成评估责任追究难的问题。[②]

尽管实践中的某些做法对这个封闭的链条似乎有所突破，比如始于江苏淮安的委托第三方编制“稳评”报告的做法。但实际上，这些第三方机构大多附庸于作为评估主体的政府部门，并无太强的独立性可言。相反，第三方接受委托获得了经济收益，认认真真走了过程，评估主体既拉来了一个挡箭牌，又乐得轻松，双方心照不宣、各得其所。这就形成了典型的虚假治理，虽偶有收效但多属徒劳。也许在某些时候，政府规制会给一般公众带来一些有益的因素，但这并非政府规制实际的初衷，它充其量不过是规制的意外结果而已。[③]

研究者对于改造当前的“稳评”体制的必要性、迫切性是有高度共识的，但既有成果所提出的对策却往往不得要领，其根本原因在于对“稳评”的定性出现了偏差。想要对“稳评”体制进行合理重构，就必须澄清“稳评”的属性，特别是明确其在重大行政决策程序和决策风险管理中的定位。

二、对“稳评”性质的考辨和澄清

（一）“稳评”评的是建构性风险而非技术性风险

“风险”存在主客观双重属性，既具有客观存在性，又具有主观建构性。

---

① 参见肖北庚、王伟、邓慧强：《行政决策法治化研究》，法律出版社 2015 年版，第 168—170 页。

② 参见蒋俊杰：《我国重大事项社会稳定风险评估机制：现状、难点与对策》，载《上海行政学院学报》2014 年第 2 期。

③ 参见［美］波斯纳：《法律的经济分析》，蒋兆康译，中国大百科全书出版社 1997 年版，第 475—476 页。

与之对应的解决策略则分为偏向科学的“理性—工具范式”和偏向民主的“商谈—建构范式”。前者通常被称为技术性风险，所对应的决策事项往往是客观的、可计量的、不确定性是可控的，最典型的是环境风险评价；后者通常称为建构性风险，指的是因为复杂的社会或者政治争议所引起的涉及价值和认识论的难题，最典型的就是社会风险评价。[①] 在风险评估中，面对技术性风险和建构性风险所采取的方法和相关制度安排，在很多方面都是不同的。例如，技术性风险评估面对的是客观事实，主要运用理论假设、环境模拟、动物试验等分析方法，依靠的是专家理性。为了确保结果的可靠性，如何遴选出一个高水平的专家团队来承担评估任务，以及确保这个团队按照国家标准或地方、行业标准实施评估，是制度设计中的一个关键问题；相反，建构性评估面对的是人们对风险的主观感知，主要运用的是参与方法，评估过程实际上体现的是公众的价值观。因此，如何实现对利益相关者的正确识别以及参与的充分性，并与参与者进行足够的风险沟通，是制度设计中最重要的问题。[②] 再如，技术性风险的评估只要方法得当、遵循技术标准，评估的结果通常比较可靠，其有效期也比较长，因为其评估对象是客观存在的事实，这些事实在短时间内不太可能发生剧烈的变化，因此可以赋予评估结果在公共决策中较为刚性的效力；而建构性评估的对象是人的心理、态度，很难形成什么共识性的操作标准，评估结果的可靠性比较差，有效期也比较短，因为人的心理、态度是比较容易改变的，很多时候决策者也希望通过风险沟通引发某种对自己有利的改变。因此，这种评估结果不宜被赋予对公共决策的刚性效力。由此产生的差别可能还包括：技术性评估往往可以“一锤定音”，除非外部条件发生较大变化，否则无需再次评估；而建

---

① 参见戚建刚：《我国行政决策风险评估制度之反思》，载《法学》2014 年第 10 期。

② 参见成协中：《风险社会中的决策科学与民主——以重大决策社会稳定风险评估为例的分析》，载《法学论坛》2013 年第 1 期。

构性评估和风险沟通融为一体，且结果易变，可能需要多轮次的动态评估；等等。

表 2–2 技术性风险评估和建构性风险评估的差别

	技术性风险评估	建构性风险评估
评估方法	分析方法，专家理性	参与方法，公众的价值判断
关键过程	遴选专家团队，遵循评估标准	识别利益相关者，保障充分的表达和沟通
结果可靠性	较高	较低
结果有效期	较长	较短
结果的效力	通常可以赋予刚性效力	通常不宜赋予刚性效力
评估的次数	以一次性评估较常见	以多轮次评估较常见

正如前文所述，中国的“稳评”在性质上接近于西方国家在公共项目中的社会影响评价（Social Impact Assessment），同时兼具社会效益评价的属性。社会影响评价指的是对于政策、项目、事件、活动等所产生的社会方面的影响、后果，进行事前、事后分析评估的一种技术手段。通过运用社会科学的知识和方法分析政策或项目所可能带来的社会变化、影响和结果，并提供一定的“有用的知识”或者对策，以降低负面影响和实现有效管理。[①] 这里说的社会影响，主要指的是消极影响。而在中国的“稳评”中，由于某些地方党委、政府出于倒逼落实“维稳”责任的目的，过度强化了其作为公共决策前置程序的属性，而地方党委、政府又有着通过“稳评”使决策项目获批的强烈冲动，因此常常增加评估决策可能带来的社会效益，即积极的社会影响，使评估同时具有社会效益评价的色彩。但对于决策项目来说，无论是其积极还是消极的社会影响，都很难通过某种技术方法进行客观测度，相反，这种

① See Wolf C.P., Social Impact Assessment: The State of the Art. in Wolf C.P., ed. *SIA*. Washington: Environmental Design Research Association, 1974, pp.15–16.

影响只有在利益相关者的主观感受中才体现得最为生动和真实。消极影响体现为利益相关者的风险感知，积极影响则体现为其利益感知。所谓社会稳定风险就是通过利益相关者的这种“风险—利益”感知而建构起来的，而对这种感知进行尽可能充分的调查了解，并加以计算分析，也就构成了“稳评”的主要内容。①

（二）“稳评”是行政决策中的民主机制而非科学机制

2004年的国务院《全面推进依法行政实施纲要》首提“实行依法决策、科学决策、民主决策”，2015年中共中央、国务院的《法治政府建设实施纲要（2015—2020年）》则表述为“推进行政决策科学化、民主化、法治化”。

行政决策程序之所以需要引入科学机制，原因在于行政管理边界的日益扩大和复杂化、专业化远远超出了立法者预设规则的理性能力，简单的“依法决策”既不足以保障行政决策的质量，也不足以证成决策结果的正当性，从而需要诉诸科学理性，由此需要借助于科层制体系之下的技术官僚，以及外部专家的介入。通常认为，行政决策中的科学机制指的是作为决策前置程序的各种专业研究和评估，以及不同形式的专家咨询活动。科学追求的是结果的确定性，如果每一次行政决策都可以归结为一个或几个科学问题，而相关领域的科学认知、科学手段又比较成熟的话，行政决策过程就可以简化为一个科学分析过程，而这个分析的结果对于决策来说应当具有绝对拘束力。但是，能够完全满足这些条件从而直接在实体层面上解决问题的决策事项并不多。因为，并非所有的行政决策都主要体现为科学问题或者可以依靠科学判断得出结论。即使是那些可以归结为科学问题的决策事项，在科学

① 参见黄杰、朱正威、王琼：《风险感知与我国社会稳定风险评估机制的健全》，载《西安交通大学学报（社会科学版）》2015年第2期。

上也未必已经取得了共识或者具备了比较成熟的手段，再加上科学结论与公众感知之间经常存在差异，以及专家易于被利益相关者“俘获”而失去中立性的风险，都决定了在大多数情况下，科学不可能成为行政决策中的唯一机制。很多时候，科学所能做的只是为公众的讨论和官员的决断提供事实基础。

行政决策之所以需要引入民主机制，一是决策事项背后的利益分化日益复杂，“传送带”式的间接民主所提供的法律规则不足以反映如此错综复杂的利益诉求，需要通过具有直接民主色彩的公众参与机制作出回应；二是某些决策事项超出了当时的科学认知水平，或者存在着激烈的科学争论，或者公众感知与科学认知过于悬殊，无法在实体层面获得共识来解决问题，不得不诉诸程序正义，通过公众参与所体现的直接民意寻求决策的正当性，让公众直接对自己的选择负责。公众参与作为行政决策中的民主机制有利于提升决策的社会接受度，得到越来越广泛的应用，被视为解决行政决策正当性的“终极武器”，但逐渐出现了滥用趋势。对公众参与结果的依赖可能使决策机关忘记了自己作为法律执行者的角色，公意的力量固然能够有力地牵制行政权力的恣意，但也可能成为决策机关推卸责任和不作为的挡箭牌。过度迁就由直接民意做出的行政决策还可能侵蚀其形式合法性，对形式法治的空间形成挤压。[①] 因此，在行政决策中成功运用公众参与机制需要高超的技巧。如何通过参与整合不同群体的“地方性知识”和价值立场以增强决策的正当性，同时又避免为其所困，保持决策机关作为“执法者”的政治决断能力，这一点至关重要。

---

① 参见卢超：《“社会稳定风险评估”的程序功能与司法判断——以国有土地征收实践为例》，载《浙江学刊》2017 年第 1 期。

表 2-3　行政决策中科学机制和民主机制的差别

	科学机制	民主机制
必要性	行政管理边界的扩大和复杂性、专业性	社会群体的利益分化；无法在实体层面获得共识解决某些决策的正当性
主要机制	研究和评估、专家咨询论证	公众参与
优点	简化决策过程；可以在实体层面上处理决策难题	弥补间接民主机制下单纯依法决策的不足；通过程序正义解决决策的正当性；提升决策的社会接受度
不足	需满足的适用条件比较苛刻	容易成为决策机关推卸责任和不作为的理由，侵蚀形式合法性
对决策的影响	多数情况下只为决策提供事实基础，少数情况下其结论可以直接决定决策结果	整合不同群体的价值立场，为决策机关提供重要参考

正如前文所述，“稳评”所评估的是建构性风险，是不同利益相关群体对决策事项的立场、态度以及在此基础上采取个体或者集体行动的倾向。而想要准确地了解这一切，就需要利益相关者对这些内容进行真实、充分的表达，这就需要嵌入各种公众参与机制。进一步地，为了提升利益相关群体对决策的接受度，降低社会稳定风险，在公众参与的过程中，决策机关还要力图影响公众的态度，使其出现有利于自己的转变，这就需要开展风险沟通，并使评估过程动态化。在这一意义上，“稳评”在行政决策中发挥了整合社会价值的功能，毫无疑问是行政决策中的一种民主机制，其作为社会管理创新的主要价值也正在此处。① 此外，由于“稳评”的技术手段不甚成熟，加上建构性风险的评估结果可靠性不高且有效期较短，“稳评”也很难谈得上是一种科学方法。

① 参见朱德米：《开发社会稳定风险评估的民主功能》，载《探索》2012 年第 4 期。

（三）“稳评”的风险管理属性优先于决策门槛属性

从《重大行政决策程序暂行条例》的规定和当前的实践来看，“稳评”毫无疑问具有行政决策前置程序的属性，这一点和“环评”、专家论证、合法性审查、一般公众参与等程序是类似的。但与此同时，风险评估还是风险管理的一个重要环节，与更前端的风险识别和后端的风险监测、风险干预等环节构成风险管理链条，继而又在上一个层面和应急准备、危机预警、应急处置与救援、恢复与重建等构成整个社会安全应急管理的全过程。因此，“稳评”既是行政决策的一道“门槛”，又是社会风险管理的一环。这两种属性孰先孰后，所确立的制度建构思路是不同的。作为行政决策前置程序，“稳评”必须尽可能得到一个明确的结果，尽量通过压缩风险的不确定性程度为决策提供依据；为了提高决策效率，“稳评”应该力争“一锤定音”，原则上通过一次评估得到结果，只有在决策项目的内容和条件发生变化的情况下才进行补充评估或重新评估；由于评估是为决策服务的，其功能的发挥也只需考虑到决策作出时为止，对于决策作出之后的问题一般不再考虑。但是，作为风险管理一环的“稳评”，考虑到社会风险固有的不确定性，评估结果必须对其保持较高的容许度，应当尽可能真实地展现风险本身的复杂性；同时，风险的不确定性决定了其易变特征，在捕捉到风险变化的证据或者征兆时，应当动态地进行补充评估乃至重新评估；更为重要的是，风险评估是为后续的风险管理乃至整个应急管理服务的，不可能是“一锤子买卖”，而应当与这些后续环节——特别是风险防范与缓解、风险监测、危机预警等紧密结合起来。

表 2-4 “稳评”分别作为决策前置程序和风险管理环节的制度特征

	作为行政决策前置程序	作为风险管理环节
目标定位	为行政决策的作出设定“门槛”，降低决策风险	为后续的风险管理和应急管理措施提供依据
评估结果	追求确定性和简明性	容许不确定性和复杂性
评估次数	原则上是一次性评估	根据风险的变化，动态地进行补充评估乃至重新评估
与后续制度的关联	关联度低，通常只考虑到决策作出时为止	关联度高，要服务于后续的风险防范与缓解、风险监测、危机预警等

在风险管理的每一个环节，都存在着不确定条件下进行风险决策的问题，而风险决策必然要以风险评估为前提——尽管这种评估在不同情况下简繁不一。以“稳评”作为前置程序的行政决策，主要是决定某一公共项目是否实施或某一公共政策是否出台，这里的“稳评”只是整个风险决策链条中的一环。[①] 当我们将“稳评”作为行政决策的一项前置程序时，首先已经在前提上承认了其作为风险管理一环的属性，所看重的也正是其为风险决策服务的功能。但在很多地方，这一环已经被“放大”得“一叶障目、不见泰山”，只强调“稳评”服务于决策的属性，而忘记了其首先是一项风险管理措施。

综上所述可以发现，“稳评”首先是社会稳定风险管理中的一个重要环节，其次才是行政决策的一项前置性程序；其评估的对象是一种建构性风险而非技术性风险；在行政决策中，“稳评”是一种民主机制而非科学机制。对“稳评”性质的逐步澄清与社会影响评价在西方的经历是相似的，从 20 世纪 80 年代开始，社会影响评价的发展趋势就已经从原来的专家决策转化为一种

① 参见王宏伟：《完善重大决策社会稳定风险评估机制的五大转变》，载《云南社会科学》2013 年第 2 期。

大众影响决策的社会参与过程。[①]在澄清了“稳评”的上述性质之后，关于其体制架构的诸多难题便有望迎刃而解了。

三、决策事项属地党委、政府三重角色的界分

现行“稳评”体制最受诟病之处在于对行政决策事项属地党委、政府及其部门职能定位不清，其根源就是“谁决策谁负责”“谁主管谁负责”两原则。[②]在有些地方，又衍生出“谁实施谁负责”“谁审批谁负责”，变成了四原则。[③]这些原则看似颇有道理，实则逻辑混乱。如果我们按照这些原则来架构“稳评”体制，只会出现两种结果：其一，同一个主体对“稳评”既主管、又实施、又审批、又决策，该主体对“稳评”的所有过程和结果负责，那么，这样的评估就无异于自说自话，且该主体风险极大；其二，不同主体在“稳评”中分司主管、实施、审批、决策工作，但都要负责，这样就必然导致权责混乱，并使得相关责任完全无法追溯。尽管实践中的体制架构虽然不是、也不可能完全如此安排，完全实施四原则近乎空想，但真实的情况大致接近上述第一种假设，就是“决策权、执行权、监督权主体合一，稳评走过场”[④]。

出现这种局面的直接原因在于将决策项目属地党委、政府的角色单一

---

① Becker D.R., Harris C.C., McLaughlin W.J., etc. A Participatory Approach to Social Impact Assessment: The Interactive Community Forum. *Environmental Impact Assessment Review*, 2003, 23（3）, pp.367–382.

② 参见张小明：《我国社会稳定风险评估的经验、问题与对策》，载《行政管理改革》2014 年第 6 期。

③ 各地关于“稳评”的规范文本大多会规定这些原则中的一个或几个，也有的将其全部列出，如 2010 年颁布的《内江市社会稳定风险评估暂行办法》（2018 年 1 月被《内江市社会稳定风险评估办法》废止）。

④ 朱正威等：《重大项目社会稳定风险评估的主体、权力与责任——基于文本分析与个案研究的初步证据》，载《甘肃行政学院学报》2015 年第 4 期。

化了，并且只在这级党委、政府的内部考虑“稳评”的所有职责分工。我们聊举几例，如深圳市的规定：“评估责任主体是重大事项方案制定的职能部门。如重大事项是人大、政府制定出台的，由人大、政府指定评估责任主体；如涉及多部门职能交叉而难以界定评估责任主体的，由同级党委、政府指定。”“市级重大事项由市级职能部门牵头负责进行评估，区级重大事项由区级职能部门牵头负责进行评估。”“各级信访、维稳部门负责抓好社会稳定风险评估工作的督导和协调。”① 再如四川省的规定：“做出重大行政决策决定的地方各级人民政府及其职能部门或者法律、法规授权的组织是决策主体。”“对重大行政决策开展社会稳定风险评估的地方各级人民政府及其职能部门或者法律、法规授权的组织是评估主体。”“县级以上社会稳定风险评估指导协调机构负责本行政区域社会稳定风险评估工作的综合协调和督促指导。”② 问题在于，科层体系的党委、政府，一旦决策事项的导向形成——这种导向在目前的“稳评”开始之前通常就已经形成了，其内部的任何一个分支都不可能扭转这种导向，党委、政府及其部门之间的任何分工都不能产生真正将决策结果引向其他方向的制衡力量。而我们认为，行政决策事项属地党委、政府在“稳评”中的角色实际上是多重的，当党委、政府的不同角色互相重叠而又被制度的设计者所忽视时，最终呈现出来的体制架构必然彼此抵牾。要正确地重构“稳评”的体制，就必须从剥离属地党委、政府的多重角色开始。

首先，在大多数情况下，属地党委、政府是行政决策的作出者，就不应身兼“稳评”实施主体的角色，否则“稳评”就必然沦为一种形式。大多数行政管理事项的决策权属于区县或地市级党委、政府，应该尽量将“稳评”的实施权分离出去，原则上可以借鉴“环评”的做法。对于作为建设项目的

---

① 《深圳市重大事项社会稳定风险评估办法》第 6—8 条。

② 《四川省社会稳定风险评估办法》第 5 条。

决策事项，可以比照建设项目“环评”，由建设单位作为“稳评”主体，具体实施委托给第三方机构；对于非建设项目的决策事项，可以比照规划“环评”，由决策的提出部门或承办单位作为“稳评”主体，同样委托给第三方。但与“环评”不同的是，“稳评”应当提前到这些单位或部门提出决策动议或项目规划时进行，而不是等到政府已经形成决策导向时，否则仍会沦为走过场。在实践中，已经有部分地方按照这一流程操作，这些单位或部门在向主管机关提出决策动议或申报项目时，其申请材料中就已包含了“稳评”报告。在这个环节实施“稳评”，作为评估主体的建设单位或者决策的提出部门、承办单位就有动力去提高“稳评”结论的真实性，使其尽量真正反映决策事项的社会稳定风险水平。因为，对于建设项目中的建设单位来说，一旦在项目的实施过程中发生社会安全事件，对其造成的将是“真金白银”的损失，甚至可能造成连锁反应导致灾难性的后果；而对于非建设项目中的决策提出部门或承办单位来说，此时通过并实施该决策事项还没有成为其一项必需的任务，如果决策事项确有引发社会安全事件的较大风险，其后续的烦恼将无穷无尽，甚至将被严厉追究责任。那么，在尚未势成骑虎之时凭借一个可信的“稳评”报告扔掉这个“烫手的山芋”就是最理性的选择。

其次，对于决策层级较高的重大事项来说，属地党委、政府实际上是一个利益相关者，不应负责“稳评”的实施，更不应对“稳评”的结果负责。某些重大事项的决策权属于高层级的机关，比如中央或者省。而按照现行规定，这些事项的“稳评”工作仍由属地党委、政府实施，多数情况下是区县一级，因为维稳实行的是属地管理，主责在县。[①]这就产生了严重的权责错配。

---

① 如《国家发展改革委重大固定资产投资项目社会稳定风险评估暂行办法》第 5 条规定：“由项目所在地人民政府或其有关部门指定的评估主体组织对项目单位做出的社会稳定风险分析开展评估论证……”第 6 条规定：“国务院有关部门、省级发展改革部门、中央管理企业在向国家发展改革委报送项目可行性研究报告、项目申请报告的申报文件中，应当包含对该项目社会稳定风险评估报告的意见，并附社会稳定风险评估报告。”

一方面，这些事项的决策权在中央和省级高层，而现行规范对决策失误的责任规定却比较少，[①]在“稳评”报告提示风险为“低级别”的情况下，还赋予决策机关极大的自由裁量权，[②]这都导致决策机关很可能轻易通过决策——因为即使决策失误也无需负责，更无需善后。另一方面，“稳评”的职责被分配给属地党委、政府，但其本身却无权参与决策。对于属地党委、政府来说，尽管决策的通过多数时候确实能给当地带来某种经济或社会利益，但决策后一旦爆发社会安全事件，又要由其承担维稳不力的责任，甚至还可能追究其在“稳评”实施过程中的责任。在这种情况下，属地党委、政府实际上只是决策中的一个利益相关者，如何去为“稳评”结果负责呢？在决策项目跨行政区域的情况下——比如建设一条长距离的高速铁路或者高速公路，这种安排就显得更加荒唐。因为不同地方的党委、政府出于自身利益考量完全可能做出截然相反的社会稳定风险判断，上级机关的最终决策必然与一部分地方党委、政府的“稳评”结论相背离，一旦决策通过将来又出现地方“不稳”事件，责任的分配结果将更为扭曲，因为必然有些地方当初的“稳评”报告准确地预测了社会安全事件却被迫承担风险并最终吞下苦果。这是一种典型的末端治理思维，不惩处上游“放火”，不查处中游“煽风”，却严惩下游“救火不力”，严重不利于从根源上治理风险。[③]我们认为，在这种情况下，“稳评”的实施仍应当由项目建设单位或提出部门 / 机构负责，直接将“稳评”结果

---

① 有学者在 2015 年对 53 份“稳评”规范进行了要素分析，发现关于问责的规定基本上集中在“应评未评”“由于评估不力引发群体性事件”“评估失实”等方面，将“决策失误”规定为问责事由的仅有 9.3%。参见童星、张乐：《国内社会稳定风险评估政策文本分析》，载《湘潭大学学报（哲学社会科学版）》2015 年第 3 期。

② 如《国家发展改革委重大固定资产投资项目社会稳定风险评估暂行办法》第 8 条、《山东省发展改革委重大固定资产投资项目社会稳定风险评估暂行办法》第 13 条、《攀枝花市社会稳定风险评估实施细则》第 18 条等。

③ 参见唐钧：《论政府的风险管理——基于国内外政府风险管理实践的评述》，载《中国行政管理》2015 年第 4 期。

提交给决策机关。在作为参与机制的“稳评”当中，地方党委、政府只以利益相关者角色参与其中，充其量只是一个有竞争力的参与者，而在跨区域的决策项目中，同为参与者的多个地方党委、政府甚至还需要在“稳评”过程中互相博弈。这样一来，关于此类事项的决策权限和决策责任便全部统一到了上级机关的手里，上级机关一方面可以避免因决策权分散而受到下级出于对自身利益考量而实施的掣肘，但另一方面，如果因为错判风险而导致社会安全事件的发生，又需要对此负责——这里所说的“负责”并不是指由这些上级决策机关去处置将来发生的社会安全事件，这些事件的处置仍然必须遵循属地管理原则方能保证其效率，而是意味着可以清晰地将决策失误的责任追究到这些机关及其负责人的头上。

最后，属地党委、政府还是本区域内所有行政决策事项所引发的社会安全事件在整体上的应对者。对于社会安全事件，中央有关部门制定的《关于对发生严重危害社会稳定重大问题的地方实施领导责任查究的通知》《关于实行社会治安综合治理领导责任制的若干规定》《健全落实社会治安综合治理领导责任制规定》都明确规定实行属地管理，这完全符合公共危机管理的基本原则，必须坚持贯彻。但需要注意的是，一方面，属地政府所承担的这种责任是整体上的，而不是针对某一决策事项的，无论该事项是否由当地党委、政府实施决策，其基于自身的社会安全管理职责都必须负责应对决策所引发的社会安全事件。另一方面，属地党委、政府对此所负之责是一种积极责任（Responsibility），不同于因“稳评”不当或决策错误所承担的消极责任（Liability）。比如，在属地党委、政府并非决策机关的情况下，“稳评”报告提示低风险但决策后发生社会安全事件，或者“稳评”报告提示高风险但决策仍然被有权决策的上级机关通过，也发生了社会安全事件，属地党委、政府都无需因此被问责，但其仍应负责对事件进行处置和善后。基于属地党委、政府这一对区域内整体社会安全负责的角色，其有权获得本区域内一切行政决策中与“稳评”有关的信息，否则就不可能有效地防范、监测和处置这些决策事项可能引发的社会安全事件。相应地，"稳评"的实施者或者决策机关应当向决策事项涉及的属地党委、政府报送、备案或者共享这些信息，特别是"稳评"报告及相关的决策过程信息。

四、重述第三方介入的必要性和独立性

关于"稳评"体制或主体的大量研究都主张"稳评"的具体操作过程应当委托给第三方机构实施。其主要理由包括：第一，这能够实现多元主体对社会风险的合作共治而进一步提升"稳评"的质量和效率，强化评估工作的广泛参与和外部监督，推动政府相关职能的有序转移和承接；[①]第二，有利于通过视角转换实现客观性，第三方机构一般由体制外人员组成，依据一定的专业知识和学术规范来考虑问题，可以促进合理决策；第三，第三方立场无涉有利于实现各利益相关方的理解沟通，降低委托方与受影响群体之间的不信任；[②]第四，有利于增强"稳评"的公正性，最大限度地减少利益相关方的影响，有效纠正当前政府自我评估的缺陷；第五，有利于提高"稳评"的科学性，因为"稳评"是一项科学性强且极其复杂的工作。[③]

我们认为，这些研究确实揭示了第三方参与"稳评"的必要性，但并不充分，而这种"不充分"已经影响了具体制度的构建。"稳评"的实施之所以需要交给第三方，其核心原因并不在于第三方能够提升评估的专业性，也不在于其能够动员社会资源以降低政府的治理成本——尽管第三方的介入确

---

① 参见朱正威等:《社会稳定风险第三方评估：实践进展、现实障碍与优化策略》，载《江苏行政学院学报》2017 年第 4 期。

② 参见赵春燕:《第三方参与社会稳定风险评估机制的意义及障碍——以北京市大兴区永泰风险评估服务中心为例》，载《中国工程咨询》2017 年第 1 期。

③ 参见张玉磊:《重大事项社会稳定风险评估中的第三方参与：意义、困境与对策》，载《内蒙古社会科学》2014 年第 1 期。

实起到了这样的作用——而在于保障评估的独立性。这种独立性的要求源于“稳评”作为公众参与机制的建构性，源于“稳评”过程应当采取的“商谈—建构”范式。从这一点出发，我们才能充分把握其独立性的内涵，它不仅要独立于评估主体，即评估业务的委托者，也要独立于其他利益相关者，还要独立于决策机关。基于对这种独立的完整性、彻底性的保证，才能够对第三方参与的具体条件和过程做出正确设计。

诚如上文所述，“风险”存在主客观的双重属性，即它既具有客观存在性，又具有主观建构性。“稳评”在本质上是行政决策过程中特殊的公众参与机制，各利益相关群体在“稳评”过程中表达的意见所涵括的范围——合法性、合理性、可行性、安全性等，与他们在通常的公众参与中所讨论的主题并无二致，只不过这些意见通过某种有别于往常的方式被收集起来，并通过量化和计算，将计算结果与维护社会稳定这个特定目标联系了起来而已。但恰恰是这一点，使“稳评”被误解为一种通过量化数据的技术理性帮助行政决策获得合法性的“科学决策”方法。[①] 事实上，社会稳定风险是一种隐藏于“人心”并需要通过人的集体行动转化为实际危害的风险，它并不客观地存在于自然界中供人发现和测量。相反，这些可能导致风险的意见只有通过将代表不同利益的人群聚合起来，并由评估实施者和他们进行互动才能被感知和表达，再结合其他因素被识别出来，供决策者在做出政治决断时考虑。这显然是一个风险主观构建的过程，和通常的公众参与类似，都是公权力的行使与不同偏好和利益进行表达和博弈的过程，是行政决策中的“民主装置”而非“科学装置”。既然是“民主装置”，在实施主体的选择上就应当首先遵循正当程序原则，以“不偏私”为核心；相反，如果它是一种“科学装置”，

---

① 行政过程“科学决策”的基本要求，指的是通过技术理性的引入为行政目标的实现选择最有效的、科学化的手段，可使行政决策在理性化基础上获得正当化。参见王锡锌：《行政决策正当性要素的个案解读——以北京市机动车“尾号限行”政策为个案的分析》，载《行政法学研究》2009 年第 1 期。

其首要目标将是把最好的专业机构遴选出来。

“稳评”实施主体的“不偏私”或曰独立性应当得到完整理解，并通过具体制度的构建获得切实的保证。首先，他必须独立于利益相关者，这一点是不言而喻的。一般来说，作为第三方的“稳评”实施机构与决策的利益相关者之间是陌生的，不存在利害关系。但当前的“稳评”市场生态却出现了明显的地方壁垒倾向，很多地方的第三方机构获得业务的主要途径是作为主管部门的当地维稳办（或者政法委）推荐的——尽管这种推荐并不公开，也不具有表面上的强制性，但离开了其推荐，第三方机构几乎不可能在当地获得“稳评”业务。而且，越来越多的地方主管部门还对第三方机构实行清单管理，只有在一定时期内到主管部门备案并被列入清单的机构才有资格承接当地的“稳评”业务，否则其出具的“稳评”报告几乎不可能获得通过。这种做法既涉嫌利益输送，又导致“稳评”机构严重本土化，而这些“本土”机构长期在当地——通常是一个县域——承接业务，久而久之就会变成所谓的“地头蛇”，并与当地行政决策的各种潜在利益群体发生千丝万缕的联系。这种做法必须被废除，主管部门不应拥有决定第三方准入资格的权力，关于这种资格的设定，下文还将予以讨论。实践中还有一种做法，就是第三方机构利用项目的当地社会资源开展评估，以北京市大兴区为例，“参与第三方机构评估的人员多是对大兴区本地实际情况已有相当认识的各方人士，他们有从行政岗位上的退休人员，有企业界高管，有高校教师，有心理咨询专家。这些评估专家一般均各有所长，对于相关领域均有一定的研究建树。还有几位政协委员，他们平常积极为区内的经济和社会发展建言献策”①。应当承认，对地方资源的挖掘利用确实有利于增进互动，但同样存在评估人员在熟人社会中被“俘获”的风险，甚至评估人员本身就是决策事项的利益相关者。

---

① 赵春燕：《第三方参与社会稳定风险评估机制的意义及障碍——以北京市大兴区永泰风险评估服务中心为例》，载《中国工程咨询》2017 年第 1 期。

因此，至少这种本土化的评估者不应占据主导地位。

其次，第三方必须独立于评估主体，即评估业务的委托者。在项目建设单位或决策提出部门充当“稳评”主体时，他们实际上也是一个利益相关者，在决策事项对其有利的情况下，他们会努力促使评估报告获得通过。要阻断委托者和第三方机构之间的利益联系，必须解决这样几个问题：第一，对第三方的选择必须通过竞争，原则上应当在具备资格的机构名录中招标，标的较小的评估项目则随机“摇号”产生受托机构，这个选择过程同样要交给招投标中介机构，并非由委托者自行操作。随着“稳评”市场发育得越来越充分，这种操作已经具备了可行性。第二，评估主体与第三方机构签订委托协议、提交项目资料并通过座谈等方式表达自己的意见之后，其角色便应止步于此，不再介入后续流程，更不应该派员参加到实施评估的组织当中去。第三，对第三方机构和委托者之间的利益输送行为要建立严厉的惩戒机制，惩戒权属于决策机关或者评估机构所在的行业自律组织。

最后，第三方还必须独立于决策机关，这一点通常被忽视。决策机关在已经形成某种决策导向但又希望规避责任时，同样可能“俘获”第三方以获得一个令其满意的评估结果，又让其充当决策“科学性”的“挡箭牌”，这种“俘获”主要是通过控制第三方的准入资格来实现的。在项目属地政府行使决策权的情况下，主要通过当地主管部门来控制准入资格，这一问题的解决方案已如前述。在高层级机关行使决策权时，则主要通过设定行业性的资格资质许可来达到这一目的。有研究者提出，为了保证“稳评”的专业水准，必须设定准入门槛，对第三方机构和从业人员设定资格资质许可。[①] 且不论在当前简政放权的背景下，增设专门的行政许可几无可能，更为重要的是，一旦设定这种许可，这些第三方机构为了获得资质以及资质的升级、延

① 参见朱正威等:《社会稳定风险第三方评估：实践进展、现实障碍与优化策略》，载《江苏行政学院学报》2017 年第 4 期。

续等，就极易成为许可机关的附庸，而许可机关又极有可能和评估事项的决策机关相重合，如发改委系统。目前，很多决策机关采取“借用”既有的其他许可——主要是国家发改委颁发的工程咨询资质证书，并加上若干其他条件对第三方机构进行筛选的做法。[①] 这种做法的效果是可疑的，既造成了此类机构对“稳评”业务的垄断，又必将促使其与掌握着众多高“含金量”项目决策权的发改委系统结成紧密联系，丧失独立性，形成一个利益内部循环的封闭小圈子。既然设定门槛是必需的，增设专门许可既有难度又有风险，只能“借用”既有的其他许可，那就应当分散从业机构与许可机关之间的利益联系，采取比较多元的“借”法，让具有多种资格资质许可的机构加上一定的其他条件之后，均可进入“稳评”市场。例如，《辽宁省第三方社会稳定风险评估机构培育管理办法（试行）》第 7 条规定：“第三方社会稳定风险评估机构应当具有相应的风险评估以及工程咨询、法律咨询、经济咨询等行政许可的资质证书，或科研院所具有含法学、经济学、社会学、心理学以及工程技术、环境技术等多方面的专业人才队伍组成的评估团队，并有 5 名以上具有高级专业技术职称的正式员工（提供社会养老保险证明），以及 10 人以上涵盖前款所列专业领域的外聘专家团队。”这样的做法既可以保证从业机构的专业水准，又能够瓦解这些机构与特定行业主管部门之间的依附关系。

五、定位为决策辅助机构的主管部门

在 2018 年的党和国家机构改革之前，尽管并非所有地方的“稳评”规

---

① 除了《国家发展改革委重大固定资产投资项目社会稳定风险评估暂行办法》自己采取了这种做法，很多地方政府也同样如此，如《南通经济技术开发区开展“第三方”社会稳定风险评估工作实施意见（试行）》（通开办发〔2013〕29 号），等等。

范性文件都明文规定维稳办的职权，但维稳办在这些地方仍实实在在地履行着和那些明文规定者相同或类似的职责。维稳办原来作为“稳评”的主管部门，职权是十分宽泛的，包括：（1）牵头组织或派员直接参加“稳评”的实施；①（2）批准重点评估事项及其“稳评”方案；②（3）确定跨部门决策事项的“稳评”责任主体；③（4）指导“稳评”报告的编制；④（5）审查并批准“稳评”报告；⑤（6）接受“稳评”报告的备案；⑥（7）督导落实“稳评”报告提出的风险化解措施；⑦（8）监督决策实施过程中的社会风险化解工作；⑧（9）对各部门的“稳评”工作进行考评；⑨（10）负责本行政区域风险评估工作的综合协调、督促指导。⑩ 可以说，在“稳评”的几乎每一个环节都可以看见维稳办的身影，这样的权力配置方案显然是有问题的。首先，上述规范赋予维稳办如此众多的职权，实际上是将当地党委、政府在“稳评”中的角色在维稳办身上具体化了，仍然建立在当地党委、政府既是决策机关又是区域维稳责任主体的基础上，并有意无意地混淆这两种角色，同时忽略了当地党委、政府有时还可能扮演决策的利益相关者的角色。其次，维稳办的上述职权之间也存在

---

① 如湖南省、浙江省、广州市、济南市、鄂州市、凉山州、邢台市的规定。

② 如海南省东方市的规定。

③ 如深圳市、济南市的规定。

④ 如湖南省、内蒙古阿拉善盟的规定。

⑤ 如深圳市规定“稳评”报告由信访办、维稳办负责审批。

⑥ 这一职权最为常见，如浙江省、广州市、济南市、南京市、宣城市、淮南市、邢台市、眉山市规定由维稳办负责备案；湖南省规定由维稳办和处理信访突出问题及群体性事件联席会议办公室（简称“联席办”）负责备案；阿拉善盟规定由维稳办、政府法制办负责备案；泸州市规定由维稳办、信访办负责备案，攀枝花市规定由维稳办、应急办、信访办负责备案。

⑦ 如阿拉善盟、宣城市的规定。

⑧ 如鄂州市的规定。

⑨ 如济南市、南京市、淮南市、宣城市的规定。

⑩ 此项职权也比较常见，如广州市、深圳市、济南市、南京市、乐山市、眉山市、内江市、东方市、攀枝花市均做此规定。

着许多显而易见的冲突。在很多地方，维稳办既要组织或参加实施“稳评”，还要对“稳评”报告进行审批或备案，同时对整个“稳评”工作进行综合协调、督促指导，“自导、自演、自评”，既应接不暇又令人对其工作的实际效果产生怀疑。

2018年党和国家机构改革之后，各级维护稳定工作领导小组及其办公室被撤销，有关职责交同级党委政法委承担。但无论是原来的维稳办，还是现在的政法委，对“稳评”主管部门职权的界定，都应当与党委、政府在“稳评”中的角色紧密结合起来。诚如上文所述，当地党委、政府可能扮演三种不同角色，主管部门的职权也自然应据此确定。当然，无论当地党委、政府以“稳评”中的何种角色出现，主管部门都必须脱离对评估过程的直接操作，主要充当党委、政府在“稳评”中的决策辅助机构。

在大多数情况下，当地党委、政府以决策机关的身份出现，主管部门的决策辅助功能就类似于合法性审查中的司法行政部门，或者“环评”中的环保部门，其主要职责是对“稳评”报告进行审查并向党委、政府提出决策建议，“稳评”报告未经审查通过的项目不能进入最终决策环节。各地现行规范大多规定主管部门是“稳评”报告的备案机关（之一），换言之，主管部门只对报告进行形式审查，如审查其内容和流程是否完整。这种审查尽管有助于掌握信息，但对于党委、政府就当前事项实施的决策来说几乎没有帮助。唯一规定主管部门具有实质审查权的是深圳市，值得借鉴。① 主管部门的审查范围应当包括评估方案是否合理、评估过程是否真实、评估报告是否翔实

① 《深圳市重大事项社会稳定风险评估办法》第10条规定：“一般评估由评估责任主体根据有关规定，就重大事项征求意见、论证和公示的同时，对社会稳定风险进行认真预测，形成社会稳定风险评估报告报同级信访、维稳部门审批。”第11条规定：“……重点评估遵照以下程序：……（六）上报。评估主体将社会稳定风险评估报告报同级信访、维稳部门。同级信访、维稳部门在认真审核后，上报同级加强信访工作和维护社会稳定协调领导小组审批。”

且合乎逻辑，必要时还可以对报告提出的风险点进行验证，这就要求主管部门具备必要的专业能力。需要注意的是，主管部门对报告的实质审查指的是审查“稳评”报告的质量是否合格，而不是审查和评价“稳评”的结果如何，甚至去更改这些评估结果，更并不意味着由主管部门根据评估报告对决策事项做出决定，这一点与合法性审查或“环评”并不相同。在后面这两种审查/评估当中，司法行政部门或环保部门的否定性意见将直接导致决策事项无法获得通过，决策机关的主要领导要推翻这种审查/评估结论几乎是不可能的，除非重新组织一次审查/评估并对其过程进行直接干预。而“稳评”作为一种特殊的公众参与机制，主管部门的审查仅仅是对“稳评”报告是否合格做出评判。对于一个报告质量合格但提示高风险等级的报告，主管部门仍应予以通过并提交政府决策，同时提出自己的决策建议以供参考。“科学本身并不能解决规范性问题”①，公众参与同样也不能，经审查被认定为合格的“稳评”报告应当交给决策机关做出政治选择。换言之，一个提示高风险的“稳评”报告不应当具有所谓“一票否决”的效力，而应当由决策机关结合其他因素之后综合做出判断，即使其仍然通过了决策也并不违反程序。只不过，决策机关应当对“稳评”报告所提示的风险点负责，如果在决策通过之后，将来又恰恰在报告所提示的风险点上发生了社会安全事件，决策机关及其负责人应当被追究责任；如果将来由于该决策事项发生了社会安全事件，但并非“稳评”报告当时所提示的风险点，则不应追究决策责任。

在决策权属于上级机关时，决策事项的属地党委、政府处于利益相关者的地位，主管部门此时应当成为党委、政府的参谋，就属地党委、政府如何说服决策机关接受自己的意见提出方案，或者受党委、政府的委托参与到

---

① ［美］凯斯·R. 孙斯坦：《风险与理性——安全、法律及环境》，师帅译，中国政法大学出版社 2005 年版，第 135 页。

"稳评"当中去，向"稳评"的实施机构表达这种意见。相应地，出于正当程序的考虑，在这种情况下，实施"稳评"的第三方机构应当在评估过程中充分听取属地党委、政府的意见——在跨区域的决策事项中则是同时听取多个属地党委、政府的意见，并予以充分的考虑。在"稳评"报告形成之后，仍应继续征求属地党委、政府（们）的意见，属地党委、政府（们）对"稳评"的结果有不同意见的，应当及时提出，由第三方机构附在"稳评"报告之后，一并报送给决策机关。而在此过程中代表属地党委、政府（们）实施上述行为的，便是当地的"稳评"主管部门。

如前文所述，属地党委、政府同时是本区域行政决策事项所引发的整体社会风险的第一应对者，主管部门需要具体承担党委、政府在这个问题上的日常工作，类似于应对其他类型突发事件时的专业机构，如应急管理局之于自然灾害和生产安全事故、环保局之于环境突发事件。对于属地党委、政府的这项职能来说，"稳评"发挥了风险排查作用。主管部门应当全面掌握与本区域有关的每一个决策项目的"稳评"报告及其相关信息，并将其应用到实施社会风险管理的整个过程中去。在这一基础上，主管部门可能要具体承担另一重要意义上的"稳评"职能，就是对整个地区的社会稳定风险形势进行评估。这种评估不再是针对某一个具体决策项目的，而是将本区域内一定时期的全部行政决策项目的社会风险汇总起来，在整体上评估当地在一定时期内的社会总风险，供当地党委、政府在社会风险治理的全局——而不是在单个事项的行政决策当中——加以参考。

最后需要指出的是，将"稳评"主管部门设在党委政法委的做法并不利于其上述职能的发挥。即使考虑到党委往往实际介入重大行政决策过程，很多行政决策实际上是党政联合决策，也应当采取党政机构合并设立的方式。党的十九大之后已经在组织人事、宣传、统战等多个领域进行了这样的机构改革，而"稳评"主管部门的职能定位恰恰是适宜于采取此种模式的。因为，各级党委对政府的领导主要是通过重大决策权来实现的。也就是说，党委和政府在具体职能上的整合主要应当体现在决策环节，而不是对外的执行环节。那么，适合于党政合并设立或者合署办公的恰恰就是决策的辅助机构，而不是直接对外实施行政执法或者提供行政服务的部门，而“稳评”的主管部门所应当扮演的恰恰就是一个决策辅助机构的角色。

第三章

社会稳定风险评估的效力

“稳评”的效力在现行的各种规定中呈现为“仅供参考”和“一票否决”两种模式。“仅供参考”的结果必然导致“稳评”程序的异化和萎缩。“一票否决”的效力则极大地刺激了地方政府的操纵行为，非但不能促使其落实社会风险防控责任，反而有助于其推卸责任，并反过来给“稳评”的推行者、负责者和实施者带来巨大的风险。因此，必须对“稳评”的效力进行弹性、折中的设计。“稳评”的结果应当成为行政决策的重要依据之一，但并非与决策结果一一对应。决策机关未必需要按照“稳评”结果做出决策，但应当就“稳评”结果和行政决策之间的关系进行充分说理。“稳评”结果的效力还应当与其揭示的风险点，以及由这些风险点所引发的社会安全事件的问责紧密联系。

法学界对“稳评”缺乏足够的关注，使“稳评”在法律视野之下的面目十分模糊，法学界迄今没有给“稳评”的实践探索提供过多少有价值的批判抑或指引，任其“野蛮生长”。其中，“稳评”作为行政决策程序中的一环，其结果对于决策的做出到底具有何种效力？这一至关重要乃至关乎“稳评”自身存在价值的问题，至今被忽视。公共管理学上关于“稳评”的大量研究都围绕着如何得到一个尽量可靠的评估结果而展开，致力于对评估方法的开发。而在实践中，操作者仍然倾向于使评估结果尽量简洁，这既有利于评估的实施者易于操作，也方便决策的官员理解。受国家发改委主管的固定资产投资项目“稳评”的影响，目前多数“稳评”项目采取的都是一种以“整体风险等级”为导向、以“综合风险指数法”为核心方法的“稳评”框架，简称为“整体风险等级导向”方法。其得到评估结果的基本过程是：第一，以估计项目整体风险等级作为拟建项目“稳评”的核心任务，对采取措施前和采取措施后的风险等级进行分别计算；第二，分别估计单因素风险和项目整体风险水平；第三，对单因素的风险程度分配权重，累加得到表示项目社会稳定风险水平的整体风险指数；第四，根据综合风险指数和单因素风险程度及其个数等判断项目整体的风险等级。[①] 尽管对这种“简单粗暴”的方法不乏尖锐的批评，但仍是当前的主流操作。至于由此得到的风险等级对于政府的决策而言意味着什么，既有的研究并不关心。实践中的做法则呈现出明显的两极分化，在我们从“北大法宝”数据库检索到的 69 份各级各类“稳评”文件中，有 62% 规定“稳评”结果只有建议和参考效力；有 38% 赋予其刚性效力，直接根据风险等级对应不同的决策结果。不同的效力模式对决策结果施予不同的约束或者激励，直接影响到决策者、评估的负责者、实施者和决策的利益相关群体的行为选择，最终影响整个“稳评”制度的运行效果。

---

① 参见彭振武、李开孟、徐成彬：《当前我国普遍采用的以整体风险等级为导向的项目稳评框架问题剖析》，载《技术经济》2013 年第 12 期。

因此，对“稳评”结果的现有效力模式的利弊得失加以研判，并探究可能的更佳方案，便极有必要。

一、“仅供参考”带来的尴尬

“稳评”经常被拿来与“环评”相提并论——尽管两者在性质上其实相去甚远，“环评”评估的是技术性风险，主要使用分析方法；而“稳评”评估的是社会性风险，主要使用公众参与、风险沟通等建构性方法。有学者对“邻避”项目的“稳评”和“环评”的法律效力进行了比较，发现其差别巨大。“环评”报告是项目是否获得批准开工建设的重要依据，一旦环保部门对建设单位提交的环境影响评价文件不予批准，则后续的项目建设工作将无法开展，即便是进行了项目可行性研究也无法最终获得项目建设许可。[①] 而且，从建设项目审批流程上看，“环评”报告获批是项目可行性研究报告获批的前置条件。相比之下，“稳评”报告只是作为项目可行性研究报告、项目申请报告的重要内容并设置为独立篇章而已，其评估结论只是各级发改委审批、核准项目或者核报政府的重要依据，起到的只是参考作用，并非项目获批的法定条件。[②]

在“稳评”推行的早期，“稳评”结果确实普遍没有被赋予刚性约束力，仅供决策机关参考。如果经过评估发现决策项目确实存在高等级风险，属于建设项目的，其对策通常是由项目主管部门组织项目单位对项目建设方案进行优化调整之后重新上报，而按照操作中的惯例，允许重新上报也就意味着最后会被批准，该项目并不会被终止或者取消；属于本级政府自行决策的，则由承办部门就决策是否实施或者暂缓向决策机关提出建议，并不

① 参见《环境影响评价法》第 25 条。

② 参见张乐、童星：《“邻避”设施决策“环评”与“稳评”的关系辨析及政策衔接》，载《思想战线》2015 年第 6 期。

享有“一票否决”权；属于上级政府交办的，则由属地党委、政府组织相关部门修改完善应急预案后“硬着头皮”去办，而不能（或不敢）向上级建议暂缓实施或改变决策。正如童星教授所言，这个阶段的“稳评”充其量只能算是“略占地位”，而非具有“战略地位”。[①] 事实上，直到今天，超过六成的“稳评”文件仍然将“稳评”结果做如此定位，评估报告在做出风险等级评价之后只提出建议，是否采纳则交由决策机关定夺。稍有不同之处在于，有的文件会描述建议和决策之间的“参考”关系，如《凉山州社会稳定风险评估实施细则（试行）》第 12 条规定：“承办部门制定的风险评估报告，要力求客观、准确，并作出无风险、有较小风险、有较大风险和有重大风险的风险评价，提出可否实施的建议，报重大事项责任主体审定，由责任主体作出不实施、暂缓实施、部分实施、实施的决定。”有的文件则只规定在评估报告中提出建议，如《深圳市重大事项社会稳定风险评估办法》第 11 条规定：“……重点评估遵照以下程序：……（四）编制评估报告。对社会稳定风险评估工作进行全面汇总和分析论证；对稳定风险作出风险很大、有风险、风险较小或无风险的最终评价；对重大事项的实施作出可实施、可部分实施、暂缓实施或不实施的建议……”实际上，这两种规定的实质差别十分微小，都意味着“稳评”报告提出的风险等级对决策结果没有刚性的约束力。

将“稳评”结果定位在“仅供参考”首先具有法律上的原因。纳入“稳评”范围的重大行政决策，有相当一部分属于项目决策，在法律上属于行政许可事项。而根据《行政许可法》的规定，对于上位法设定的行政许可，法规、规章在做出实施性的具体规定时不得增加许可，也不得增加违反上位法的许可条件。[②] 对于行政许可类的决策来说，如果将“稳评”设定为决策前的一

① 参见童星：《公共政策的社会稳定风险评估》，载《学习与实践》2010 年第 9 期。

② 参见《行政许可法》第 16 条第 4 款。

个必经程序，又赋予“稳评”结果刚性的约束效力，就等于为许可决定的最终做出设定了一个新的条件，即使是个别以行政规章形式出台的“稳评”文件也无权设定这种条件，遑论绝大多数“稳评”规范还是位阶更低的一般行政规范性文件，实际上连对这些行政许可类决策的实施做出具体规定的权限都没有。另一方面，赋予“稳评”结果刚性效力也与唯 GDP 论的地方政府绩效导向相背离。尽管地方政府面临着“发展就是硬道理”和“稳定压倒一切”的双重目标，但经济绩效仍然是官员“晋升锦标赛”的第一指标，而基于投资拉动对 GDP 增长立竿见影的效益，“上项目”无疑成了地方政府工作的重中之重。将“稳评”纳入决策前置程序，等于给项目增加了一道“关口”，对项目的推进已经有所影响，如果再赋予“稳评”结果以否决效力，“上项目”的门槛就会更高。随着改革开放所带来的经济利益格局调整、社会阶层分化、价值观念嬗变、公众权益意识增强，加上滞后的社会管理导致不满情绪滋生，大量社会矛盾纠纷同时涌现，西方国家漫长历史中所展现出来的历时性矛盾在中国表现为共时性矛盾，社会稳定面临巨大挑战。[①] 但是，长期以来的“刚性稳定”模式已经无法持续，[②]“稳评”作为一种被寄予厚望的新工具，曾得到了维稳部门的强力推动。尽管如此，维稳部门也不得不考虑地方政府强烈的投资冲动和发展经济的绩效目标，在“稳评”的效力定位上采取温和立场。

“仅供参考”的“稳评”结果必然导致稳评功能的异化和萎缩。“稳评”所评的是行政决策的利益相关群体对决策所抱持的态度及在这种支配下可能采取的个体或者集体行动，需要通过评估对象态度的真实、充分表达方能

---

① 参见王宏伟：《完善重大决策社会稳定风险评估机制的五大转变》，载《云南社会科学》2013 年第 2 期。

② 参见于建嵘：《当前压力维稳的困境与出路——再论中国社会的刚性稳定》，载《探索与争鸣》2012 年第 9 期。

实现，由此需要嵌入各种公众参与方法。而为了提高利益相关群体对决策项目的接受程度，政府需要在多个环节与公众进行风险沟通，并采取可能的措施改变公众的“利益—风险”感知，在这一过程中实现政府对公众意见、利益、偏好和价值的吸纳与整合。由此，“稳评”有望最终发展为一种民主决策机制，成为协商民主在公共行政中的一项重要实践。[①]但是，如果“稳评”的结果仅仅具有参考效力，对决策机关而言也就失去了倒逼作用，上述制度演进逻辑的前提便不复存在，此时的“稳评”对于政府而言仅仅是一种风险提示和预警机制而已。而风险提示和预警的功能对于决策者来说，并非十分重要。因为群体性事件的发生毕竟只是高度不确定的小概率事件，人们往往倾向于忽略风险的存在。即使明知存在某种风险隐患，在经济发展、民生改善等显性政绩目标的强烈驱动之下，以及对传统“刚性维稳”模式一定程度的路径依赖，政府在绝大多数情况下仍然愿意冒险通过决策。因此，“稳评”连作为一种风险提示和预警机制的作用都会变得可有可无。[②]既然认认真真地通过公众参与、风险沟通、努力开发各种评估方法所得到的一份相对可靠的评估报告，和东拼西凑、敷衍应付“走过场”所得到的一份评估报告，其作用对于最终的决策来说并无二致，那么，后者就必然会成为评估责任主体的“理性”选择。什么方式能够最方便、高效地产出一份形式上符合要求、内容上差强人意的“稳评”报告，地方政府就会采取什么方式。如此一来，不但一切公众参与和风险沟通的过程都显得多余，连委托第三方评估都是不必要的——即使由于上级的强制性要求不得不委托一个第三方，那也必定是一个完全听命于评估责任主体的“伪第三方”。至此，“稳评”的功能将萎缩到极致，变成了一种纯粹为应付上级检查考核的虚假治理方式；“稳评”的流

① 参见朱德米：《开发社会稳定风险评估的民主功能》，载《探索》2012 年第 4 期。

② 参见程瑜、陈世明：《从“维稳”到“参与”：社会稳定风险评估新探》，载《广西民族大学学报（哲学社会科学版）》2015 年第 3 期。

程也将萎缩到极致，变成行政机关内部“闭门造车”“流水作业”的文牍制造过程。

对评估结果的选择性使用，还将导致“稳评”和整个社会风险的防控与应急管理完全脱节。[①]“稳评”报告在确定风险等级的同时，应当同时就可能存在的风险点提出一定的缓解措施，决策者通过落实这些措施改善其应急管理体系，真正降低决策项目通过之后在实际执行过程中的社会风险，从而形成一个完整的社会风险防控和应急管理链条。但既然连“稳评”的结果都被置于可用可不用的尴尬境地，基于这种结果的后续管理措施更是空中楼阁。如果说“走过场”的“稳评”有时还多少发现了决策项目中的某些社会风险，那么，在“稳评”这个“过场”走完，“一评了之”过后，整个风险管理链条也随之结束，不但已经提出的“稳评”结论无法落实，已经发现的风险无法得到及时化解，还可能有更多、更大的风险由此被隐藏了下来。[②]有学者调查发现，有的决策事项虽然做出了存在高风险或较高风险的结论，并提出了不予实施、暂缓实施的评估建议，但在异化的发展观和行政权力支配下，决策部门依旧将评估结果弃之一边，强行推动实施，“评是评、干是干”的现象十分突出，评估结果难以得到应用。[③]决策通过之后，这些风险一旦爆发酿成重大社会稳定危机，决策者为了推诿责任，又会反过来对“稳评”提出批判，要么质疑风险在“稳评”中没有被发现，要么认为“稳评”报告提出的风险控制措施无法操作、难以落实，从而使“稳评”的地位进一步受到削弱，形成恶性循环。

---

① 参见雷尚清：《重大工程项目自主决策式稳评的操作性偏误与矫治》，载《中国行政管理》2018 年第 3 期。

② 参见张玉磊、徐贵权：《重大决策社会稳定风险评估机制的问题与完善》，载《中共天津市委党校学报》2015 年第 4 期。

③ 参见刘泽照、朱正威：《掣肘与矫正：中国社会稳定风险评估制度十年发展省思》，载《政治学研究》2015 年第 4 期。

二、“一票否决”的迷思

仅仅具有参考效力的“稳评”结果将把“稳评”带入形同“鸡肋”的尴尬境地，因此，在为数不多的谈及“稳评”效力的研究者中，学者们不约而同地进行了尖锐的批评，并强烈主张应当赋予“稳评”结果以刚性效力，将“稳评”报告所确定的风险等级与决策方式对应起来，使风险等级较高的“稳评”结论具有“一票否决”效力。如蒋俊杰认为，必须保障“稳评”的结果能够真正地影响政府决策，只有这样，才能保障“稳评”机制真正发挥作用，真正起到从源头上、根本上、基础上化解社会矛盾的作用。[①] 朱德米认为，许多地方根据“稳评”结果对高风险的重点建设项目采取了否决或暂缓措施，通过程序约束增加了决策的否决点，在一定程度上有利于提高决策的科学化和民主化，能够避免社会矛盾的激化。[②] 童星也主张，如果在“稳评”中的确发现有可能出现高等级的风险，就应当明确提出改变或取消决策，终止或取消重大项目；对属于上级做出的决策，地方政府也应勇于向上级提出暂缓实施或改变决策的建议。[③] 张小明进一步提出了“稳评”结果与决策结果的详细对应方案：对不合法或不符合广大人民群众根本利益的拟决策事项必须及时终止；对既合法、又符合群众长远利益，但超出群众现实承受能力或多数群众不赞成的拟决策事项，如果评定的风险等级在某地的风险承受能力范围之内，可以对决策事项先试行，经试行良好未出现稳定风险的可正式施行；如果评定的风险等级超出某地的风险承受能力，决策应暂缓出台，按风险消

---

① 参见蒋俊杰：《我国重大事项社会稳定风险评估机制：现状、难点与对策》，载《上海行政学院学报》2014 年第 2 期。

② 参见朱德米：《深化社会稳定风险评估的理论支持》，载《中国社会科学报》2011 年 6 月 2 日。

③ 参见童星：《公共政策的社会稳定风险评估》，载《学习与实践》2010 年第 9 期。

减对策改进决策内容，取得群众支持后再次进入评估程序；对合法性、有益性、群众支持度均达标的拟决策事项可以实施。由此真正做到，凡是不能使绝大多数群众受益的事情不做，凡是不能得到绝大多数群众支持的政策不出台，凡是未经“稳评”的项目不审批，凡是经“稳评”后社会矛盾没有得到化解的不予实施。①

政府显然也发现了“稳评”结果只具有参考效力的弊端，近年来赋予“稳评”结果刚性效力的文件逐步增加。根据 2015 年童星教授等人进行的统计，在其收集的 53 份文本中，78.4% 的政策文本规定了确立风险等级后的处置方法，对应着风险的高中低三个等级的处理结果分别是决策的不实施、暂缓实施和实施；还有 15.4% 规定为不实施、部分实施、暂缓实施和实施四种处理方式。② 但我们发现，这一研究并未区分风险等级和决策方式的对应关系到底是强制性的还是建议性的，根据我们对目前可以公开检索到的 69 份“稳评”文件的重新统计，规定为刚性对应关系的占 38%，这一比例已相当可观。这些文件绝大多数属于行业类规定，其中又以重大固定资产投资项目的规定为最多，房屋征收补偿的规定次之，此外还有水利工程项目、信访事项等，而地方政府的一般性“稳评”文件只占极小比例。由此可以看出，“稳评”报告的刚性效力通常应用于维稳压力最为突出的领域。国家发改委 2012 年发布的《国家发展改革委重大固定资产投资项目社会稳定风险评估暂行办法》（发改投资〔2012〕2492 号）是赋予“稳评”结果“一票否决”效力的典型。根据该办法规定，对于具有高风险或中风险等级的项目，国家发改委不予审批或核准；对属于低风险等级且有可靠防控措施的项目，国家发改委

---

① 参见张小明：《我国社会稳定风险评估的经验、问题与对策》，载《行政管理改革》2014 年第 6 期。

② 参见童星、张乐：《国内社会稳定风险评估政策文本分析》，载《湘潭大学学报（哲学社会科学版）》2015 年第 3 期。

应予审批或核准，或按要求核报国务院予以审批或核准。为了以最简单的方式贯彻这种风险等级与决策结果直接对应的模式，在实际操作中，绝大多数可行性研究报告或项目申请报告的“稳评”篇章以及投资项目的“稳评”报告，都采用综合风险指数法确定风险等级，并将 0.36 的风险值作为“低风险”的门槛。有学者指出，这种做法无论是从国际视角还是从项目评价的专业角度来看，都是十分罕见且极不合理的。①

那么，当“稳评”结果的效力变“硬”起来之后，一切难题是否会迎刃而解，相关的社会稳定风险防控效果是否得到了明显提升呢？答案是否定的。实践很快表明，“稳评”结果“一票否决”只是一厢情愿的迷思，这种模式所带来的弊端丝毫不亚于“稳评”结果“仅供参考”的状态。

第一，“一票否决”的“稳评”结果极大地刺激了地方政府的操纵行为。某些地方政府的强烈投资冲动难以遏制，又慑于“稳评”的“一票否决”效力，必然千方百计对“稳评”实施干预和操纵，巧妙地在形式上满足“稳评”的一切要求，在实质上又将“稳评”的作用消解于无形。首先，地方政府可以对“稳评”项目进行有倾向性的选择，将那些社会风险很低甚至没有社会风险的“皆大欢喜”型项目纳入“稳评”——比如修缮中小学校舍，而忽略那些真正隐藏巨大社会风险、阻力较大的项目，通过“该评不评”和“评不该评”的双向操作，轻松地满足上级对“稳评”覆盖率的要求。其次，地方政府还可以操纵“稳评”过程，其具体手法包括在民意调查对象的选择上避重就轻、在调查问卷中设置引导性问题、对决策项目进行虚假包装和宣传、改变各种指标的权重比例，等等。即使在委托第三方实施评估的情况下，由于目前采取的是“谁主管谁负责”“谁建设谁负责”的评估主体确定模式，第三方也是由决策的承办方或者项目的建设方委托的，这就给他们向评估的

① 参见杨海霞：《项目稳评应方法科学标准合理——专访中国国际工程咨询公司研究中心主任李开孟》，载《中国投资》2014 年第 4 期。

实施者施加影响提供了极大的方便。这样即使是那些由第三方实施的“稳评”项目，其结果的准确性也将大打折扣，给决策者提供准确负面信息的目的必然落空。[①]

第二，“稳评”的“一票否决”非但不能促使地方政府落实社会风险防控责任，反而成为其推卸责任的“挡箭牌”。首先，一旦“稳评”的效力被绝对化，那么，一个决策事项在“稳评”中得到一个“低风险”的结果之后，政府作出决策的合法性也就随之大大增强。决策实施之后，如果真的发生群体性事件或其他社会安全事件，地方政府也可以以项目早已通过“稳评”为由，将这些事件的诱因归结为难以预见的意外因素，从而逃避责任追究。此时，“稳评”程序反过来成了地方政府为其错误决策的合法性、正当性辩护的“护身符”。[②]其次，“稳评”的效力得到强调之后，就会成为行政决策前置程序中的一个难点，一旦这个难点被“攻克”，地方政府就会借此挤压其他决策程序的空间。原因在于，尽管法律和政策可以为行政决策设置多重“门槛”，但这些“门槛”在决策过程中的真实权重是不同的，有些分量变重了，有些分量必然会被减轻，因为要将所有的决策环节都不折不扣地执行到位实际上是不可能的。如果“门槛”的权重大小直接取决于其通过难度的大小，少数几个难度最大的“关口”通过之后，其他条件往往就会被默认为可以相对淡化。如果把“稳评”的位置摆得过高，而其结果实际上又容易被操纵，就很可能导致地方政府在“稳评”通过之后，以此为由任意决策，一路畅通无阻。最后，也是最为糟糕的结果，就是地方政府一手操纵“稳评”结果，将“稳评”变成内部自我评估，根据领导的个人意志决定风险等级；另

---

① 参见廉如鉴、黄家亮：《社会管理创新视野下重大事项社会稳定风险评估》，载《湖南社会科学》2011 年第 6 期。

② 参见张欢：《从评估到监测：社会稳定风险应对的新策略》，载《四川大学学报（哲学社会科学版）》2016 年第 6 期。

一手又将“稳评”结果作为推卸责任的“挡箭牌”。[①]被赋予“一票否决”效力的“稳评”之所以必然出现上述事与愿违的结果，归根到底还是因为它与地方政府以发展为第一要务的绩效取向相悖，与地方官员的决策和行为逻辑相悖。在稳定与发展之间的张力——其背后的实质是执政党的绩效合法性、官僚群体的自身利益和民众利益之间的张力没有在根本上得到缓解的情况下，既无法保证“稳评”结果的真实性，又赋予其绝对效力，必然使得“稳评”的发展背离其预设的规则和方向。[②]

第三，“稳评”的刚性效力反过来给其推行者、负责者和实施者带来了巨大的压力和风险。赋予“稳评”结果以明确对应的否决权，就意味着这个结果要对整个决策做出和实施过程中的社会稳定风险完全负责，“打了包票”，而这无论对于“稳评”制度的推行者，还是具体决策项目的评估负责主体，抑或是具体的实施主体来说，都是“不可承受之重”。原因在于，一方面，“稳评”作为一种社会风险评估，评的是人的态度和在这种态度支配之下的行为取向，其结果的准确性、可靠性、稳定性受到大量复杂因素的影响，本来就不太高，明显不可能和环境影响评价、灾害风险评价等技术性评估相提并论。再加上“稳评”在我国开展的时间还比较短，目前还处于各地方、各部门各自探索的阶段，在方法上相对粗糙，理论支撑不足，充其量只是个“半成品”，这进一步降低了“稳评”结果的可靠性。另一方面，就算“稳评”结果的质量已经比较可靠，但由于社会风险的高度不确定性，影响“稳评”结果的各种因素在决策项目的实施过程中完全可能发生各种复杂变化，或者由于决策实施中的不当操作产生了新的风险因素，甚至可能由于某些偶然因素——比如某个具有过激倾向的个人，导致群体性事件的发生。但

---

① 参见黄杰、朱正威、吴佳：《重大决策社会稳定风险评估法治化建设研究论纲——基于政策文件和地方实践的探讨》，载《中国行政管理》2016年第7期。

② 参见田先红、罗兴佐：《官僚组织间关系与政策的象征性执行——以重大决策社会稳定风险评估制度为讨论中心》，载《江苏行政学院学报》2016年第5期。

由于当前维稳工作中的结果归责导向，在追究责任时，就很可能追溯到前端的“稳评”环节，这必然对“稳评”的推行者、负责者和实施者造成巨大压力。为了规避这种风险，上述主体就有可能趋向于保守，降低“稳评”的推行力度，或者避免将那些棘手的，也恰恰是最需要实施“稳评”的决策项目纳入“稳评”，或者将“稳评”结果模糊化。有学者曾经描述了这种情况下各地维稳办——该机构曾长期作为“稳评”的具体推行者和协调者——普遍存在的矛盾和尴尬。他们一方面希望积极推动“稳评”，因为“一票否决”的“稳评”结果急剧扩大了其职权和权威；另一方面他们又担心“稳评”真正大力推行起来之后自己要承担的责任过大，于是变得犹豫不决、缩手缩脚。[①]

三、“稳评”的弹性效力及其内涵

“仅供参考”的“稳评”必然沦为可有可无的“鸡肋”，“一票否决”的“稳评”又陷入事与愿违的窘境，关于“稳评”的效力设定是否无法走出如此进退失据的两难局面呢？我们认为并非如此。“稳评”的结果到底应当被赋予何种法律效力？对这一问题的回答，首先必须走出非此即彼的思维定式，寻求某种弹性的、折中的效力方案；其次不应当将其效力的指向仅仅局限在行政决策的结果上，还要和决策项目的风险治理相联系，换言之，我们不能只看到“稳评”作为行政决策程序的一面，还应看到其作为风险管理措施的属性。“稳评”这种弹性的、同时面向决策和风险的效力，主要应包含以下三个方面的内容。

首先，“稳评”的结果应当成为行政决策的重要依据之一，但其约束力应当是弹性的。“重大决策之所以困难，是因为面临多重目标和多重约束，

---

① 参见廉如鉴、黄家亮：《社会管理创新视野下重大事项社会稳定风险评估》，载《湖南社会科学》2011 年第 6 期。

需要反复权衡利弊。特别是我国改革已经进入攻坚期和深水区，正确处理改革、发展和稳定的关系殊为不易，社会稳定风险评估主要偏重于维护社会稳定方面，仅涉及决策者综合考虑的多方面要点之一。因此，实践中，社会稳定风险评估对决策只能产生有限影响，这是一个自然且必然的结果。”[①] 但是，目前通行的以综合风险指数为中心的评估方法显然忽视了这一点。“导致社会冲突发生的原因可能是多因素的综合结果，也可能是部分甚至单一关键原因产生的重要影响。……现代社会风险的产生、扩散往往引致复杂的系统性后果，这在客观上造成了评估难度。不仅如此，就连基本的风险源及相关的催化因素也并非显而易见。利益冲突及由此带来的相对剥夺感、文化冲突、信息匮乏、感知差异、沟通失效等众多原因均可能给社会稳定造成压力，公共政策实施过程或者项目实施任何一个环节的局部因素都可能引发连锁反应，催生社会稳定风险的积聚与爆发。”[②] 而综合风险指数的“稳评”方法试图将如此复杂的因素和过程通过线性的方法简单地以某种风险等级表达出来，必然不能真实地反映决策所面临的社会风险图景，如果我们还要强行将这种等级和决策的结果一一对应起来，其合理性本身就值得怀疑。

赋予“稳评”结果刚性效力，这和人们对“稳评”性质的严重误解有关。很多人将“稳评”视为行政决策程序中的“科学”环节，将其和“环评”相提并论，2019 年国务院制定的《重大行政决策程序暂行条例》也将其定位为“科学决策”程序。按照这种理解，赋予“稳评”结果和“环评”类似的“一票否决”地位，似乎理所当然。但“稳评”归根到底评的是人的态度和价值判断，而不是观测自然现象的技术性评估，恰恰是由于科学方法在社会风险

---

① 张欢：《从评估到监测：社会稳定风险应对的新策略》，载《四川大学学报（哲学社会科学版）》2016 年第 6 期。

② 朱正威、吴佳：《社会稳定风险评估机制的运行困境与优化策略》，载《中国党政干部论坛》2017 年第 5 期。

评估中的缺陷——专家存在学科惯性并容易被利益掣肘，风险归因理论和风险界定方法存在局限性，科学评估指标和评估模型的刻板性，科学评估过程中专家与公众获取信息的不对称性等，才促使“稳评”转向了以公众参与、风险沟通为中心的建构主义。[①] 任何社会影响评价本身都是在一定的政治框架下进行的，其结果不可能像科学结论一样具有绝对的确定性从而可能对决策形成刚性约束力，而是通过参与将“地方知识”和决策过程结合在一起，最终由谁来决定影响的显著性、决定什么构成有价值的“地方知识”，都需要依据特定的政治社会形势来确定。[②] 对于“稳评”报告所提示的社会风险，决策机关一方面不可能将其作为唯一的考虑因素，必然还要加入政治、经济和技术等方面的考虑；另一方面也不应仅仅消极地解决它们和决策结果的对应关系，而是应该通过开发、比较和选择适当的规制方案以回应、缓解这些社会风险，这不可避免地要求对风险的可接受性和控制成本等问题做出价值判断。因此，“稳评”的结果必须对决策机关形成某种有力的约束，但这并不意味着政府一定要遵照“稳评”结果做出决定。对于那些经过评估认为存在较高风险的决策事项，政府仍然可以基于其他更加重要的考量——特别是政治考量——作出与“稳评”报告提示方向不同的决策。[③]

此外，越来越多的人主张“稳评”应当由一次性评估拓展为一个动态循环的过程，将风险评估充分融合到整个风险管理链条当中。政府在得到“稳评”报告提示的初始风险等级之后，不应直接作出最终决策，而是应针对风险采取防范化解措施，在其取得效果之后再次评估，获得一个新的风险等级，

---

① 参见胡象明、张丽颖：《科学主义与人文主义视角下大型工程社会稳定风险评估困境及对策探析》，载《行政论坛》2018 年第 2 期。

② 参见李强、史玲玲：《“社会影响评价”及其在我国的应用》，载《学术界》2011 年第 5 期。

③ 参见许传玺、成协中：《重大决策社会稳定风险评估的制度反思与理论建构》，载《北京社会科学》2013 年第 3 期。

如此循环，直至风险被降低到一个可以接受的水平，才将决策付诸实施。[①] 在这种情况下，“稳评”结果的效力就更加不可能是刚性的，但它显然对决策过程产生了有效制约。

其次，决策机关必须就“稳评”结果和行政决策结果之间的关系进行说理。解除了“稳评”结果与决策方式的刚性对应关系，但又要避免其回到“仅供参考”的境地，迫使决策机关认真对待和尊重“稳评”的结果，那么，要求决策机关对其在决策过程中对“稳评”结果的考虑和应用做出公开的说明，就是一个值得考虑的办法。“稳评”报告的公开并无危害国家安全和国家利益之虞，没有理由将其列入国家秘密，更不涉及《政府信息公开条例》中所规定的商业秘密、个人隐私等其他豁免公开的理由。即使根据 2019 年修订后的《政府信息公开条例》第 14 条规定的“公开后可能危及国家安全、公共安全、经济安全、社会稳定的政府信息，不予公开”，以及其第 16 条规定的“行政机关在履行行政管理职能过程中形成的讨论记录、过程稿、磋商信函、请示报告等过程性信息以及行政执法案卷信息，可以不予公开”，“稳评”报告也不在此列。因为，“稳评”报告虽然评估的是社会稳定风险，但该报告本身并不是一个社会稳定风险因素，而且，报告的公开可以作为一种增进政府与公众互信的风险沟通手段，恰恰有利于降低而非增加社会稳定风险；而“稳评”报告在行政决策程序完成——决策做出的同时或者稍后公开，已经不可能影响公正决策或者行政程序正常进行了，也不应被继续当作过程性信息而豁免于公开。

决策机关不仅应当将“稳评”的结果予以公开，还应当就这一结果与决策如何做出之间的关系进行充分的说理，其内容至少应当包括：“稳评”的结果是如何得出的；政府的决策在多大程度上考虑了这一结果；政府将对“稳

---

① 参见陶振：《重大决策社会稳定风险评估：流程与方法》，载《中共天津市委党校学报》2015 年第 5 期。

评”报告所提示的社会风险采取何种防范和应对措施；如果政府的决策与“稳评”结果提示的方向并不一致，政府所考虑的更加重要的其他因素是哪些。“无论是对于决策者，还是对于公众，充分的说理不仅能够展现风险评估报告的科学理性，更是后续风险决策和监督审查的基础。”① 根据并不充分的资料、数据颁布规则，或者根据关键部分只有该行政机关知晓的资料、数据颁布规则，与规则制定程序的目的是相悖的。这在实践中意味着，行政案卷必须详细载明决策所依据的方法以及相关联的说理。“稳评”结果的公开和决策者的说理本身发挥着重要的风险沟通功能，有利于消除公众顾虑，提升决策的社会支持度，将不稳定因素消解于萌芽状态。② 更为重要的是，这种机制通过引入公众的监督，迫使政府不得不致力于提升“稳评”的质量，并认真对待其结果，同时又给政府留下必要的决策裁量空间，在“仅供参考”和“一票否决”的两个极端之间为“稳评”的结果寻得合理且富有弹性的效力空间。

最后，“稳评”结果的效力应当与其揭示的风险点，以及由于这些风险点而引发的社会安全事件的问责联系起来。通过“稳评”找到决策项目面临的主要社会风险并确定其等级，不应该成为评估的最终目的，将这一风险等级结果应用于决策也并非其全部目的，风险防控预案的制订与后续落实才是“稳评”的价值所在。“稳评”的结果应当明示风险防范的目标，明确提出落实防范措施的责任主体、协助单位、防范责任和具体工作内容、风险控制节点和实施时间等。③ 当前全国通行的“以整体风险等级为导向”的项目“稳

---

① 成协中：《风险社会中的决策科学与民主——以重大决策社会稳定风险评估为例的分析》，载《法学论坛》2013 年第 1 期。

② 参见周林刚、王阳：《公民参与视野下的社会稳定风险评估——以深圳 X 环境园的社会稳定风险评估为例》，载《北京工业大学学报（社会科学版）》2013 年第 5 期。

③ 参见童星、张乐：《国内社会稳定风险评估政策文本分析》，载《湘潭大学学报（哲学社会科学版）》2015 年第 3 期。

评”框架将确定风险等级作为“稳评”的核心，这种方法源于发改委系统的重大固定资产投资项目审批，是为了应对审批而对“稳评”过程进行的不当简化，是一种舍本求末的做法，并产生了广泛的误导，使决策者过分关注风险定级，而忽略了风险应对措施的开发和选择。①“稳评”应当致力于识别出决策项目存在的各个风险点，并对每个风险点定级和排序——而不是将每个风险点的等级简单综合到一起得到一个整体的风险等级，并将这个等级和决策结果一一对应。如果“稳评”得到的每个风险点都是低风险，则可以建议直接做出决策；如果存在某些较高的风险点，则应当提出针对这些风险点的化解方案，在政府将其逐一化解或者控制在可以接受的水平后，再通过决策；如果某些风险点在采取应对措施之后仍然无法消除或缓解，或者应对措施的实施需要付出难以接受的高代价，而且决策项目的政治、经济和技术等其他因素也难以平衡这种风险带来的不利影响，则应当否定原来的决策方案。②如此一来，就在“稳评”结果和行政决策的做出之间嵌入了风险化解这个环节，决策的做出将建立在风险定级和风险化解两者互动的基础上，并动态调整，而不再简单地与最初的风险等级相对应。有鉴于此，某些地区已经开发了不同于“以整体风险等级为导向”的“稳评”方法，如学者唐钧为北京大兴区研发的“北京稳评示范基地稳评总体规范”（2015 年版）就将风险整改、动态评估与“评管结合”作为一个重要环节，强调“稳评”的范围应包括实施过程和实际应用后的全程风险；要求评估结论和风险建议在这一阶段得到落实，切实开展风险管理；在风险评估中配套事中监管、事后绩效考核等措施。③

① 参见彭振武、李开孟、徐成彬：《当前我国普遍采用的以整体风险等级为导向的项目稳评框架问题剖析》，载《技术经济》2013 年第 12 期。

② 参见徐成彬、李开孟、彭振武：《以问题解决为导向的投资项目社会稳定风险评估新框架》，载《技术经济》2014 年第 1 期。

③ 参见唐钧：《稳评存三大问题亟待科学和规范》，载《中国县域经济报》2016 年 1 月 4 日。

为了确保“稳评”结果在风险化解环节的约束力，有必要将“稳评”的问责机制聚焦到“稳评”结果和风险化解之间的关系上。有研究者主张，凡是“稳评”没有发现问题但决策实施后导致社会不稳定的，“稳评”的实施主体及其负责人应当被追究责任；凡是“稳评”发现并如实提出了问题，却未被决策者重视，在决策实施后导致社会不稳定的，应当加大对决策者的问责力度。[①]我们认为，前一种做法显然不适当地加大了评估者的责任，必然扭曲其行为模式，在评估报告中不分主次、漫无目的地罗列尽可能多的风险点以规避责任，从而抽空“稳评”的实质意义。但后一种做法却十分必要，它将风险提示、风险化解和决策责任联系在了一起，既符合行政问责以过错归责为中心的原理，[②]又合理地实现了“稳评”结果对行政决策的约束。

四、余论：对“稳评”结果的司法审查

关于“稳评”效力的讨论，还关系到其能否接受司法审查。有学者主张，“稳评”结果应当接受司法审查，认为“决策者的风险评估报告，并不存在免于审查的法定理由，无论其是作为后续风险决策的基础，还是单独作为一个风险报告而存在，只要其对利益相关者的合法权益产生影响，其就应接受行政复议或行政诉讼的审查，复议机关和法院可以从实体和程序两个方面对社会稳定风险评估进行深入审查”[③]。有的学者则认为法院审查的不是“稳评”报告，而是行政机关的重大决策，但在审查的内容上，应当重点关注行政机关是否通过严格的评估程序来做出决策，是否确保不同团体在决策过程中获

---

① 参见张玉磊、汪大海：《重大事项社会稳定风险评估制度的运行框架与政策建议》，载《中国行政管理》2012 年第 12 期。

② 参见林鸿潮：《公共危机管理问责制中的归责原则》，载《中国法学》2014 年第 4 期。

③ 成协中：《风险社会中的决策科学与民主——以重大决策社会稳定风险评估为例的分析》，载《法学论坛》2013 年第 1 期。

得平等的参与机会，最后的决策是否为充分商谈的产物。[①] 我们认为，按照我国当前的行政诉讼制度，“稳评”的结果也就是“稳评”报告本身不可能成为司法审查的对象，因为这个报告并不直接处分公民、法人或者其他组织的权利义务，也就尚未构成《行政诉讼法》上所要求的“行政行为”[②]，仍属于行政诉讼法司法解释上所描述的“行政机关为作出行政行为而实施的准备、论证、研究、层报、咨询等过程性行为”[③]。那么，在行政决策做出之后，是否可以以决策过程中的“稳评”程序或“稳评”结果存在合法性问题而起诉决策行为呢？显然，在行政决策的结果表现为一个针对特定人权利义务进行处分的行政行为，而不是一个行政规范性文件的情况下，决策行为本身的可诉性是毫无疑问的。问题在于，“稳评”中存在的问题是否可以成为推翻决策结果的一个理由？

这个问题的答案取决于两点。首先，“稳评”到底是行政决策过程中的法定程序或者正当程序，还是仅仅作为行政机关的内部工作流程或者自制规则存在？如果是前者，自然可以构成一个起诉理由；如果是后者，则由于其目的并不在于控制公权和保障私权，而仅仅是为行政机关自身提高决策水平、控制决策风险所设计，法院未必认可其作为一个撤销行政决定的理由。[④] 对于这一点，本书将在第六章中专门展开讨论。假如我们认可了“稳评”的正当程序地位，那么，另一个决定因素就在于“稳评”的效力。如果“稳评”结果对行政决策仅仅是参考性的，法院根本没有能力去探究这个结果到底对

---

① 参见张红显：《重大决策社会稳定风险评估程序建设研究》，载《河南财经政法大学学报》2015 年第 4 期。

② 参见《行政诉讼法》第 2 条。

③ 《最高人民法院关于适用〈中华人民共和国行政诉讼法〉的解释》（法释〔2018〕1 号）第 1 条第 2 款第 6 项。

④ 参见卢超：《“社会稳定风险评估”的程序功能与司法判断——以国有土地征收实践为例》，载《浙江学刊》2017 年第 1 期。

行政决策的做出发挥了何种程度的影响，也就不可能使用与“稳评”有关的理由去否定一个行政行为。如果“稳评”与行政决策的结果是一一对应的关系，则与“稳评”相关的合法性问题足以成为否定决策结果的理由，“稳评”应评未评、弄虚作假、没有根据风险等级做出决策等，都可以成为主张撤销行政行为的理由。而如果依上文所述，对“稳评”的效力做弹性的设计，则“稳评”结果有条件地对决策结果产生约束力，法院尽管仍然无权审查行政机关到底是如何根据“稳评”结果做出决策的，因为这介入了行政机关的政治决断，司法机关必须给予尊重。但法院可以审查行政机关在根据“稳评”报告导向决策结果的过程中，是否遵循了法律要求的条件和程序，比如是否就“稳评”结果和行政决策结果之间的关系进行了公开、充分的说理，在决策前是否已经对“稳评”报告所揭示的风险点采取了必要的化解措施，等等。

第四章

行政决策的责任追究链条：以决策的社会稳定风险为切入点

在重大行政决策的责任追究中，以控制决策的社会稳定风险为目标的事由最为严密，但存在对权责相适应、激励兼容和恰当回应民意等责任设定原则的偏离。决策前置程序中的追责事由存在冗余和形式主义，将社会稳定风险评估结果和决策责任绑定诱发了对评估的操纵，决策执行中的追责机制容易刺激利益相关者和政府博弈，结果归责的责任倒查也没有得到根本纠正。对此，必须限缩决策前置程序中的追责事由，在对决策者的责任追究中避免将程序性和实体性义务相混淆，在决策执行阶段区分执行者和决策者的责任，慎用结果归责并为追责对象提供足够的免责抗辩理由。

决策责任追究是重大行政决策制度的重要内容。早在2004年，国务院颁布的《全面推进依法行政实施纲要》就提出“要按照‘谁决策、谁负责’的原则，建立健全决策责任追究制度，实现决策权和决策责任相统一”。2014年，《中共中央关于全面推进依法治国若干重大问题的决定》进一步提出“建立重大决策终身责任追究制度及责任倒查机制，对决策严重失误或者依法应该及时作出决策但久拖不决造成重大损失、恶劣影响的，严格追究行政首长、负有责任的其他领导人员和相关责任人员的法律责任”。2015年，中共中央、国务院颁布的《法治政府建设实施纲要（2015—2020年）》重申了这一点，但做出了更加严厉的表述，提出“健全并严格实施重大决策终身责任追究制度及责任倒查机制，对决策严重失误或者依法应该及时作出决策但久拖不决造成重大损失、恶劣影响的，严格追究行政首长、负有责任的其他领导人员和相关责任人员的党纪政纪和法律责任”。

十几年以来，各地纷纷出台了重大行政决策责任追究的有关规定，这些地方性规定呈现出这样几个趋势：一是追责对象的“全覆盖”，既包括行政首长，也包括其他领导人员，还包括具体经手决策过程各环节的工作人员；二是追责方式的“全方位”，将分别属于法律责任和政治责任的政务处分（原称行政处分）和问责制合用或者混用，且常常不考虑相关规定本身有无相应的责任设定权，有些地方的规定甚至经常使用刑事责任条款；三是追责环节的“全过程”，从决策的前置程序到决策的做出，再到决策的实施，几乎在每一个环节上都尽可能地设定若干追责事由，力求形成一个贯穿重大行政决策全过程的、环环相扣的“闭环”和“链条”。2019年4月国务院颁布的《重大行政决策程序暂行条例》也专章规定了重大行政决策的责任追究。在学术界，很多研究者也强调责任追究形成链条的重要性。“根据以往的问责实践，……需要承担事件责任的主体一般不是单一的，而被承担的责任之间也不会是分散孤立的无序状态，而是能够形成一条‘责任链’。”[①]“导致决策出

① 周慧：《突发事件问责研究》，中国政法大学2011年博士学位论文。

现问题的原因经常是不遵守既定原则和章程办事，这种情况下问题的解决将必须追究每一个具体环节可能出现的决策失误。”[①] 但我们必须追问的是，设定众多的决策追责事由是否必要且合理？貌似严密的追责链条能否倒逼出良好的决策效果？如果不能，重大行政决策中的追责节点、追责事由和责任构成方式应当如何设计？

在此，我们选择重大行政决策中责任追究机制最为严格的一个领域——维护社会稳定——作为切入点进行考察。首先，影响社会稳定的群体性事件常常因行政决策失误而引发，因为决策失误导致的各种后果累积叠加会导致不同社会阶层对各层面决策者的不满，这种不满情绪蔓延，就极易诱发群体性事件。[②] 其次，民心所向是判断执政合法性的试金石，稳定是衡量民心所向和执政合法性的重要标准。而作为“原发型”公共危机的群体性事件对政府合法性最为有害，常常使政府面临严峻的信任危机。[③] 最后，以群体性事件为代表的社会抗争实质上发挥着问责信息机制的作用，以激烈的方式向上级政府传递着针对下级政府及其官员的社会问责诉求，从而引起上级政府的高度重视，激活了纵向的责任追究机制。[④] 总之，“稳定压倒一切”，“维稳”是地方各级政府最为重要的绩效目标之一，特别是对重大行政决策来说，引发社会稳定问题是最具灾难性的后果。自 2005 年以来，各地政府专门探索出了一套“稳评”机制，将其引入重大行政决策作为前置程序，作为地方政府在行政决策中“维稳”的主要依托机制。“稳评”作为近年来维稳机制中最重要的创新，从一开始就被寄予厚望。“在维稳目标上，实现了由静态维

① 张创新、任庆伟:《我国决策问责制探析》，载《浙江工商大学学报》2014 年第 3 期。

② 参见陈国权、谷志军:《非竞选政治中的决策问责：意义、困境与对策》，载《经济社会体制比较》2014 年第 2 期。

③ 参见张海波、童星:《公共危机治理与问责制》，载《政治学研究》2010 年第 2 期。

④ 参见闫帅:《中国复合型问责的制度基础与行为模式研究》，载《东北大学学报（社会科学版）》2016 年第 2 期。

稳到动态维稳的转变；在维稳主体上，实现了由政府一元治理到社会多元共治的转变；在维稳重心上，实现了由事后被动处置到事前主动预防的转变；在维稳机制上，实现了由粗放式治理到集约式治理的转变。”[①]“作为维稳关口前移的制度选择，决策事项出台和审批前的稳评有可能从源头上及时地化解潜在的风险。”[②]建立“稳评”机制的直接目的，就是通过自上而下严格的责任倒逼，在源头上发现和化解社会稳定风险，实现决策结果在社会层面的安全、可控。因此，“稳评”在各地建立并有效运转的一个关键就是与社会治安综合考核、目标责任制或干部问责等直接挂钩，甚至实行“一票否决”制。[③]研究者也大多主张在“稳评”中建立严格的责任追究机制，“为保证稳评工作不走过场，必须在明确职责划分的基础上加强问责制度建设……运用严格的责任倒查机制确保责任落实。对稳评执行不力、弄虚作假、形式主义等行为导致重大决策严重失误甚至引发群体性事件造成重大损失、恶劣影响的，要严格追究行政领导和相关责任人员的法律责任”[④]。

总之，以“维稳”为目标的责任追究体系在重大行政决策的各方面中最为复杂、严密。在 2009 年中共中央办公厅、国务院办公厅《关于实行党政领导干部问责的暂行规定》所规定的七种问责事由当中，前五种都与群体性事件有关，而这五种又全部与行政决策直接相关。可见，从社会稳定风险切入，对于分析行政决策中的责任追究链条最具典型意义。

---

① 张玉磊、汪大海：《重大事项社会稳定风险评估制度的运行框架与政策建议》，载《中国行政管理》2012 年第 12 期。

② 朱正威、王琼：《维稳关口前移何如——基于对 H 市公共政策稳评的思考》，载《行政论坛》2016 年第 4 期。

③ 参见黄杰、朱正威：《国家治理视野下的社会稳定风险评估：意义、实践和走向》，载《中国行政管理》2015 年第 4 期。

④ 张玉磊、徐贵权：《重大决策社会稳定风险评估机制的问题与完善》，载《中共天津市委党校学报》2015 年第 4 期。

一、设定重大行政决策追责事由的基本原则

对公权力行使者的责任追究具有控权、民主和绩效改进三重功能。[①]不过，公权力固然需要受到监督，但监督并非越多越好；民意固然应当得到回应，但不应过度迁就；政府绩效固然需要持续改进，但激励必须适度。过度严苛或者冗余的责任追究可能过犹不及，导致多种负面效果，已经有大量的研究表明了这一点。[②]例如，Dubnick 提出的“问责悖论”，认为过多的问责手段并不必然产生好的政府，反而会扼杀创新和企业家精神；[③]再如，Thiel 和 Leeuw 提出的“问责陷阱”，认为问责的不断增强可以使管理者在被测量的方面做得越来越好，但这并不必然带来更好的绩效；[④]等等。设计行政决策中的责任追究链条，无论是为了体现其作为一种错误惩罚机制的公正性，还是为了对前端的行政决策过程产生有效倒逼作用，都必须遵循理性思维，秉持法治原则。如果不能从最起码的法治理性出发进行制度设计，责任追究最终必然会沦为政府在每一次决策错误之后寻找“替罪羊”的游戏。“问责追责之要，本质上就是人们所形成的关于问责追责的理性。……只有实现问责追责的理性化，才能用好问责追责这件利器。……问责追责是否理性……核心在于是否能够确保问责追责的正当性含量保持在一定的标准之上。”[⑤]具体而言，我们认为，在行政决策的责任追究中应当秉持如下三个原则。

---

① 参见王柳:《理解问责制度的三个视角及其相互关系》，载《经济社会体制比较》2016 年第 2 期。

② 参见王柳:《国外问责研究的基本问题及理论发展》，载《中共浙江省委党校学报》2013 年第 4 期。

③ See Dubnick M. J., Accountability and the Promise of Performance: In Search of Mechanism, *Public Performance & Management Review*, 2005, 28 (3), pp.376–417.

④ See Thiel S. V., Leeuw F., The Performance Paradox in Public Sector, *Public Performance & Management Review*, 2002, 25 (3), pp.267–281.

⑤ 江必新:《论问责追责》，载《理论视野》2015 年第 1 期。

第一，权过责相适应。任何追究责任的制度，其最直接的功能都是对责任承担者的惩罚，这种惩罚要具备最起码的道德基础，就必须保证其过错程度、违法程度和损害后果与责任之间的匹配。对公权力行使者的责任追究，还必须遵循权责一致的公法基本原则。因此，权过责相适应至少包括三个层次的含义。首先是有限责任。一方面，行政机关的权力是有限的、是法定的，这是我们制定政府权力清单的基础。既然如此，我们就必须同时承认政府及其官员的责任也是有限的。另一方面，任何人的理性能力都是有限的，官员也不可能异于常人。因此，在行政决策中对公职人员追究责任的事由必须被限制在一定的范围之内。如果我们要求公职人员对行政决策所出现的所有不利结果承担无限责任，他们对履职的后果就会失去合理预期，无论是决策作出和实施的情况，还是其本人被追责问责的结果，都会被理解为是纯粹“运气”所致，最终使其堕入放任无为乃至迷信的境地。[①] 其次是权责一致。行政决策过程涉及众多主体，包括决策的动议者、承办者、作出者、执行者和其他参与者。这些角色分工一方面决定了我们只能在其各自职权范围内分别设定追责事由；另一方面还意味着其应承担的责任形式可能有所不同，例如决策的作出者可能需要承担政治责任，而对于决策的执行者只能追究法律责任或者等级责任。在现实中，权责错位的情况可能表现为责任替代，例如将决策作出者的责任转移到执行者或承办者的身上，或者将不同主体之间的责任笼统化、模糊化，以便在实际操作中将上级的责任转移给下级；也可能表现为责任偏移，即对某些追责事由赋予极高权重——最典型的表现就是各种“一票否决”——而对其他追责事由则予以忽略。最后是过责相当。这里的“过”并非专指主观过错，还包括违法情节或损害后果，因为对公职人员的责任追究在不同情况下有可能分别适用过错责任、违法责任、结果责任或者它们之间结合所成的归责原则。但无论哪种情况，“过”和“责”都应当基本匹配，这是比例原则的本质要求。行政决策责任追究中过责失当的典型做

---

① 参见刘太刚：《问责风暴的非理性倾向及对策思考》，载《领导科学》2009 年第 29 期。

法，就是将一些次要乃至微小的情形事无巨细、面面俱到地纳入追责事由当中和其他更加重要的情形追究同等责任。

第二，满足激励兼容。从法律经济学的角度来看，公共领域存在公民与政党之间、公民与政府（官僚）之间、政党与政府（官僚）之间的多重“委托—代理”关系。[①] 在政府内部，上下级之间也构成“委托—代理”关系。[②] 由于委托人和被委托人之间存在信息不对称，委托人需要在不能掌握被委托人充分信息的情况下，仍能使其按照自己的期望行事，就必须建立起一套针对被委托人的激励机制。这种激励机制可能是正向的，表现为在被委托人实施了符合委托人期望的行为时给予奖励；也可能是反向的，表现为其实施了不符合委托人期望的行为时给予惩罚。因此，行政决策中的责任追究可以被看作为了解决行政决策中一系列“委托—代理”关系下信息不对称问题而设计的反向激励机制。“问责是指委托方和代理方之间的一种关系，即获得授权的代理方、个人或机构有责任就其所涉及的工作绩效向委托方做出回答。”[③]“在这种关系中，代理人代表委托人的利益执行任务并向委托人汇报他们的完成情况。”[④] 激励机制的有效性必须满足两个约束条件：一是个人理性约束，激励机制必须能够使代理人参与该机制所确定的活动时所得到的效用比不参加时得到的效用更大，这样代理人才有足够的动力参与其中；二是激励兼容约束，激励机制必须能够使代理人在隐藏信息条件下说实话，或在隐藏行动条件下实施委托人所希望的行为所得到的效用大于说假话，或大于采

---

① 参见宋涛：《社会规律属性与行政问责实践检验》，社会科学文献出版社 2010 年版，第 276—281 页。

② 参见周杰、杨望成：《行政问责与官员复出——中国政府应对突发事件的机制》，载《第十届中国制度经济学年会论文集》，2010 年。

③ Jay M. Shafritz, *International encyclopedia of public policy and administration*, Colorado: Westview Press, 1998, p. 6.

④ ［澳］欧文 · E. 休斯：《公共管理导论》（第 2 版），彭和平等译，中国人民大学出版社 2001 年版，第 265 页。

取其他行为时所得到的效用，这样才能使代理人按照委托人的期望行事。只满足第一个约束的激励机制称为可行机制，只满足第二个约束的激励机制称为可实施机制，能够同时满足两者的机制称为可行的可实施机制，此时激励机制的实施就会变成代理人的自发行为，因此也称为代理人的自我强迫实现机制。①“法律作为制度化的规则体系，……应当是理性的规则，法律责任的分配是通过‘惩前’的手段以达到‘毖后’的目的，同时也要激励适当，考虑规则对行为人的影响。”②由于行政决策相对于单纯的执法活动来说要复杂得多，公职人员承担着更高的风险，相关的责任追究机制必须使这种风险保持在其可以接受的水平。在责任追究中保持激励兼容并不容易，如果决策风险过低，可能导致决策的随意性，出现所谓“拍脑袋决策、拍胸脯保证、拍屁股走人”的“三拍决策”；反过来，如果决策风险过高，则可能导致官员逃避决策、无为而治，或者在出现决策错误时极力隐瞒信息。

第三，恰当回应民意。“责任机制在民主政治中的最终目的在于确保政府对公民偏好和需要的回应，要使政府及其机构和官员对其最终的所有者——公民更加负责。”③行政决策中的错误必然损害公共利益，背离公众期望，对相关官员任何形式的责任追究都具有回应民众呼声、平息社会舆论的作用，这体现了责任追究的民主功能。在我国这样的单一制国家中，这种功能显得尤为重要。因为，单一制国家中央政府面临的最大政治风险来自民众的不满，中央政府必须采取有效的治理机制来分散和化解这种不满。因此，“从1979年起，几乎所有的重大事件（案件）问责都具有强烈的回应社会诉求的色彩”④。

---

① 参见胡希宁、贾小立、杨平安：《信息经济学的理论精华及现实意义》，载《中共中央党校学报》2003年第11期。

② 邓峰：《领导责任的法律分析——基于董事注意义务的视角》，载《中国社会科学》2006年第3期。

③ 李军鹏：《当代西方政府问责制度的新发展及其启示》，载《上海行政学院学报》2008年第1期。

④ 余凌云：《对我国行政问责制度之省思》，载《法商研究》2013年第3期。

由于对决策责任的追究具有回应民意的功能，因此，在某些特殊情况下，其责任构成可以不需要考虑违法或过错等要素，而是适用严格的结果责任。但是，结果责任的适用必须首先是恰当的、有节制的，最终只能针对决策的作出者适用，以表示其在政治上对结果负责；其次是仍应遵循前述的权过责相适应和激励兼容两原则，避免明显不公和激励扭曲；最后是适用频率不能太高，过度滥用结果归责会使公众变得麻木，边际效用递减，削弱其民意回应功能。

二、重大行政决策中面向社会稳定风险的追责链条

在本章的主题之下，与行政决策责任追究有关的规范渊源是十分复杂的。从责任的性质来看，包括刑事责任、政务处分和行政问责制，分别对应不同的规定；从规范的层级上看，既包括国家层面的法律、行政法规和党内法规，也包括地方政府规章和地方党政机关的规范性文件；从调整对象上看，包括有关公职人员责任追究的总体规定，也包括针对行政决策或者“维稳”的专门规定，还包括对某一项行政决策程序的专门规定。

（一）国家层面的规定

大部分针对国家机关工作人员的责任追究制度，都有可能被适用到重大行政决策的情景下，如《刑法》第九章中关于渎职罪的规定、《公务员法》和《公职人员政务处分法》中关于政务处分的规定、有关党政官员问责制的规定等。但是，这其中的大多数规定也可以被适用到国家机关工作人员履职的其他情形当中，不体现重大行政决策追责的特殊性。因此，我们只选择那些专门针对重大行政决策，以及针对维护社会稳定且与重大行政决策有关的责任条款加以梳理，这包括：

第一，有关政务处分的规定。包括《公务员法》第59条第5项，《公职人员政务处分法》第30条。

第二，官员问责制的有关规定。官员问责制，指的是由于官员的履职效

果不符合上级或公众的期望，在其没有违法违纪行为的情况下，由负有职责的官员通过公开道歉、停职检查、引咎辞职、责令辞职、免职等职务身份或职务声誉受损的方式承担个人责任的制度。[①] 全国性的规定主要有两部：一是 2019 年的《中国共产党问责条例》，其第 7 条第 9 项规定的问责情形是“履行管理、监督职责不力，职责范围内发生重特大生产安全事故、群体性事件、公共安全事件，或者发生其他严重事故、事件，造成重大损失或者恶劣影响的”；二是 2009 年中共中央办公厅、国务院办公厅《关于实行党政领导干部问责的暂行规定》，其第 5 条第 1 项规定的问责情形为“决策严重失误，造成重大损失或者恶劣影响的”。

第三，《重大行政决策程序暂行条例》的规定。该条例第 38 条规定了决策机关的责任，适用于决策作出环节；第 39 条规定了决策承办单位或者承担决策有关工作的单位的责任，适用于决策前置程序；第 40 条规定了决策执行单位的责任，适用于决策执行环节。[②]

第四，针对维稳追责的专门规定。国家层面并未公开颁布专门针对“维稳”的法律、法规和规章。[③] 在政策层面：2016 年中共中央办公厅、国务院办公厅《健全落实社会治安综合治理领导责任制规定》第 20 条对维稳的责任追究做了若干列举式规定；2012 年，中共中央办公厅、国务院办公厅还出台了《关于建立健全重大决策社会稳定风险评估机制的指导意见（试行）》，但该文件只要求各地建立相关的责任机制，并未规定具体的责任追究情形。此外，国务院某些部门颁布的个别行政规范性文件简单提及“维稳”或“稳评”的责任追究，但这些文件只适用于特定行业或者特定项目，如重大固定

---

① 参见林鸿潮：《公共危机管理问责制中的归责原则》，载《中国法学》2014 年第 4 期。

② 《重大行政决策程序暂行条例》第 41 条还规定了参与决策的其他主体的法律责任，适用于承担论证评估工作的专家、专业机构、社会组织等。但本书的研究是针对官员的责任追究，对这些针对其他对象的追责规定不予考虑，下文对其他文本的分析也遵循这一标准。

③ 与维护社会稳定相关但并非专门针对这一问题进行规定的法律、法规、规章，如《治安管理处罚法》《人民武装警察法》《信访条例》等不在此列。

资产投资、重大水利工程建设等，不具有普遍意义和代表性。

（二）地方层面的规定

各地有关公职人员责任追究的规定十分芜杂，内容也不尽相同，我们选择四川省为例进行分析。因为，四川省是“稳评”的发源地，该省出台的关于“维稳”的行政决策责任规定最为丰富、完善，有关文件的法律位阶层级也比较高，在绝大多数的地方只以一般规范性文件方式出台的规定，四川省常常将其上升为规章。

在行政决策方面，2016 年，该省出台了规章《四川省重大行政决策责任追究暂行办法》，就重大行政决策的每个环节，包括公众参与、专家论证、风险评估、合法性审查、集体讨论、决策公开、决策后评估，以及决策的后果等都设定了责任追究事由。[①] 在维护社会稳定方面，2009 年，该省出台了《四川省维护社会稳定工作责任倒查规定（试行）》，严厉地规定了应当追究责任的若干“维稳不力”的情形，并一律采取结果归责。在行政决策和“维稳”的交叉点——也就是“稳评”领域，四川省在 2010 年制定了《四川省社会稳定风险评估暂行办法》，在 2016 年修改为《四川省社会稳定风险评估办法》，该办法第 18—20 条分别规定了针对决策主体、评估主体和决策实施主体追究责任的一系列情形。为了贯彻实施上述规定，四川省委办公厅、省政府办公厅还在 2013 年出台了配套的《四川省社会稳定风险评估责任追究暂行办法》，对“稳评”中责任追究的具体情形、程序和方式做了进一步细化。

总的来讲，围绕重大行政决策中的社会稳定风险，四川省通过各种纵横交错的规定，编织了一个堪称复杂、烦琐的责任追究链条。尽管由于出台背景、调整重点和主管部门有所不同，这些规定中不乏交叉重叠甚至互相抵牾

---

① 很多针对行政决策地方文本中责任追究制度的研究，只集中在决策的做出这一点上，显然不够全面。如孔祥稳：《重大行政决策终身问责制度的困境与出路——以地方立法样本为素材的分析》，载《行政论坛》2018 年第 1 期。

之处，但几乎没有留下空白点，完全覆盖了行政决策的各环节、全过程，其严密程度在全国无出其右。

（三）小结：以四川省为例的规范梳理

有研究者从“行政过程论”的视角，按照行政决策过程所包括的决策问题发现和诊断，决策目标确立，决策方案制订、评估与抉择以及决策的实施与完善四个阶段，[①] 将行政决策责任的内容划分为目标责任、行为过程责任与结果责任。其中，目标责任通过引入对决策目标行为的关注，使追责阶段有所前移，通过对决策目标设定行为的考察及责任的追究，开展对行政机关意图与社会预期之间符合程度的评价；行为过程责任通过对是否遵循决策法定程序的考评为核心，兼顾并适当拓展对决策过程中其他行为的关注，以实现对决策做出过程的全方位的监督与控制；结果责任则强调对决策失误所造成的不利结果启动追责的内容，通过决策结果的考评回溯对决策目标与决策过程的考量，从而不断纠正决策目标与过程行为，达到优化决策行为、实现科学决策的目的。[②] 有的学者则将决策责任划入决策、执行、结果三个环节。[③] 有人划分为决策做出责任和决策实现责任。[④] 有人则结合“稳评”，将决策责任分为三部分：一是在“稳评”等决策前置程序中的责任；二是决策做出的责任；三是作为兜底的其他领导不力、失职渎职等情形造成的责任。[⑤] 我们

---

① 参见张国庆：《公共行政学》，北京大学出版社 2007 年版，第 250—253 页。

② 参见覃慧：《行政决策责任追究制建构的逻辑——基于行政过程论的考察》，载《青海社会科学》2015 年第 4 期。

③ 参见谷志军：《中国决策问责的现状与困境——基于 2003—2012 年问责案例的分析》，载《学习与探索》2015 年第 7 期。

④ 参见张倩：《重大行政决策终身责任追究制的法律困境及其突破》，载《学习与探索》2016 年第 11 期。

⑤ 参见朱正威、白鹭、黄杰：《重大项目社会稳定风险评估的主体、权力与责任——基于文本分析与个案研究的初步证据》，载《甘肃行政学院学报》2015 年第 4 期。

认为，决策目标责任的追究或有必要，但目前尚不存在这样的问责情形，综合上述观点，从实定法的角度来看，有关行政决策责任追究的链条可以划分为决策前置程序、决策做出、决策执行、决策结果四个环节。我们以四川省为例，综合有关重大行政决策中维护社会稳定的国家、地方两个层面的责任追究条款，按照行政决策的各环节展开，呈现为表 4-1 所示。

表 4-1　重大行政决策中维护社会稳定的责任追究条款梳理（以四川省为例）

追责环节	追责事由[①]	追责依据
决策前置程序[②]	1. 决策承办单位或者承担决策有关工作的单位未按照本条例规定履行决策程序或者履行决策程序时失职渎职、弄虚作假；	《重大行政决策程序暂行条例》第 39 条
	2. 未按照规定公开征求社会公众意见； 3. 未按照规定处理公民、法人或者其他组织提出的意见； 4. 未按照规定举行听证会； 5. 未按照规定组织专家论证； 6. 在论证过程中弄虚作假； 7. 未开展“稳评”； 8. 暂缓实施、不实施或终止实施的重大行政决策，重新决策时未开展“稳评”； 9. 未按评估程序、内容开展“稳评”； 10. 在“稳评”中徇私舞弊、滥用职权、弄虚作假，导致风险评估失真；	《四川省重大行政决策责任追究暂行办法》第 7—10 条、第 13 条，《四川省社会稳定风险评估办法》第 18 条、第 19 条，《四川省社会稳定风险评估责任追究暂行办法》第 3 条、第 4 条

① 我们对于有关文本中两类针对行政机关工作人员的责任追究事由不予列入，一是与重大行政决策直接相关度较低的，如虚报、冒领、贪污、挪用、截留、挤占、骗取有关资金的行为；二是表述为“违反法律、法规、规章规定的其他情形”一类的、没有具体内容的兜底性或转指性的事由。

② 除了关于重大行政决策的文件，在重大行政决策的各项前置程序中单独制定文件并规定追责条款的，主要是“稳评”。我们通过“北大法宝”数据库检索到目前予以公开的各地方、各部门“稳评”文本共 69 份，其中针对违反“稳评”这一决策前置程序而设定追责事由的文本有 48 份，响应率为 70%。数据截止时间：2019 年 1 月。

续表

追责环节	追责事由	追责依据
决策前置程序	11. 未按照有关规定通过竞争方式择优确定中介组织对重大行政决策开展“稳评”； 12. 未对中介组织提交的“稳评”报告进行审查； 13. 对“稳评”报告审核把关不严； 14. 故意向“稳评”单位提供不实信息或隐瞒事实真相； 15. 未及时对“稳评”报告中所列稳定风险进行防范化解和制订应急预案； 16.“稳评”过程失密、泄密； 17.“稳评”结论未客观、准确反映稳定风险，或人为降低稳定风险； 18.“稳评”报告未细化稳定风险，没有向重大事项责任单位提供准确风险点，致使责任单位对稳定风险进行防范化解和制订应急预案不足； 19. 未按照规定处理风险评估结论； 20. 未按照规定进行合法性审查； 21. 经合法性审查认定不合法，作出决策； 22. 在重大行政决策事项方案起草中，有玩忽职守、弄虚作假、徇私舞弊、贪污受贿等违法行为；	
	23.“稳评”机制不健全，配套办法、实施细则、评估流程等不落实，未能依照有关规定严格进行风险评估； 24. 矛盾纠纷排查调处制度不健全、工作不落实、措施不得力，或因迟报、漏报、瞒报涉稳信息，导致延误群体性事件处置时机、矛盾激化升级； 25. 不认真进行“稳评”或虽经评估但方法简单粗糙、评估不到位、程序不完备，发生较大群体性事件； 26.“稳评”工作敷衍应付、走过场，不顾及民意民力，引发重大群体性事件；	《四川省维护社会稳定工作责任倒查规定（试行）》第24—26条

续表

追责环节	追责事由	追责依据
决策的作出①	27. 违反民主集中制原则，个人或者少数人决定重大事项，或者拒不执行、擅自改变集体作出的重大决定；	《公职人员政务处分法》第30条第1项
	28. 决策机关违反本条例规定；	《重大行政决策程序暂行条例》第38条第1款
	29. 未按照法定权限、时限、程序作出决策； 30. 未按照规定对会议决定过程进行记录； 31. 在决策作出过程中有玩忽职守、弄虚作假、徇私舞弊、贪污受贿等违法行为； 32. 未开展"稳评"就作出重大事项决策； 33. 不根据评估结论、无视稳定风险作出实施有关事项的决策； 34. 在"稳评"报告所列风险尚未防范化解和制订应急预案的情况下作出实施有关事项的决策；	《四川省重大行政决策责任追究暂行办法》第11条、第13条，《四川省社会稳定风险评估责任追究暂行办法》第5条
决策的执行②	35. 决策执行单位拒不执行、推诿执行、拖延执行重大行政决策，或者对执行中发现的重大问题瞒报、谎报或者漏报；	《重大行政决策程序暂行条例》第40条
	36. 拒不执行或者变相不执行、拖延执行上级依法作出的决定、命令；	《公务员法》第59条第5项，《公职人员政务处分法》第30条第2项
	37. 在重大行政决策实施过程中发现存在重大社会稳定风险因素或发生社会稳定风险事件，预防措施和应急处置预案无法有效化解时，未及时作出暂缓实施、调整实施或者终止实施的决定；	《四川省社会稳定风险评估办法》第18条、第20条，《四川省社会稳定风险评估责任追究暂行办法》第5条

① 在我们统计的69份"稳评"文本中，根据"稳评"结果在决策作出的环节设定追责事由的有32部，响应率为46%。

② 在我们统计的69份"稳评"文本中，围绕社会稳定问题在决策执行阶段设定追责事由的有24部，响应率为35%。

续表

追责环节	追责事由	追责依据
	38. 在重大行政决策实施过程中发现存在重大社会稳定风险因素或发生社会稳定风险事件时，未根据预防措施和应急处置预案妥善处置；	
决策的结果	39. 决策机关违反本条例规定造成决策严重失误，或者依法应当及时作出决策而久拖不决，造成重大损失、恶劣影响；	《重大行政决策程序暂行条例》第 38 条第 2 款，本情形实行终身追责
	40. 决策严重失误，造成重大损失或者恶劣影响；	《关于实行党政领导干部问责的暂行规定》第 5 条第 1 项
	41. 履行管理、监督职责不力，职责范围内发生重特大生产安全事故、群体性事件、公共安全事件，或者发生其他严重事故、事件，造成重大损失或者恶劣影响；	《中国共产党问责条例》第 7 条第 9 项
	42. 本地区本系统本单位在较短时间内连续发生重大刑事案件、群体性事件、公共安全事件； 43. 本地区本系统本单位发生特别重大刑事案件、群体性事件、公共安全事件；	《健全落实社会治安综合治理领导责任制规定》第 20 条
	44. 发生较大、重大、特别重大群体性事件的；或者一般群体性事件频发，严重影响社会稳定。	《四川省维护社会稳定工作责任倒查规定（试行）》第 24—26 条，对发生不同等级的群体性事件分别对应不同严厉程度的追责方式

通过以四川省为例的梳理可以发现，与社会稳定风险相关、可用于重大行政决策追责的事由多达 4 类 44 项，不可谓不重视、不全面、不严密。但是，这些责任追究机制是否真正被付诸实施了呢？如果实施了，是否真正收到实效呢？比如，重大行政决策的水平是否因此得到了提高，社会稳定风险是否因此得以降低呢？从实践的角度来看，结果都不容乐观。

三、既有重大行政决策责任追究事由的偏离

（一）决策前置程序中追责事由的冗余和形式主义

“稳评”是基于“维稳”目标而设定的重大行政决策前置程序，为了保证这一程序的落实，围绕评估的过程加强问责，一直为管理学的学者所强烈主张。如认为将“稳评”纳入问责体系有利于督促地方政府领导积极探索和完善“稳评”制度，从源头上化解重大事项的社会稳定风险。[①] 而且不仅要问“事件结果”“事件影响”之责，更要问“评估过程”“评估价值”之责。[②] 而法学研究者对决策中的程序控制也表现出明显的偏好，对现阶段行政决策责任制以追究违反法定程序责任为主的模式给予肯定，因为认同一个程序往往比认同分配结果本身来得容易，以违反行政决策程序作为决策责任追究的主要适用标准具有极强的可操作性，按照这一标准对行政决策责任进行追究也容易得到认同和接受。[③] “因此，问责必须提前，在决策实施前即对违法决策行为问责……以制止违法决策行为，将违法行为潜在的危害性消除。”[④] 甚至有学者认为，法制化的问责制体现的就是问责的过程维度，而不是结果维度，只要公务人员的行为在过程上是合乎法律规范的，即使这样的行为没有达到很好的效果，也不能导致法律上的责任。[⑤]《重大行政决策程序暂行条

① 参见董幼鸿：《重大事项社会稳定风险评估制度的实践与完善》，载《中国行政管理》2011 年第 12 期。

② 参见刘泽照、朱正威：《掣肘与矫正：中国社会稳定风险评估制度十年发展省思》，载《政治学研究》2015 年第 4 期。

③ 参见覃慧：《行政决策责任追究制建构的逻辑——基于行政过程论的考察》，载《青海社会科学》2015 年第 4 期。

④ 参见徐国利：《论行政问责的责任与归责原则》，载《上海行政学院学报》2017 年第 1 期。

⑤ 参见陈国栋：《行政问责法制化主张之反思》，载《政治与法律》2017 年第 9 期。

例》第39条规定："决策承办单位或者承担决策有关工作的单位未按照本条例规定履行决策程序或者履行决策程序时失职渎职、弄虚作假的，由决策机关责令改正，对负有责任的领导人员和直接责任人员依法追究责任。"尽管未做具体列举，但这意味着只要违反该条例中的任何一项决策前置程序，无论轻重巨细，都可以被追究责任。各地规定更喜欢进行列举，以四川省为例便可看到，围绕决策前置程序设置的追责事由多达25项，超过全部事由的半数。而从全国来看，各类"稳评"文本中的责任追究条款，也属针对评估过程的规定分布最密，如应评未评、评估不力、评估失实等出现的频率最高。[①]

但通过分析不难发现，很多程序性的追责事由是多余或者难以操作的。一方面，并非所有的前置程序都会对决策结果产生影响。例如，决策启动环节的很多程序规定只不过是为了明晰行政系统内部的权责分工。另一方面，很多问责事由表述含糊，没有可操作性，如"评估结论未客观、准确反映稳定风险""评估报告未细化稳定风险""没有提供准确风险点""制度不健全、工作不落实、措施不得力""评估不到位""不顾及民意民力"等，设定这样的追责事由意义不大。更为重要的是，貌似严苛的过程性追责极易诱发形式主义，使追责机制异化为"避责"机制。官员为了不被追责，不免在满足决策前置程序的各种形式要求上花费大量精力，却并不真正致力于提升实效。有的官员甚至会主动开创新程序，如要求提供各种不必要的材料，要求各种形式性的签名。其目的在于，一旦事后出现问题，便以相关程序已经十分完备且执行非常到位为由推卸、转移、减轻责任，或者将责任主体模糊化。[②]

---

① 参见童星、张乐：《国内社会稳定风险评估政策文本分析》，载《湘潭大学学报（哲学社会科学版）》2015年第3期。

② 参见方付建：《问责制下的责任规避现象研究》，载《广东行政学院学报》2014年第5期。

（二）将“稳评”结果和决策责任绑定诱发风险和操纵行为

如何看待“稳评”结果对重大行政决策的效力，在《重大行政决策程序暂行条例》的制定过程中颇受关注。[①] 关于重大行政决策作出环节的责任追究事由，该条例第 38 条第 1 款只是笼统地规定为“决策机关违反本条例规定”。其第 24 条则规定：“风险评估结果应当作为重大行政决策的重要依据。决策机关认为风险可控的，可以作出决策；认为风险不可控的，在采取调整决策草案等措施确保风险可控后，可以作出决策。”两者结合起来看，该条例还是将“稳评”结果和决策责任做了一定程度的绑定。而四川等地将两者绑定得更加彻底，不根据“稳评”结论作出决策就会被追究责任。有部分学者也主张把“稳评”结果作为决策和责任追究的刚性指标，以增强贯彻执行“稳评”机制的自觉性。[②] 但在实践中，这些规定已经产生了明显的负面效果：

第一，通过追责倒逼政府将“稳评”结论与决策结果绑定并不科学。多数“稳评”文件采取了确定整体风险等级的方法，高风险不得通过决策，中风险应当暂缓或调整决策，低风险方可通过决策。如果行政决策违背了这种对应关系，就要追责。正如前文所着重分析的那样，这种做法严重高估了“稳评”的可靠性。不同于“环评”等技术性评估，“稳评”主要是通过公众参与等建构性方法实施评估，方法还很不成熟，评估结果的可靠性与“环评”不可同日而语，不应强迫行政机关将重大决策与这种尚不可靠的结论对应起来。更重要的是，行政决策说到底是一种政治判断，是政府对多重因素权衡斟酌的结果，不可能仅仅根据社会稳定风险这一个维度进行决

① 参见林鸿潮：《论社会稳定风险评估的效力》，载《北京行政学院学报》2019 年第 2 期。

② 参见蒋俊杰：《我国重大事项社会稳定风险评估机制：现状、难点与对策》，载《上海行政学院学报》2014 年第 2 期。

策，决策者并不一定要按照“稳评”所揭示的方向作出决定，即使对于经评估认为存在高风险的重大决策，也应当允许其基于其他更加重要的理由而另做选择。①

第二，通过追责赋予“稳评”以刚性效力，等于将决策者的责任转嫁给了评估的实施者。因为，一旦“稳评”结果具有“一票否决”的效力，就意味着“稳评”要对决策的社会风险承担起全部责任，这对于评估的实施者来说是“不可承受之重”。由于“稳评”结果的可靠性还比较低，评估者又要对这种不甚可靠的结果完全负责，就会使其在评估中畏首畏尾、缩手缩脚。②其结果要么是使其尽量将那些不确定性比较强、但最需要评估的决策项目排除在评估范围之外，转而去评估那些比较稳妥、但不太需要评估的项目；要么是迫使其走向“宁枉勿纵”的极端，在评估报告中尽可能多地罗列各种无差别的风险点，而无论这些风险点是否真实存在，从而进一步降低“稳评”结果的可信度。

第三，这种追责机制最危险的后果是引发地方政府对“稳评”的操纵。在决策方案设定之后，决策者会不自觉地进入一种自我保护状态，对决策方案进行保护性评估，先入为主地找一些理由来证明该方案的合理性。换言之，决策者为了支持其设定的决策方案，会通过各种方式对“稳评”结果进行干预。③目前“稳评”采取的属地管理模式，给地方政府的操纵行为提供了最大的便利。无论真实的社会稳定风险如何，如果需要的话，地方政府通过一系列操作性策略，其“稳评”结论必定只有一个，那就是低风险，“稳评”

---

① 参见许传玺、成协中：《重大决策社会稳定风险评估的制度反思与理论建构》，载《北京社会科学》2013 年第 3 期。

② 参见廉如鉴、黄家亮：《社会管理创新视野下重大事项社会稳定风险评估》，载《湖南社会科学》2011 年第 6 期。

③ 参见谷志军：《决策问责及其体系构建研究》，浙江大学 2014 年博士学位论文。

报告实际上成了决策项目的“可批性报告”。[①] 因此，当前的“稳评”体制既无法阻止地方政府的操纵行为，将“稳评”结果与决策直接挂钩的追责方式又反过来刺激其弄虚作假。

（三）决策执行中的追责刺激了利益相关者和政府展开博弈

《重大行政决策程序暂行条例》第 40 条规定，决策执行单位拒不执行、推诿执行、拖延执行重大行政决策，或者对执行中发现的重大问题瞒报、谎报或者漏报的，追究其责任。由于决策执行单位通常是决策机关的下级，上述规定是比较清晰的等级责任，其合理性毋庸置疑。但是，部分地方政府还要求在决策执行过程中发现社会稳定方面的重大风险因素或事件时，应当根据预防措施和应急预案加以处置，化解无效的，应当暂缓、调整或者终止决策的实施，否则追究责任。

在实践中，由于群体性事件的处置效果较难预料，处置失败的后果对于官员来说又十分严重，导致官员在决策执行过程中遇到“不稳”事件往往不敢依法处置，或者“浅尝辄止”，轻易暂缓、调整甚至终止决策的执行。这种做法常常刺激决策的利益相关方——比如国有土地上房屋拆迁中的被拆迁方与政府展开博弈，前者以制造社会不稳定的方式打开“政策之窗”，通过群体性事件或者集体上访等手段来影响决策的实施。因此，立足于维稳目标来设定重大行政决策实施中的追责事由，实际上增加了一项正确的行政决策被暂缓、调整或者终止的可能性，更容易打开社会抗争的“潘多拉魔盒”，诱导决策的利益相关方通过抗争方式影响决策的执行过程，不但未能消除，反而加大了社会稳定风险。[②]

---

① 参见李开孟、彭振武、徐成彬:《我国项目稳评机制存在的问题、原因及对策》，载《创新与创业管理》2013 年第 9 辑。

② 参见卢超:《“社会稳定风险评估”的程序功能与司法判断——以国有土地征收实践为例》，载《浙江学刊》2017 年第 1 期。

（四）结果归责的责任倒查并未得到根本纠正

关于维护社会稳定的责任追究和倒查规定充斥着大量“唯结果是问”的追责事由，通常以本区域、本领域是否发生、发生多少、发生何种级别和性质的群体性事件为追责标准。由于群体性事件在很多情况下与重大行政决策的作出或实施有关，这种结果倒查就成为重大行政决策追责链条中最严厉的一环。结果倒查的威慑力强，简便易行，监督成本低，对于迅速回应和纾解民意压力具有短期效果，但其消极后果是多方面的。第一，由于群体性事件发生的背景和原因是复杂多样的，即使和行政决策有关，决策者也未必存在过错，有可能因偶然或者极端的原因引发。但纯粹根据结果追责，不问其他因素，就会使得决策者惧怕承担责任而视相关“高危”领域的行政决策为畏途，从而消极怠政，或者对决策事项审而不议、议而不决，尽量找出种种借口避免做出决策。[①]第二，“唯结果是问”会迫使政府将压力转嫁给其管理对象。有研究者分析了同样厉行结果问责的质量安全监管领域，发现在严厉的问责压力和责任惩罚的驱使之下，主管部门会更加严厉地监管企业的生产经营行为，采用行政手段代替企业的微观经济行为，造成以监管部门的责任替代企业的市场主体责任，形成“过度问责—过度规制—企业不履行主体责任—质量安全事故频发—对监管机构过度问责”的恶性循环。[②]这一结论放在与之类似的社会稳定风险治理领域，同样是适用的。第三，结果归责还会驱使政府无限度地加大对社会稳定风险管控的投入，导致“维稳”的边际成本不断升高，而边际收益不断下降。多年来各地“维稳”成本的居高不下与

---

① 参见刘平、陈素萍、张华：《建立行政决策失误责任追究的法律制度研究》，载《政府法制研究》2006 年第 8 期。

② 参见李酣、马颖：《过度问责与过度规制——中国质量安全规制的一个悖论》，载《江海学刊》2013 年第 5 期。

这一因素是密不可分的，而这又会反过来影响政府在其他方面的投入。[①] 此外，有学者指出这种做法还会导致政府在某些领域不合理地提高审批门槛；动用财政资金收买群体性事件中的当事人或其家属，封锁消息，或者铤而走险谎报瞒报；在领导分工方面，让资历最浅、最缺乏经验的班子成员分管高风险工作，而不是让最熟悉该项工作的成员来分管，降低了管理效率；助长官员的迷信心理，腐蚀政府管理的科学基础；等等。[②]

《重大行政决策程序暂行条例》显然注意到了上述问题并试图解决，其第 38 条第 2 款规定："决策机关违反本条例规定造成决策严重失误，或者依法应当及时作出决策而久拖不决，造成重大损失、恶劣影响的，应当倒查责任，实行终身责任追究……" 在此，决策者责任的构成除了造成重大损失、恶劣影响这一结果要件，还要求违法要件和过错要件，而且所谓"严重失误"或者"久拖不决"显然都属于重大过错。这一规定的进步之处毋庸置疑，但并未完全解决问题。一方面，只有重大行政决策的终身追责才适用这种严格的责任构成要件，对于一般追责方式，各种"唯结果是问"的规定还将继续发挥作用。另一方面，既然将终身追责限定在重大过错上，就应该通过充分列举免责事由来明确重大过错的具体内涵，从而使其具有可操作性。但是，该条例仅仅在第 38 条第 3 款规定了一种减免责任的情况，就是"决策机关集体讨论决策草案时，有关人员对严重失误的决策表示不同意见的"，这远不足以揭示"严重失误"的内涵。

四、对重大行政决策追责事由的矫正

"问责追责的过程也是有关价值整合的过程，遵循责任构成要件的过程

---

① 参见程启智：《问责制、最优预防与健康和安全管制的经济分析》，载《中国工业经济》2005 年第 1 期。

② 参见刘太刚：《问责风暴的非理性倾向及对策思考》，载《领导科学》2009 年第 29 期。

就是要整合各种价值标准使其融为一体的过程。”[①] 针对重大行政决策责任追究的制度一味求严、求密、求苛，是政府感受到的合法性压力日益上升并自上而下层层传导的结果，这一点在重大行政决策涉及社会稳定时表现得淋漓尽致。严苛的追责虽然有利于实现其作为压力回应机制和层级控制机制的功能，但严重扭曲了对官员的激励。随着时间的推移，这些追责机制回应和分散政府合法性压力的功能也会逐渐衰减。因此，我们需要理性地看待针对官员的责任追究机制，遵循制度供给的内在逻辑。“人们总是习惯性地将政府的权力与其责任严格绑定在一起，而忽略了政府与企业、个人一样，有限的理性和能力很多时候并不足以满足这一苛刻的标准。政府本质上是一个制度构成的系统，其官员也需要免责、需要激励。”[②] 责任的功能是双向的，它不仅仅是当事人违背其角色责任（Responsibility）时所应当承受的一种消极后果（Liability），也是各方当事人可以用于保护自身利益的一种方法。在重大行政决策中，需要对现有的责任追究机制进行适度的功能“纠偏”，凸显其对于决策者可以避免替代责任、防止扩大责任、纠正错误责任的积极作用。[③]

对重大行政决策追责事由的矫正，还要特别注意避免混淆行政决策中不同环节的责任属性。按照经典的罗美泽克分类法，公共行政的问责内容及其实现机制可以分成四类——这里的“问责”并非指中国语境下狭义的行政问责制，而是责任追究之意：一是法律问责，因违背宪法、法律和行政管理的有关规定而产生；二是政治问责，因行政系统不能满足外部的政治期望而产生；三是等级问责，因违背行政系统中来自上级的指令或绩效要求而产生；

---

① 江必新：《论问责追责》，载《理论视野》2015 年第 1 期。

② 冯辉：《问责制、监管绩效与经济国家——公共安全事故问责现状之反思》，载《法学评论》2011 年第 3 期。

③ 参见韩春晖：《行政决策终身责任追究制的法律难题及其解决》，载《中国法学》2015 年第 6 期。

四是职业问责，因行政人员违反职业标准和职业道德的要求而产生。[①]在公共管理各个环节的责任追究上，应当恰如其分地选择不同的责任方式。而在中国当前的行政管理体制中，既面临着建立韦伯式经典官僚制的补课任务，又吸收了西方新公共管理的理念，力图建立结果导向、具有高度回应性和参与性、直接对公众负责的服务型政府。而不同范式中的政府责任内涵和责任追究方式是不同的，在两种范式并存的情况下，政府责任常常产生“责任替代”，混淆不同的责任方式。在这种情况下，明确政府责任的来源、类属和归责逻辑就显得更加重要。[②]

（一）限缩决策前置程序中的追责事由

行政决策前置程序的价值主要体现在两个方面：一个是构成性的，某些程序直接体现了保障私权利或者限制公权力等法治价值，如公开、参与和中立，即使这些程序对于提升决策的效果并不直接有帮助，但程序的展开本身对于权利的实现本身就具有构成性的意义，政府应当创立并启动这些程序，以体现对这些价值的保障；另一个是工具性的，某些程序的展开有助于提升行政决策的有效性，政府一旦违反这些程序，通常就会导致决策有效性的降低。当这两种意义上的行政程序没有获得遵守时，程序维度的责任追究方可启动。因此，在行政决策前置程序中设定的追责事由是一种高度客观化的责任，其构成并不需要以损害后果为条件，只要程序本身被违反，就应当追责。

以决策前的“稳评”为例，本身应当包含某些具有构成性价值的程序安排，如评估过程的公开、利益相关群体的参与、委托第三方实施等，违反这些程序应当被追责。反过来，有关评估过程失密、泄密，或未对第三方机构

① See Barbara S. Romzek. Enhancing accountability. in James L. Perry. *Handbook of public administration*（*Second Edition*）. San Francisco：Jossey–Bass Inc.，1996. pp.100–103.

② 参见刘漪：《服务契约理念下政府管理行为的问责进路》，载《华东政法大学学报》2007年第4期。

提交的报告进行审查等追责事由，显然与此相悖，应当排除。

至于“稳评”中的哪些程序对决策效果提升具有工具性价值，则应当考虑这些程序设计的理性化程度。一个理性的行政决策程序实际上是对以往决策失误的原因进行总结之后得到的，如果这些程序的理性程度足够高，则遵守这些程序虽然不能保证所有的决策都有良好结果，但不遵守它们的决策失误率肯定比较高。[①] 程序性的追责事由应当反映“稳评”中那些最重要的理性化设计，在数量上不宜过多，否则难以落实。例如，没有对纳入重大决策事项目录的项目实施“稳评”，向评估单位提供虚假材料或隐瞒事实，虚构或篡改评估结果，违反评估的基本步骤等，就是合理且必要的追责事由。而造成评估报告质量不佳、明显失实、难以应用等结果，通常就是因违背上述程序所致，只要严格遵循上述程序，很大程度上已可避免。如此，就应当把这些包含模糊的、难以把握的结果要件的追责事由舍弃掉。因为这些事由实际上难以运用，又极易与上述适用违法归责的程序性追责事由竞合。

（二）避免将决策者的程序性义务和实体性义务相混淆

在行政决策做出的环节设置追责事由，同样属于对决策的程序性控制，是一种法律责任。但是，由于行政决策是一种需要根据多重因素综合权衡的复杂判断，决策者应当遵循的行为规则只有一部分能够被客观化，例如应当集体讨论以防止专断，因而可以采取违法归责方式。在大部分情况下，决策者的注意义务难以被客观化，对这一环节的责任追究只能诉诸过错归责。当法律需要通过某种因素将行为和责任联结起来，使得其对责任的追究具有正当性，这种因素必然要与行为人的注意义务和理性能力有关，这只能是过错。“法律作为制度化的规则体系……应当是理性的规则，法律责任的分配

① 参见刘平、陈素萍、张华：《建立行政决策失误责任追究的法律制度研究》，载《政府法制研究》2006 年第 8 期。

是通过‘惩前’的手段以达到‘毖后’的目的，同时也要激励适当，考虑规则对行为人的影响。”[①] 实际上，在程序性追责中常用的违法责任本质上也仍然是过错责任，只不过这种过错的判断标准已经被高度客观化为某种法定程序，从而使得对过错的判断和对是否合乎程序的判断完全一致，变得简单易行而已。

但是，在追究重大行政事项决策者责任的时候，应当对其采取何种过错认定标准，存在不同观点。有学者主张采用一般过错，借鉴西方的“理性人”标准。[②] 即在做出行政决策时，此类相关证据充分以致一个理性的人可以接受认为充分而足以支持这一结论，[③] 此时即使决策结果事后被证明错误，决策者也可免责。有人主张适用重大过错标准，将一般过失排除在外，因为重大行政决策涉及的信息、利益、事态发展情形比较复杂，在决策时难免有所疏忽，尤其是在事后情势变迁而发生了决策时难以预测的不利后果的情况下，即便决策者也有一定过失，但因此收到追责过于苛责。[④] 类似的主张是，在按照一般过错标准进行认定的基础上，排除囿于认识的局限性、囿于工具的阶段性和囿于信息的有限性三种情况出现的决策错误。[⑤] 有人主张采取更严格的特殊过错标准，认为不能仅要求决策者负担一般理性人的注意义务，还需要尽到审慎注意的义务方可免责，理由是决策者应当被推定为具有一般人

① 邓峰：《领导责任的法律分析——基于董事注意义务的视角》，载《中国社会科学》2006 年第 3 期。

② 参见韩春晖：《行政决策终身责任追究制的法律难题及其解决》，载《中国法学》2015 年第 6 期。

③ See William F. Funk, Richard H. Seamon, *Administrative Law: Examples and Explanations*, Aspen Publishers lnc., 2006, p.278.

④ 参见谭达宗：《重大行政决策终身责任制的法律责任定位》，载《中国行政管理》2016 年第 8 期。

⑤ 参见张创新、任庆伟：《我国决策问责制探析》，载《浙江工商大学学报》2014 年第 3 期。

所不及的政治才能，其理性能力要高于一般人。[①]有人认为应当采取特殊的过错推定，即在发生决策失误的情况下推定决策者存在过错，但决策者可以通过证明自己不存在过错而免责，只不过这种免责抗辩仅限于法律明确规定的特定事由。[②]把判断决策者有无过错的标准归结到能否证明存在法定的抗辩事由上面，可以使复杂问题简单化，具有较强的可操作性，还可以提高问责的效率，及时化解群众与政府之间的对立情绪。[③]

我们赞同采取重大过错标准，因为政府官员的理性能力并不高于一般人，但重大行政决策的复杂程度却远高于其他日常活动，采用一般过错标准将使决策者动辄得咎，不能满足责任追究作为官员激励机制的约束条件，不能实现激励与惩罚相容，会导致官员“不求有功、但求无过”的程序化倾向，诱导其选择次优或无效的决策。[④]但是，为了增强追责的可操作性，这种过错必须被客观化，即采取某种明确标准来判断决策者是否存在重大过错，进而判断其是否应承担责任。最彻底的过错客观化方式，就是将其变成违法责任，即以决策者是否违反某些法定义务作为推定其是否存在过错的依据。由于重大行政决策的政治性和复杂性，很难通过法律进行实体性规范，只能将重点放在程序性控制上。《重大行政决策程序暂行条例》之所以只将决策作出环节的追责事由笼统地规定为“决策机关违反本条例规定”，其逻辑就是：本条例规定的都是最基本的决策程序，决策者违反了这些程序必然意味着其没有尽到最起码的注意义务，而这就是重大过错，因此必须追责。

---

① 参见孔祥稳：《重大行政决策终身问责制度的困境与出路——以地方立法样本为素材的分析》，载《行政论坛》2018 年第 1 期。

② 参见曹鎏：《论我国行政问责法治化的实现路径》，载《中国行政管理》2015 年第 8 期。

③ 参见姜敏：《论行政首长问责的归责原则——重庆市行政首长问责实践的启示》，载《政治与法律》2009 年第 10 期。

④ 参见郑华卿：《中国突发事件行政问责功能异化研究》，华中科技大学法学院 2011 年博士学位论文。

但是，无论是《重大行政决策程序暂行条例》还是四川省等很多地方的规定，实际上都以“程序”之名混入了某些决策者的实体性义务，将决策前的“稳评”结论和决策结果绑定就是一个典型例子。例如，《重大行政决策程序暂行条例》第 24 条要求决策机关在“确保风险可控”的情况下才能作出决策，这其实就是一种实体性规定。正是因为将这种实体性义务和程序性义务相混淆，并以违反程序之名将其设定为追责事由，才导致了实践中出现前文所述的一系列弊端。我们并不反对将“稳评”作为一项重大行政决策程序，也赞同赋予决策者对社会稳定风险以足够的注意义务，但这种注意义务必须回到程序性控制的本质要求上。比如，我们可以要求决策者对决策方案和“稳评”结论之间的关系作出充分说明，也可以要求其在决策作出之前对“稳评”报告所揭示的风险点采取缓解措施，但不应在实体上将决策结果和“稳评”结论绑定在一起，并据此设定追责事由。

（三）在决策执行阶段区分执行者和决策者的责任

重大行政决策执行过程中的责任追究包括两个层面：一是执行者的层面，执行者通常是决策者的下级，必须忠实地执行决策方案，并遵守法律的相关规定，对执行者设定的追责事由应当体现问责的控制功能；二是决策者的层面，决策者需要在决策的执行过程中根据实际情况及时调整决策，以达成政策目的，对决策者设定的问责事由应当体现问责的绩效功能。

执行者和决策者承担的责任不同，对执行者应当适用普通的责任追究制度，[①] 这可能体现为等级责任或者法律责任。等级责任适用于拒不执行、推诿执行、拖延执行或执行偏离等情况；法律责任则适用于执行过程中违反其他法律规定的情形。对执行者的追责通常不要求结果要件，只要其行为违反

---

① 参见夏金莱：《重大行政决策终身责任追究制度研究——基于行政法学的视角》，载《法学评论》2015 年第 4 期。

法律或决策方案就应当被追究责任，结果因素只会对追责的严厉程度产生影响。如果在决策执行的过程中，出现了阻碍执行且执行者自身无法消除的重要因素，例如群体性事件，是否暂缓、调整或者终止执行决策并非执行者的职责，而是决策者的职责，对这种情况的应对已经构成了一次新决策。执行者所要做的只不过是及时、准确地将这种情况报告给决策者。《重大行政决策程序暂行条例》第40条将执行者的责任限制在这一层面，是比较合理的。

但是，《重大行政决策程序暂行条例》遗漏了决策者在决策执行过程中的责任。决策者自己通常并不负责执行，只对决策的执行负有监督之责，这是一种“领导责任”，其注意义务可以参照公司法上的董事注意义务来确定。包括：第一，“警察巡视”的标准，决策者应当投入一定的时间和精力进行巡查监督，以及时发现是否出现需要重新决策的情况，而不是一味消极等待下属的报告——因为后者有可能隐瞒真相；第二，“红色警报”的标准，即在发现可能影响决策执行的危险信号之后，应当及时核实并作出处理；第三，决策者的处理应当达到“能够使系统正常运行”的程度——但不必然意味着要暂缓、调整或者终止原来的决策方案。[①]

（四）慎用结果归责并提供足够的免责抗辩理由

“责任机制在民主政治中的最终目的在于确保政府对公民偏好和需要的回应，要使政府及其机构和官员对其最终的所有者——公民更加负责。”[②]这里所说的责任机制指的是政治责任，在政府及其官员的责任机制中，对民意的回应功能主要是通过政治责任来体现的。通过追究官员的政治责任以回应民意，既有利于保持转型期政治局面的稳定，又有利于民众利益诉求的表达，

---

① 参见邓峰：《领导责任的法律分析——基于董事注意义务的视角》，载《中国社会科学》2006年第3期。

② 李军鹏：《当代西方政府问责制度的新发展及其启示》，载《上海行政学院学报》2008年第1期。

可以有效疏导民众政治参与的热情，这也是进入21世纪之后，我国大力推进这一制度的原因所在。[①]而研究表明，媒体的报道数量越多，对政府造成的舆论压力越大，就越容易出现政治问责的情况。[②]这进一步说明了政治问责的性质是一种以维护政府合法性为目标回应社会压力的机制。由于政治责任具有回应性，在责任的构成上就不需要考虑违法或者过错等要素，而是适用严格的结果责任。社会稳定显然是政府需要回应的社会压力中最为突出的一个领域，因为社会稳定恰恰是衡量政府合法性的最重要标准。因此，对这一领域中行政决策追责事由的设定，充斥着大量唯结果是问的规定，也有学者赞同这样的做法，如认为"凡是风险评估没有发现问题，待重大政策决策和建设项目执行以后导致大规模群体性事件和严重社会不稳定的，进行社会稳定风险评估的主体及其责任人应当被追究责任"[③]。但过度关注对媒体与民众的回应而滥用结果责任，很容易导致过度问责，出现"为问责而问责"的状况，使问责的公平性难以实现，激励性大打折扣。[④]

我们认为，在重大行政决策责任追究中对结果责任的运用应该是有节制的：首先，根据结果倒查追究的决策责任属于政治责任，只能针对掌握决策权的领导干部，不应要求业务类公务员对决策结果承担政治责任。[⑤]其次，结果责任只能在决策造成严重后果的极端情况下适用。研究表明，在发生突发事件之后对官员进行问责，对其他政府官员能够形成某种激励，促使其努力工作，但当这种做法的频率太高时，这种激励作用就会不断弱化，

---

① 参见魏云：《压力型体制下的行政问责模式研究》，复旦大学2011年博士学位论文。

② 参见张欢、王新松：《中国特大安全事故政治问责：影响因素及其意义》，载《清华大学学报（哲学社会科学版）》2016年第2期。

③ 童星：《公共政策的社会稳定风险评估》，载《学习与实践》2010年第9期。

④ 参见邢振江：《价值理性视角下我国特大安全事故行政问责探究》，载《中国行政管理》2018年第1期。

⑤ 参见余凌云：《对我国行政问责制度之省思》，载《法商研究》2013年第3期。

导致其努力程度的下降。最后，结果责任主要适用在层级较高的官员身上。一方面，官员的层级越高，问责回应社会压力的效果就越大；另一方面，研究表明被问责的政府官员层级越高，那些未被问责的官员未来的努力程度也会越大。①

值得肯定的是，《重大行政决策程序暂行条例》避免了单纯的结果归责，在终身追责方面比较理性地采用了"违法＋重大过错＋结果"的责任要件构成，但其用于反向揭示"重大过错"内涵的免责抗辩事由明显不足。对于具体的免责事由，有人主张应当包括：（1）协调机制不好导致的责任；（2）法律规定的手段不足导致的责任；（3）公共资源稀缺导致的责任；（4）事先不可认识的错误；（5）当事人弄虚作假；（6）保留意见；（7）执行上级决定；（8）权力运行规则不清晰；（9）在犬牙交错的利益分歧中进行多中心决策，已经妥当地履行了有关程序。② 有人主张包括：（1）执行上级或者同级党委的决定；（2）执行上级行政机关的决定、命令；（3）属于权力所及范围之外的第三方原因所致；（4）意外事件和不可抗力。③ 有人主张借鉴美国公司法上的业务判断规则作为领导责任的免责事由，包括：（1）善意；（2）如同一般的审慎之人在相类似的职位上，在相同的情形下的小心行使职权；（3）以他依据理性相信出于公司最佳利益的考量方式。④ 总的来说，这里的免责事由都应当立足于与决策者的理性能力相匹配，将归责的标准限定在重大过失上，并通过反面列举使一般意义上的"重大过失"内涵明朗化。

---

① 参见周杰、杨望成：《行政问责与官员复出——中国政府应对突发事件的机制》，载《第十届中国制度经济学年会论文集》，2010 年。

② 参见余凌云：《对我国行政问责制度之省思》，载《法商研究》2013 年第 3 期。

③ 参见姜敏：《论行政首长问责的归责原则——重庆市行政首长问责实践的启示》，载《政治与法律》2009 年第 10 期。

④ 参见邓峰：《领导责任的法律分析——基于董事注意义务的视角》，载《中国社会科学》2006 年第 3 期。

五、结　语

2019 年 4 月颁布的《重大行政决策程序暂行条例》中有关决策追责事由的设定，相对此前进步明显，但仍有如下问题需要完善：第一，第 39 条针对决策前置程序的追责事由，如果进行列举式规定将优于目前笼统的概括式规定；第二，第 38 条第 1 款针对决策机关的追责事由中，“违反本条例规定”改为“违反本条例规定的程序”更为妥当；第三，应当修改第 24 条将决策的作出和“稳评”结论绑定的规定——尽管这条规定比以前那种一一对应的绑定已经有所进步——使用较为弹性的机制；第四，在第 40 条中应当补充规定决策机关在决策执行环节中的责任；第五，第 38 条第 2 款的适用范围应当由终身追责拓宽至所有的追责方式，并在第 3 款中增加规定其他必要的免责抗辩事由。

《重大行政决策程序暂行条例》第 43 条鼓励各省份、国务院各部门制定下位法对其进行补充，而在实践中，各地方已经制定了一些针对重大行政决策单项程序的立法，如关于“稳评”的规定。这意味着该条例对地方立法、部门立法中此前存在和以后出现的有关决策责任追究方面的问题，实际上无法统一，也无力纠正。对此，我们认为有必要在该条例的“法律责任”或“附则”中专门规定：其他法规、规章中有关追究重大行政决策法律责任的规定与本条例不一致的，以本条例为准。

第五章

行政许可效力的扩张：从“稳评”机构的资质说起

在行政审批制度改革背景下，增设行政许可难度极大，实践中便出现了“借用”行政许可的做法，其本质是扩张行政许可设定规范和行政许可决定的对事效力。这种做法虽然能够及时回应实践需要，部分弥合法律规范和社会实践之间脱节产生的缝隙，并避免行政机关以更糟糕的方式破坏《行政许可法》，但仍然存在形式合法性问题和被滥用的风险。对此，理想的解决方案是使行政审批制度改革从片面的“只减不增”回到“合理增减”“有增有减”的正常导向上。而在这一导向尚未根本确立的情况下，应当明确行政许可进行效力扩张需要适用设定者保留的空间，并建立有条件的“类别许可”制度。

一、问题的提出：行政许可的设定能否“借用”？

作为一项重要的社会管理创新机制，“稳评”经过十多年的发展，已普遍成为各地政府重大行政决策的一项前置程序。为了提高评估的中立性和专业性，地方政府陆续改变了由下设部门或机构实施评估的做法，开始委托社会第三方机构实施评估。从 2010 年江苏淮安成立了第一家民办营利性“稳评”中介机构起，[①] 各种形式的“稳评”中介机构遍地开花，委托这些机构出具“稳评”报告逐渐成为很多地方的普遍做法。但是，一个新的问题很快出现了，那就是如何保证这些中介机构具备必要的专业能力，能够顺利实施“稳评”，提交质量可靠的“稳评”报告，而避免那些滥竽充数、临时拼凑的机构通过不正当的手段获得委托项目，使“稳评”流于形式。近年来，很多地方政府开始尝试为这些机构设置准入门槛，要求具备一定资质条件的机构才能获得委托。但另一方面，党的十八大以来，国务院将简政放权、放管结合、优化服务的“放管服”改革作为全面深化改革的“当头炮”和“先手棋”，以简政放权为目标的行政审批改革又是重中之重。2013 年，国务院就向社会承诺在五年内将 1700 余项行政审批事项至少取消或下放 1/3。[②]《国务院关于严格控制新设行政许可的通知》（国发〔2013〕39 号）明确规定要“严格控制新设行政许可”，其中“对确需设定企业、个人资质资格的事项，原则上只能设定基础资质资格”。而实际上，国务院仅用两年就完成了上述行

① 参见吴长剑：《淮安重大决策社会稳定风险评估优化——基于风险沟通视角的研究》，载《淮阴师范学院学报（哲学社会科学版）》2018 年第 1 期。

② 参见王姝、李丹丹：《国务院已取消下放审批项目 362 项过半任务完成》，载《新京报》2014 年 2 月 28 日。

政审批事项取消、下放的目标。[①] 此后，行政审批制度改革的力度逐年加大。2016年，国务院《推进简政放权放管结合优化服务改革工作要点》提出，当年再取消50项以上国务院部门行政审批事项和中央指定地方实施的行政审批事项，再取消一批国务院部门行政审批中介服务事项，削减一批生产许可证、经营许可证；再取消一批职业资格许可和认定事项，国务院部门设置的职业资格削减比例达到原总量的70%以上；全面清理各种行业准入证、上岗证等，不合理的坚决取消或整合；建立国家职业资格目录清单管理制度，清单之外一律不得开展职业资格许可和认定工作，清单之内除准入类职业资格外一律不得与就业创业挂钩；继续大力削减工商登记前置审批事项，当年再取消1/3，削减比例达到原总量的90%以上，同步取消后置审批事项50项以上。2017年，《全国深化简政放权放管结合优化服务改革电视电话会议重点任务分工方案》提出，除涉及国家安全、公共安全、生态安全和公众健康等重大公共利益外，把能分离的许可类的“证”都分离出去，分别予以取消或改为备案、告知承诺等管理方式；当年再压减50%的工业产品生产许可证；对管理目的相同或类似的不同部门许可事项，加快清理合并。2018年6月，李克强总理在“全国深化‘放管服’改革转变政府职能电视电话会议”上再次强调，除关系国家安全和重大公共利益等的项目外，能取消的行政审批和许可要坚决取消，能下放的尽快下放，市场机制能有效调节的经济活动不再保留。2019年的《全国深化“放管服”改革优化营商环境电视电话会议重点任务分工方案》提出继续压减中央和地方层面设定的行政许可事项。2019年年底前研究提出50项以上拟取消下放和改变管理方式的行政许可事项，清理简并多部门、多层级实施的重复审批。组织清理规范地方层面设定

① 参见李克强：《在全国深化“放管服”改革转变政府职能电视电话会议上的讲话》，载中央人民政府网，http://www.gov.cn/guowuyuan/2018-07/12/content_5305966.htm，最后访问时间2018年7月22日。

的行政许可事项，2019年年底前以省为单位集中统一公布地方层面设定的行政许可事项清单。在这样的背景下，要增设针对“稳评”机构的准入资质许可，几乎没有可能。对此，部分地方政府采取了“借用”行政许可的方式，规定已经具备某些其他法定资质，或者具备这些资质并符合其他若干条件的机构可以从事“稳评”业务。例如，辽宁省规定，“第三方社会稳定风险评估机构应当具有相应的风险评估以及工程咨询、法律咨询、经济咨询等行政许可的资质证书，或科研院所具有含法学、经济学、社会学、心理学以及工程技术、环境技术等多方面的专业人才队伍组成的评估团队，并有5名以上具有高级专业技术职称的正式员工，以及10人以上涵盖前款所列专业领域的外聘专家团队”①。

实际上，在行政审批数量持续收紧、增设行政许可难度极大的情况下，对于一些确有必要设定的新许可，行政机关打起了“借用”旧许可的主意。例如，《水污染防治法》和《大气污染防治法》设定了向水和大气排放污染物的许可制度，但随着土壤污染的日益严重，设定向土壤排污的许可制度已经十分迫切。但无论是2018年5月颁布的《工矿用地土壤环境管理办法（试行）》，还是2018年8月颁布的《土壤污染防治法》，在“放管服”改革的背景之下，都没有增设这一许可。那么，如何针对土壤的污染物排放进行事前控制呢？生态环境部的做法就是搭上原有排污许可证的“顺风车”，将有关土壤环境管理的相关要求在其他类型的排污许可证中予以明确。②《土壤污染防治法》第21条则规定了土壤污染重点监管单位应当履行的若干义务，并要求将这些义务在排污许可证中载明。当然，这个排污许可证并不是该法新设定的针对向土壤排放的许可，而是指之前《水污染防治法》和《大气污染

① 《辽宁省第三方社会稳定风险评估机构培育管理办法（试行）》第7条。

② 参见《生态环境部就〈工矿用地土壤环境管理办法（试行）〉有关问题答问》，载生态环境部网，http://www.gov.cn/xinwen/2018-06/03/content_5295863.htm，最后访问时间2018年6月27日。

防治法》设定的向水、向大气排放的许可。再如，《道路运输条例》规定从事机动车维修应当经道路运输管理机构批准，而按照《江苏省机动车维修管理条例》的规定，从事机动车维修质量的检测也需要取得这一许可。[①]

上述做法的出现，显然是《行政许可法》在制定时所未曾虑及的，对我国行政许可的设定制度构成了挑战。那么，行政许可到底能否被如此“借用”？在法律上又应当如何看待和规制这种“借用”行政许可的做法？我们尝试对此做出回答。

二、行政许可效力的扩张及其本质

上述“借用”行政许可的做法，实际上产生了使行政许可的效力扩张的结果。具体而言，就是在行政许可的设定规范和行政许可决定这两个层面同时扩张了其对事效力。我们在谈论法律规范的效力时通常讲时间效力、地域效力、对人效力和对事效力等维度，在谈论根据法律规范所做出的行政行为的效力时，则讲的是公定力、确定力、约束力、执行力等。实际上，无论是法律规范还是行政行为，都具有上述两个层面的效力。之所以我们通常只分别谈论其某一方面的效力，“主要是考虑到……法律规范是抽象的，并不具体指明适用于某人某事，因此强调其时间、地域、对人、对事的效力至关重要。……而法律决定或文书的法律效力，因其是具体的，所以，时间、地域、对人、对事的效力均是具体的，而该决定或文书在某一时段、某一地域对某人、某事的效力，当然是其先定力、公定力、确定力等。……这样，谈及法

---

① 参见任海青：《论行政许可设定——以价值分析为主线》，载《山西大学学报（哲学社会科学版）》2013 年第 2 期。《江苏省机动车维修管理条例》第 2 条第 2 款规定：“本条例所称机动车维修经营，是指以维持或者恢复机动车正常技术状况和功能，延长机动车使用寿命为主要目的所进行的维护、修理以及维修质量检测等经营活动。拖拉机的维修活动，不适用本条例。”第 6 条第 3 款规定：“未经许可不得从事机动车维修经营活动。”

律派生的决定或文书的效力，则可将其时间、地域、对人、对事的效力忽略不计，而只讲其公定力、确定力等"[①]。首先，"借用"行政许可的做法扩张了原来设定该许可的法律规范的对事效力，相关法律规范原本的效力是某事需要获得特定许可，现在的效力则扩张到另外的某事也需要获得该许可。例如，将法律咨询机构的资质"借用"到了"稳评"机构身上，就意味着《律师法》上有关设立律师事务所许可条件的规定，也可以被适用于"稳评"机构的设立上；将排污许可证"借用"到了土壤排污方面，就意味着《水污染防治法》《大气污染防治法》中关于排污许可证的条件也成了向土壤排污的条件的一部分。其次，"借用"行政许可的结果还扩张了原有行政许可决定的对事效力，即原来的被许可人除了可以实施原来被许可的行为，现在还可以实施某种新的行为。例如，将法律咨询机构的资质"借用"到了"稳评"机构身上，那么，律师事务所就不仅仅可以从事法律咨询业务、代理各类案件，还可以接受委托实施"稳评"，出具"稳评"报告，这意味着批准设立该律师事务所的那个行政许可决定的效力扩张了。

行政许可在上述两个层面的效力扩张，其本质也相应地体现为两个方面：一方面是设定了一项新的行政许可，另一方面是针对该项新设的许可概括性地做出了一批准予许可的决定。

首先，设定行政许可的法律规范对事效力的扩张等同于增设了一项新的许可。认识到这一点，要从行政许可的性质说起。学术界对行政许可性质的认识，早已摒弃了早期的"赋权说"，对于曾长期占据主流地位的"解禁说"也不再认可，因为"解禁说"虽然能够从形式上解释行政许可的实施过程，但作为其前提的对被许可行为的"一般禁止"只是一种理论上的假设，在法律上并不实际存在。郭道晖教授率先指出，行政许可与公民享有的权利无关，只与权利的行使条件有关，认为"行政许可只是对权利人行使权利的资格与

① 刘莘：《具体行政行为效力初探》，载《中国法学》1998 年第 5 期。

条件加以验证，并给以合法性的证明，而非权利（包括享有权与行使权）的赋予”[①]。章剑生教授提出的“赋权说”的含义与此类似，认为对于那些如行使不当有可能危害他人生命或财产，而正确行使却有利于社会正常发展的个人自由，国家通过事先设置条件，尽可能消除其可能产生的危害性，在个人满足条件之后让其恢复从事这类活动的自由。[②]刘东亮所概括出来的“无害审查说”，在批判“解禁说”的基础上对行政许可的性质进行了更加详细的描述，认为法律通过设定行政许可的方式要求相对人不得未经申请即径行从事某种行为，并非在根本上禁止该行为，而是为了通过相对人的申请，使行政机关有机会事先审查其所从事行为的无害性，也就是通过审查确认其对所欲从事的行为具有相应的条件或者资格，这种条件或者资格可以保证其在从事该行为时不会导致危险的发生，不至于对社会公共利益或者他人的合法权益造成侵害。[③]汪永清则较早注意到了特许和一般许可在性质上的不同，在界定行政许可性质的时候，将特许排除了出去，认为“行政许可作为一种事前控制手段，除国家作为所有权人实施的许可外，其本质主要表现为对相对人是否符合法律、法规规定的权利资格和行使权利的条件进行审查核实”[④]。总而言之，当国家以权利（利益）所有人的身份作为其权威基础，将某些公共资源权利（利益）通过一定的条件向被许可人进行让渡，这就是特许；而当国家以社会管理者的身份作为其权威基础，对公民、法人或者其他组织行使某种固有权利的资格和条件进行无害性审查，这就是一般许可。[⑤]

---

① 郭道晖：《对行政许可是“赋权”行为的质疑——关于享有与行使权利的一点法理思考》，载《法学》1997 年第 11 期。

② 参见章剑生：《行政许可的内涵及其展开》，载《浙江学刊》2004 年第 3 期。

③ 参见刘东亮：《无害性审查：行政许可性质新说》，载《行政法学研究》2005 年第 2 期。

④ 汪永清：《关于行政许可制度的几个问题》，载《国家行政学院学报》2001 年第 6 期。

⑤ 参见林鸿潮、肖竹：《行政许可与出租车行业政府管制》，载《经济法学评论》（第 6 卷），中国法制出版社 2006 年版。

扩张行政许可效力的做法不可能运用在特许当中，因为作为特许内容的公共资源权利（利益）是具有排他性的，被许可人对这种权利（利益）的享有是有偿的，如果政府这样做，就等于无偿“赠与”了原来的被许可人某种公共资源权利（利益），而政府通常不会如此“慷慨”。因此，这里只需要讨论一般许可的效力扩张。“借用”行政许可看起来似乎并没有增加许可的数量，因为从名称上看，并没有任何新的许可被创设出来，只不过是某种原有的许可被用在了更多的地方而已。但在本质上，原来的行政许可意味着国家要对个人行使某种权利的条件和资格进行无害性审查，而在设定这项许可的法律规范的效力被扩张之后，这意味着国家对个人行使另外一项权利的条件和资格也要进行此种审查，实际上就是增设了新的行政许可。从这一角度来看，行政许可事项的数量和其名称并不必然呈现一一对应的关系，一个名称之下可能包含着多项行政许可。例如，法律职业资格许可这一名称之下实际上包含着法官任职资格许可、检察官任职资格许可、律师任职资格许可、公证员任职资格许可、仲裁员任职资格许可、法律顾问任职资格许可、行政复议工作人员任职资格许可、行政处罚决定审核人员任职资格许可、行政裁决人员任职资格许可，共计 9 项行政许可。[①] 换言之，“法律职业资格许可”所指称的实际上是一个“行政许可集”。

其次，原有行政许可决定对事效力的扩张实质上是批量地做出了一批准予许可的决定。“借用”行政许可的规定通常都会具有溯及力，否则这种做法的意义就会变得微乎其微，因为极少有人会因为要获得这个实质上新设的许可而去专门申请被“借用”的原来那项许可。例如，很少有人会出于获得“稳评”机构资质的需要而专门新设一家工程咨询机构、律师事务所或者经济咨询机构。换言之，通过“借用”的方式增设的这项许可的价值，相对于原来的许可事项来说，相对次要一些。这种“借用”是借“主”以及于“次”，

---

① 实际上，这 9 项许可也确实是由 8 部不同的法律所分别设定的，包括《法官法》《检察官法》《公务员法》《律师法》《公证法》《仲裁法》《行政复议法》《行政处罚法》。

而不是相反。那么，当某项行政许可被“借用”之后，就意味着之前获得原来那项许可的被许可人，也自动地获得了新的许可，这等于批量地对原来的那些被许可人做出了一个新的准予许可决定。例如，当法律咨询机构的资质许可被“借用”到“稳评”机构资质之后，原有的那些律师事务所也就批量地获得了“稳评”机构的资质。对此，有两种特殊情况需要予以说明。一是某些“借用”行政许可的规定会要求原来那项许可的被许可人到特定行政机关进行备案登记，之后才能具备该项新增的资格，但这种备案登记只是一种形式审查，即审查其是不是真正具备原有的那项许可，并非一个新的许可实施过程。二是某些“借用”是附条件的，即规定具备原有某项许可且同时符合其他一些条件的人，才能获得该项新增的资格。例如，规定获得原有排污许可证的企业还需要同时履行某些其他义务才能向土壤排污。此时对原来的被许可人来说，对原有许可的“借用”就不等于做出了新的准予许可决定，只是使其具备了获得新许可的基础条件而已。不过，这种额外附加的条件通常不会太高，否则原来的被许可人就缺乏足够的动力去满足这些条件，“借用”许可的目的也就落空了；而且，有关机关通过“借用”方式来增设许可的意图就会明显暴露出来，往往便难以成功。

三、行政许可效力扩张的利弊

通过“借用”的方式，在设定和实施两个层面扩张行政许可的效力，确实可以更加灵活、高效地回应行政管理中的实际需求，在我们将行政许可视为一种立足于实现控制的风险规制手段时，这种灵活性就体现得更加明显。“许可是防患于未然，对于那些具有一定风险的行为实行准入制度，排除那些不符合条件的人的介入。”[①] 尽管行政许可对于个人自由的行使而言，带有

① 陈端洪：《行政许可与个人自由》，载《法学研究》2004 年第 5 期。

十分强烈的国家干预色彩，但我们必须承认，它始终是一项十分有效的风险规制措施。“若完全听任市场主体自由竞争，在所有领域都废除规制，实行不规制，反而会不利于确保国民经济的健康发展和效率性，反而会破坏经济的发展。”[①] 人们在讨论行政许可设定的必要性时，往往诉诸比例原则，而其中一个最重要的衡量标准，就是能否找到行政许可的替代性方案。而无论是从替代性方案的法律完善程度，还是从政府的监管水平来看，目前还很难说我们已经具备了大规模采取替代性方案的条件。“设定与实施行政许可的需求还比较强烈，各方面似乎没有做好‘去行政许可’的准备。法律法规没有设定的，部门规章、规范性文件想方设法设定，形成了一定程度的‘规范溢出’效应。当前，行政机关还是不习惯许可、处罚之外的监管方式，目前，除了处罚、许可、检查、技术标准、价格控制有法律法规外，强制披露、收费、确认、资助、备案、担保、合同等事中事后监管措施共同性立法尚付阙如，但实践对监管措施的制度需求非常强烈。”[②]

但在另一方面，由于风险的不确定性，风险规制手段的运用需要相对灵活的制度供给，而《行政许可法》恰恰提供了相反的思路。《行政许可法》带有明显的社会转型期烙印，体现了立法者对前市场经济时代政府过度干预、抑制社会活力的反思，并将过度冗余的行政许可看作导致这种结果的主要原因之一，体现出“矫枉必须过正”的强烈“控权”色彩。《行政许可法》试图通过行政许可的设定范围划出国家干预和市场调节、社会自治之间的边界，尽管这种努力的结果因为法律条文的粗疏和措辞模糊化而大打折扣；同时，这部法律对行政许可的设定权，特别是行政机关和地方的设定权表现出高度戒惧，将权力配置在高位，并规定了严格的设定程序。周汉华教授将这

① 杨建顺:《论政府职能转变的目标及其制度支撑》，载《中国法学》2006 年第 6 期。

② 袁雪石:《论行政许可名称法定——以“放管服”改革为背景》，载《财经法学》2017 年第 3 期。

种意图通过大规模的行政审批制度改革推动市场经济基本制度建立的做法称为“变法模式”，并指出了这种“一刀切”的立法模式与社会发展之间不同步的一面。①

“借用”行政许可的做法在一定程度上“逃逸”出了《行政许可法》设定的制度框架，它用十分便捷的方式设定了新的许可，省略了通常情况下设定一个新许可事项需要做出的种种规定，使用一个转指性条款便完成了这一切。同时，这种做法概括性地将原有许可事项之下做出的所有批准决定的效力全部扩张到了新的许可事项上，而如果专门新设一项不同名称的许可，原被许可人还要再经历一次申请、受理、审查、决定的许可实施流程，才有可能获得这项新的许可。总之，无论是从设定还是从实施的角度来看，“借用”都比“专设”更加方便快捷，这意味着此种做法可以根据实践的需要被及时地运用，以部分弥合法律规范和社会实践之间脱节产生的缝隙。

需要指出的是，“借用”行政许可并不必然违法。首先，原许可的设定机关通过相应位阶的法律规范“借用”自己设定的许可，其合法性不存在任何问题。例如，法律职业资格许可作为法律早已设定的一个“行政许可集”，原本仅适用于法官、检察官、律师和公证员的任职资格。党的十八届四中全会之后，出于选拔培养高素质法律职业人才的需要，从事其他多种法律职业的人员也需要获得这一资格，实际上就是要为这些法律职业新设任职资格许可。对此，全国人大常委会通过修改几部相关法律中的各一个条款，就完成了对原有许可的“借用”。同样地，全国人大常委会通过《土壤污染防治法》将原来的排污许可证借用到土壤排放上，也不存在越权的问题。其次，如果是下级机关“借用”上位法设定的行政许可，且涉及的新许可事项既属于行政许可的设定范围，又属于该机关的设定权限，“借用”也应属合法。但由

① 参见周汉华：《〈行政许可法〉：困境与出路》，载吴敬琏等主编：《洪范评论》（第2卷第2辑），中国政法大学出版社2005年版。

于这种“借用”常常发生在下位法对上位法设定的许可做出具体规定的过程中，可能根据《行政许可法》第 16 条的规定被误认为是违法的。[①] 但在我们看来，此时判断其合法性的标准，关键还是要看这种“借用”增设的许可是否超越了行政许可的设定范围和“借用”者的设定权限，至于在细化上位法的规范中增设，仅仅是一种简便化的立法方式而已，并不能成为判断其合法与否的标准。因此，《行政许可法》第 16 条禁止下位法对上位法所创设的许可进行具体化时增设许可，也并非完全合理。最后，如果通过“借用”增设的行政许可确实超越了下级机关的权限，其形式上的违法性是无疑的，但仍应给予理性对待。“在我国现行政治与法治双重调控的权力格局下，各级行政机关实现政策目标的动态激励约束显然大于行政许可法规定的静态激励约束。因此，在实践需要与法律规定之间的互动中，实践理性必然会超越法律形式逻辑，修正法律中不合理的规定。就个案而言，这种实践‘修正’功能虽然能够弥补法律形式主义的不足，但从长远来看，会不断伤害人们对法律制度的信心与信仰，使法治进程遭受内在冲击。如果各方可以长期、不断地修正法律的规定，就极有可能使行政许可法的一些规定最终变成‘皇帝的新衣’，在实践中成为一种无用的摆设。”[②] 实践理性和法律权威之间的紧张关系确实在《行政许可法》的实施过程中表现得淋漓尽致，但这并不意味着我们可以轻易地否定任何一者，而是应当通过更加精细的制度设计，力求实现两者的兼容，下文将对此加以详述。

超前于现实的《行政许可法》实施之后，很快出现了一系列联动效应：许多意在规避该法的做法不断被推出，如混淆审批制与核准制，将听证会改为座谈会，将许可作为非许可的审批甚至审批手段以外的其他行政管理措

---

① 《行政许可法》第 16 条第 4 款规定：“法规、规章对实施上位法设定的行政许可作出的具体规定，不得增设行政许可；对行政许可条件作出的具体规定，不得增设违反上位法的其他条件。”

② 周汉华：《行政许可法：观念创新与实践挑战》，载《法学研究》2005 年第 2 期。

施。被废止的行政许可也纷纷向其他形式转化，行政机关通过全面禁止、设立黑名单、向中介组织转移许可权力等方式，继续对市场采取力度不弱于原有行政许可的干预措施。[①] 而以备案之名行许可之实，是最为普遍的做法。例如，根据《行政许可法》的规定，作为国务院直属机构的原广电总局并没有设定行政许可的权力，但其 2006 年颁布的《国产电视动画片制作备案公示管理制度暂行规定》却规定未经备案公示的国产电视动画片不得制作，这实际上就是一种行政许可。[②] 再如，很多地方在认定“稳评”机构的资质时，并不“借用”已有的行政许可，同样采取“假备案、真许可”的做法，至于哪些机构能够获得“备案”，则没有明确的标准。在实践中，此类做法数不胜数。和这些做法比起来，对行政许可的“借用”——哪怕是违法的“借用”，至少在形式上没有增加行政许可的数量，也并没有创制出一套新的许可实施程序，而这个被“借用”行政许可的实施过程仍然要受到原有法律规范的约束和调整，较好地避免了行政许可中其他“脱法”措施所普遍存在的权力寻租和利益输送。

四、对行政许可效力扩张的法律规制

首先必须指出，行政审批制度改革不应当被扭曲为简单做“减法”的数字游戏，对于那些确实有必要新增的行政许可事项，最理想的做法仍然是依照法定的行政许可设定权限，由有关机关通过相应层级的法律规范来设定许可。在此，我们首先需要重新澄清对行政许可功能的认识，对行政许可“去妖魔化”。“在强调行政许可可能带来对个人自由的消极作用的同时，也不应

---

① 参见周汉华：《〈行政许可法〉：困境与出路》，载吴敬琏等主编：《洪范评论》（第 2 卷第 2 辑），中国政法大学出版社 2005 年版。

② 参见李洪雷：《〈行政许可法〉的实施：困境与出路》，载《法学杂志》2014 年第 5 期。

当忘记其本身对于预防社会风险、改进环境、提升地方竞争力等方面的积极作用。”①

法经济学将行政许可看作在市场失灵的情况下，政府用于解决信息问题和外部性问题的干预措施，与市场自我救济、私法救济、信息监管和事后标准四种措施相比，行政许可既有优点，也有缺点。政府通过实施行政许可，利用专业技术、信息以及规模经济等优势获取、处理和使用信息，可以在很大程度上解决信息不足问题，并且降低消费者的信息成本，在这一点上行政许可优于自我救济和私法救济；当私法救济不能充分补偿受害者和有效震慑侵害人时，作为事先审查措施的行政许可也具有优势；当提供或处理适当信息十分困难或成本很高时，或消费者的决定可能对第三方或其自身施加大量的成本或造成损害时，行政许可优于信息监管制度；当制定、实施事后标准很难或成本很高，并且/或者事后标准的现有实施水平不足以防止巨大的福利损失时，行政许可优于事后标准。②

即使在政府不得不选择行政许可作为规制措施的情况下，其对个人自由的干预程度也是相对的。有研究认为可以将行政许可视为一种缓冲机制，国家凭借行政许可的手段保留一定的控制权，可以换取其对很多领域的退出。此时，许可既可被视为一种放松规制的模式（国家从特定领域退出），也可以被视为强化规制的模式（对该特定领域私人经营者实施新的规则），基于不同的观察视角，许可可以同时被视为放松规制和强化规制的形式。再如，在控制酒类消费中的不法行为时，相较于实施治安处罚这种更为严厉的控制手段而言，行政许可就呈现为一种更为宽松的机制。③

---

① 曹缪辉、王太高:《行政许可设定权的反思与重构》，载《学海》2012 年第 4 期。

② 参见张卿:《论行政许可的优化使用——从法经济学角度进行分析》，载《行政法学研究》2008 年第 4 期。

③ 参见［爱尔兰］Colin Scott:《作为规制与治理工具的行政许可》，载《法学研究》2014 年第 2 期。

正如有学者所指出的那样，《行政许可法》的实施已经被行政审批制度改革所裹挟，让法律实践演变成了一场简单的行政审批“削减工程”。而《行政许可法》第1条规定的立法目的是“规范行政许可的设定和实施，保护公民、法人和其他组织的合法权益，维护公共利益和社会秩序，保障和监督行政机关有效实施行政管理”，并不包含必然要大幅减少行政许可的意思。政府经济调控的科学性不佳、市场监管能力不强、公共服务意识不高、社会治理能力不足等种种表现，其背后都有着深刻背景和复杂原因，不应一律归咎于行政许可。[①]当下的行政审批制度改革如果能够合理地做到“当减则减”“当增则增”“有增有减”，而非片面强调“只减不增”，那么，通过“打擦边球”来“借用”行政许可的做法也就完全没有必要了。

但当我们回到当下，在行政审批制度改革仍以做“减法”为基本导向、合法增设必要的许可仍然困难重重的前提下，最终不得不回答这样一个现实的问题：法律到底应当如何看待那些频频“借用”行政许可用于变相增设许可的做法？我们可以将这种巧妙的“借用”看作创新，且承认“行政管理改革创新已成时代趋势，对于行政管理改革创新需要宽容对待”[②]。那么，宽容也只可能是适度的，宽容是需要通过法律上的安排来实现的，这就要求我们寻求某种在改革创新需求和形式合法性之间进行平衡的技术。沈岿教授曾经提出，有两个基本的手段或技术可以使有利于民生福利的、崭新的改革做法获得合法性，使政治系统既有执政绩效，又不失去人民对其法理型统治的认同。技术之一是适时的立法或修法；技术之二则是以高超的法律解释方法将表面上看似“违法”的做法诠释为“合法”，而这并不是虚伪或欺诈，而是

① 参见耿玉基：《法律“被虚置化”：以行政许可法为分析对象》，载《法制与社会发展》2016年第4期。

② 莫于川：《推进行政改革·打造法治政府·构建和谐社会——行政管理改革创新的背景、趋势、重点和界限》，载《北方法学》2007年第5期。

通过宣扬较之普通法律规则更具有稳定性、更具统治力的原则和价值，解决法律滞后性、僵硬性同发展性、灵活性之间的矛盾。[①]而将这两者结合起来，还可以产生第三种技术，就是通过技术之二的法律解释技巧缩小实践做法和形式合法性之间的裂缝——之所以谈“缩小”，是因为在很多情况下无法完全消除——以此使得最终通过技术之一立法或修法时，“动作幅度”变得尽可能小，从而更容易获得成功。

将这一技术应用到我们讨论的主题上，关于越权“借用”许可的问题可以归结为：将个别行政许可的效力扩张到其他领域中去的权力，在何种情况下应当由原许可的设定者保留？以及在无需保留的空间之内，能否创造出一种“类别许可”制度？

关于设定者保留，我们可以从关于法律保留范围的讨论中获得某些启发。法律保留范围的确定首先考虑的是保留事项对公民权利的影响，因此，最初且没有争议的法律保留事项就是侵益行政，而在是否应当将授益行政纳入保留范围即扩充为全面保留的争论中，又进一步明确了授益与侵益具有不可分离关系的给付行为应属保留范围，之外的授益行为才可能考虑不适用法律保留。[②]而授益行政行为在大多数情况下都具有双效性或者复效性，对受益人而言可能属于授益，而对其他人而言则可能是损益行为。[③]行政许可便是如此，对于被准予许可的少数人来说是授益的，对于大多数没有获得许可的人来说则是损益的。[④]我们将其借鉴到行政许可的设定者保留上，可以发现“借用”行政许可的做法有时授益性比较突出而损益性并不明显，那就是

① 参见沈岿：《公法变迁与合法性》，法律出版社 2010 年版，第 389 页。

② 参见许宗力：《法与国家权力（一）》，元照出版有限公司 2006 年版，第 155 页。

③ 参见柳砚涛、刘宏渭：《法律保留原则的发展趋势》，载《山东警察学院学报》2006 年第 1 期。

④ 参见方世荣：《行政许可的涵义、性质及公正性问题探讨》，载《法律科学》1998 年第 2 期。

将原有行政许可的效力扩张到了一个新兴领域当中，比如将工程咨询资质、法律咨询资质、经济咨询资质的效力扩张到“稳评”当中去。由于这个领域原来并不存在，将原有的某些许可“借用”过来，对于原来这些许可的被许可人来说自然是授益的，但并不损害其他人既有的现实利益，只是对其他人未来进入这一领域的潜在可能性构成了限制而已。此时，“借用”行政许可的侵益性就要小得多，可以考虑无需由设定者保留。在此基础上，我们还要进一步考虑行政许可效力扩张所涉及的新领域对公民权利行使的影响程度如何。法律保留中的“重要性保留”理论也提供了某种启示，它提出了一个顺次编排的连续阶梯结构，主张完全重要的事务适用议会保留，重要性小一些的事务可以授权立法，不重要的事务则无需适用法律保留。[①] 这里所谓的“重要性”，主要是以对公民权利特别是公民基本权利的干预程度来衡量的。[②] 许宗力教授则增加了公共事务重要性的标准，并提出了受规范人范围的大小、影响作用的久暂、财政影响的大小、公共争议性的强弱、与现行法的比较等具体判断标准。[③] 在考虑行政许可的设定者保留时，同样应当加入“重要性”的标准，而这个标准很好操作，那就是结合上述诸因素，通过对“借用”许可的领域和原来设定许可的领域之间进行比较来判断。如果“借用”的领域和原来设立许可的领域同等重要甚至更加重要，就不宜“借用”；反之，则“借用”具有一定合理性。从这一点来看，将针对水和大气的排污许可证“借用”到土壤方面，就不具有正当性，因为没有足够的理由将土壤环境的重要性排到水和大气之后，对此就必须适用设定者保留，由全国人大常委会通过新的法律“借用”自己之前在其他法律中设定的许可。另外一个应

---

① 参见［德］哈特穆特·毛雷尔：《行政法学总论》，高家伟译，法律出版社 2000 年版，第 110 页。

② 参见蔡震荣：《行政法理论与基本人权之保障》，五南图书出版公司 1999 年版，第 85 页。

③ 参见许宗力：《法与国家权力（一）》，元照出版有限公司 2006 年版，第 187—192 页。

当考虑的标准是“借用”领域和原有领域之间的相关性，相关性越强，则“借用”越适宜；反之则不宜。例如，将工程咨询资质、法律咨询资质和经济咨询资质“借用”到“稳评”当中是适宜的，而将会计咨询资质“借用”到“稳评”当中就是不适宜的。

明确了行政许可效力扩张中设定者保留的标准，这并不意味着设定者之外的机关对那些无需保留的事项就可以随意“借用”，还应当在法律上预设一种可以被称为“类别许可”的制度，允许设定者之外的机关按照法定的条件将一项个别的许可扩展为一类，也就是形成一个“行政许可集”。“类别执照，相对于个别执照而言，则允许经营者从事一组明确界分的行为，而无需个别提出申请。此种机制的一大优势是，对许可机关与被许可人而言，可以将许可条件和标准统一适用于所有受影响的群体，同时又避免因烦琐的申请流程而增加成本。”[①] 外商投资领域中采用的正面清单与负面清单，实际上就是对已经获得某种基础许可的人所给予的“类别许可”，而“借用”行政许可的做法就是增加了原来那些被许可人行动的“正面清单”。法律应当允许行政许可效力的类别化扩张，但同时应规定如下限制条件：第一，类别化扩张所及的领域仍应属于行政许可设定的范围，也就是仍然要受到《行政许可法》第 12 条、第 13 条的约束；第二，有权进行类别化扩张的主体是行政许可的设定者，以及有权对该许可的实施做出具体规定的下级机关；第三，当进行类别化扩张的主体是下级机关时，扩张所及的领域不应属于前文所述行政许可设定者保留的范围。

① ［爱尔兰］Colin Scott:《作为规制与治理工具的行政许可》，载《法学研究》2014 年第 2 期。

第六章

行政行为审慎程序的司法审查：从对“稳评”程序的审查说起

为了控制行政行为作出之后可能面临的风险，行政机关创制了某些审慎程序。根据审慎程序作出的行政行为是否应当纳入司法审查，必须抛弃法条主义的机械司法观，从我国主客观混合的行政诉讼模式出发仔细加以甄别。在主观诉讼模式下，对实体结果产生影响或对当事人权利具有构成性价值的审慎程序应当被纳入审查范围，并撤销违反这些程序作出的行政行为。对不能撤销的情况，原则上还应继续从客观诉讼的立场出发考虑是否适用确认违法判决，但某些不是借助理性规则构建的程序，以及规定在一般规范性文件中却抵触了上位法，或剥夺了当事人重要程序性权利，或设定了当事人的其他程序性负担，或没有公开实施的审慎程序不应被纳入审查范围。

一、问题的提出：从对“稳评”程序的司法审查说起

行政行为作出之后可能面临的风险日益增多，为了控制这些风险，行政机关不断创制出各种事前的节点控制程序。例如，为了降低社会稳定风险，自 2005 年以来各地政府兴起了“稳评”；为了降低被诉的风险，自 2017 年年初开始推行重大执法决定法制审核，并作为行政执法“三项制度”之一开始试点；[①] 为了降低廉政风险，行政机关在某些工作中实行分事行权、分岗设权、分级授权，增加行政决定作出的前端节点并由不同的人员分别负责，[②] 或者要求实行行政机关领导成员集体讨论；[③] 等等。由于学理上对于此类程序尚未提炼出成熟的概念加以概括，在此，我们姑且按照这些程序创制的目的称之为行政行为的“审慎程序”。那么，当行政机关违反这些审慎程序作出行政行为，利害关系人能否以此为由起诉，法院是否进行审查，又应当如何作出裁判呢？

从行政程序内、外之别来看，这些审慎程序大多属于内部程序。何海波教授曾提出，内部程序一般不直接涉及公民权利，不存在普适的正当程序要求，至少到目前为止还没有形成这样的要求。因此，除非法律、法规、规章有明确规定，法院一般不应以正当程序原则去审查内部程序。即使法律、法规、规章有规定，对内部程序的瑕疵也应区别情况，衡量法律价值作出判断，

---

① 2017 年 1 月，国务院办公厅《推行行政执法公示制度执法全过程记录制度重大执法决定法制审核制度试点工作方案》（国办发〔2017〕14 号）要求“试点单位作出重大执法决定之前，必须进行法制审核，未经法制审核或者审核未通过的，不得作出决定”。

② 例如，2014 年 10 月，《中共中央关于全面推进依法治国若干重大问题的决定》提出“对财政资金分配使用、国有资产监管、政府投资、政府采购、公共资源转让、公共工程建设等权力集中的部门和岗位实行分事行权、分岗设权、分级授权，定期轮岗，强化内部流程控制，防止权力滥用”。

③ 如《国有土地上房屋征收与补偿条例》第 12 条第 1 款规定：“市、县级人民政府作出房屋征收决定前，应当按照有关规定进行社会稳定风险评估；房屋征收决定涉及被征收人数量较多的，应当经政府常务会议讨论决定。”

不搞“一刀切”。[①]但在司法实践中，针对这些程序提起的行政诉讼屡见不鲜，法院虽然很少在没有法律、法规、规章明确规定的情况下运用正当程序原则去审查；但是反过来，一旦存在这样的程序性规定——甚至仅仅是一般规范性文件中的规定，法院通常就会从机械司法的立场出发去审查它们，并作出裁判。以“稳评”为例，它通常作为行政决策的前置程序出现，但有时也用于作出行政行为。因为，某些地方的重大行政决策目录本身就包含部分行政行为，如重大行政处罚决定和重大项目审批；而某些社会稳定风险较高的行政行为则专门设计了“稳评”程序，最典型的就是国有土地上房屋征收补偿裁决。学者卢超认为，法院在司法审查中并不认为“稳评”程序具有独立价值，怯于对其进行严格的合法性判断，反而只在肯定被诉行为的情况下，将被告遵循这一程序的事实用于辅助性地论证被诉行为的程序合法性。[②]我们通过对案例的梳理，发现事实并非如此。法院有时确实仅仅简单描述了行政机关实施“稳评”的情形用于佐证被诉行为的合法性，但在这些案件中，原告本来就没有将违反“稳评”程序作为支持其诉讼请求的理由，或者仅仅将其作为众多理由中比较次要的一项；而反过来，当原告将其作为一项主要理由提出时，法院在绝大多数情况下都进行了正面的审查，持回避态度者是极个别情况。我们通过“中国裁判文书网”收集了以“稳评”程序为争议焦点（之一）的行政诉讼案件——绝大多数是征收补偿裁决案件，对其审理和裁判的情况梳理如表 6-1 所示。[③]

---

① 参见何海波：《内部行政程序的法律规制（下）》，载《交大法学》2012 年第 2 期。

② 参见卢超：《“社会稳定风险评估”的程序功能与司法判断——以国有土地征收实践为例》，载《浙江学刊》2017 年第 1 期。

③ 与“稳评”有关的行政案件还有其他三类：一是申请公开“稳评”报告的案件；二是行政机关以影响社会稳定为由拒绝公开政府信息，原告起诉后要求被告提供案系信息的“稳评”报告作为证据；三是某些地方法院规定行政机关申请非诉执行需要提供“稳评”报告，否则不予执行，从而就该报告的有无和是否符合要求展开的审查。但在这些案件中，“稳评”都不属于本书所讨论的行政行为审慎程序，因此原则上不予列入。

表 6–1 以“稳评”程序为争议焦点（之一）的行政诉讼案件（截至 2018 年年底）

争议类型	案件名称	法院观点摘要	裁判结果
行政机关是否进行了“稳评”	张某与武汉市洪山区人民政府、武汉市人民政府行政征收案①	虽然洪山区政府提交的“稳评”报告中文字表述有瑕疵，但其提交的《专题会议纪要》可以证明其进行了“稳评”	驳回诉讼请求
	章某、谢某等与南京市江宁区人民政府行政征收案②	江宁区政府提供的《稳评项目审批表》能够证明其在作出《房屋征收决定》前，已进行了“稳评”	驳回诉讼请求
	张某与宿迁市宿城区人民政府房屋征收案③	宿城区政府作出房屋征收决定前已进行“稳评”，并经宿城区政府常务会议讨论决定	驳回诉讼请求
	曹某等与延安市宝塔区人民政府征收补偿案④	被告在征收决定前没有按照规定进行“稳评”，违反了《国有土地上房屋征收与补偿条例》第 12 条	撤销被诉行为
	何某与怀远县人民政府房屋征收案⑤	本案在作出被诉房屋征收决定前没有进行“稳评”，也无证据证明作出房屋征收决定前征收补偿费用已足额到位、专户存储	撤销被诉行为
	马某、张某等与泗阳县人民政府行政征收案⑥	被告未提交“稳评”报告，不能证明其作出被诉房屋征收决定前已对涉案房屋征收项目进行了“稳评”	确认违法（因被诉行为已执行，没有可撤销内容）

① 湖北省高级人民法院（2016）鄂行终 198 号判决书。

② 江苏省高级人民法院（2014）苏行终字第 0098 号判决书。

③ 江苏省高级人民法院（2014）苏行终字第 0009 号判决书。

④ 陕西省延安市中级人民法院（2014）延中行初字第 00002 号判决书。

⑤ 安徽省五河县人民法院（2014）五行初字第 00006 号判决书。

⑥ 江苏省高级人民法院（2014）苏行终字第 0046 号判决书。

续表

争议类型	案件名称	法院观点摘要	裁判结果
行政机关是否进行了“稳评”	宋某、陈某与贵阳市乌当区人民政府行政征收案①	被告虽然提交了“稳评”报告，但其所载项目并非本案涉诉项目，故该报告与本案不具有关联性，不予采信	确认违法（因撤销被诉行为将造成国家利益或公共利益重大损失）
	付某与商城县人民政府行政征收案②	商城县人民政府进行了“稳评”，评估报告经合法程序被通过	维持被诉行为
	郑某等与东方市人民政府房屋征收案③	东方市政府作出的174号征收决定和134号征收决定不完全符合上述法定程序，存在程序上的瑕疵，但该程序瑕疵并不影响征收决定的正确	驳回诉讼请求
“稳评”的主体是否合法	李某与济南市人民政府行政征收案④	上诉人主张“稳评”必须由市、县级人民政府作出，但未提供相关证据和法律依据，本院不予支持	驳回诉讼请求
	刘某与淮南市田家庵区人民政府房屋行政征收案⑤	舜耕镇政府是受田家庵区政府指派进行征收前的调查登记及“稳评”工作的，由舜耕镇政府进行这些具体工作并不违反法律规定	驳回诉讼请求
	冯某甲、冯某乙与湘乡市人民政府房屋征收案⑥	本案中，“稳评”系由昆仑桥街道办事处作出，考虑到本次房屋征收只涉及5户，街道办作出的评估结论真实可信，再由湘乡市人民政府重新评估没有实际意义	维持被诉行为

① 贵州省高级人民法院（2014）黔高行终字第49号判决书。

② 河南省信阳市中级人民法院（2013）信行终字第52号判决书。

③ 海南省高级人民法院（2013）琼行终字第203号判决书。

④ 山东省高级人民法院（2014）鲁行终字第226号判决书，另有类似案件227号。

⑤ 安徽省淮南市中级人民法院（2014）淮行终字第00018号判决书。

⑥ 湖南省湘潭市中级人民法院（2013）潭中行终字第77号判决书。

续表

争议类型	案件名称	法院观点摘要	裁判结果
"稳评"的主体是否合法	徐某与五莲县人民政府行政征收案①	市、县级人民政府作出房屋征收决定前，应当按照有关规定进行"稳评"，但并未排除由具体的征收部门作出评估报告	驳回诉讼请求
	某印刷有限公司、某汽车贸易发展有限公司等与张家港市人民政府行政征收案②	《苏州市国有土地上房屋征收与补偿暂行办法》第14条规定，征收项目"稳评"由房屋征收部门和征收项目所在地人民政府共同负责实施。上诉人主张"稳评"主体不合法的理由不能成立	驳回诉讼请求
	王某与济南市人民政府行政征收案③	上诉人主张"稳评"必须由市、县级政府作出，但未提供相关证据和法律依据，本院不予支持。上诉人还主张被上诉人未经政府常务会议讨论即作出房屋征收决定，但法律对于何谓"被征收人数量较多"并未作出明确界定，本案涉及被征收住宅房屋168户，被上诉人根据有关行业培训精神认定不属于"被征收人数量较多"，属于其自由裁量范围	驳回诉讼请求
	朱某、朱某睿与南京市玄武区人民政府行政征收案④	本案中"稳评"系由玄武区政府下属的百子亭片区环境综合整治指挥部办公室组织进行，该办公室虽不具有独立行政职权，但系依照玄武区政府委托进行，该行为并不违反法规规定	驳回诉讼请求

① 山东省日照市中级人民法院（2016）鲁11行终33号判决书，另有类似案件37、40、42、43号。

② 江苏省高级人民法院（2014）苏行终字第00146号判决书。

③ 山东省高级人民法院（2014）鲁行终字第228号判决书。

④ 江苏省高级人民法院（2014）苏行终字第0091号判决书，另有类似案件0093号。

续表

争议类型	案件名称	法院观点摘要	裁判结果
“稳评”的主体是否合法	张某与宁波市人民政府信息公开案[①]	《浙江省县级重大事项社会稳定风险评估办法（试行）》规定，形成“稳评”报告需要会同纪检监察、法制、政策研究、政法维稳等有关部门，综合分析研究，作出总体评估结论。被告提供的“稳评”报告没有按照上述要求作出，不具有合法性	撤销被诉行为并责令重做
	王某、臧某等与常州市天宁区人民政府行政征收案[②]	上诉人认为“稳评”不是天宁区政府作出而是天宁街道办作出，故评估主体不适格。法院对此未表态	驳回诉讼请求
	嵇某等与安庆市大观区人民政府行政征收案[③]	上诉人认为“稳评”主体依法应是安庆市政府而不是安庆市公安局大观分局。法院对此未表态	驳回诉讼请求
“稳评”是否违反具体程序	濮某等与桐乡市人民政府行政征收案[④]	虽然在“稳评”程序和征收补偿费用到位情况方面存在瑕疵，但上述瑕疵不足以导致被诉房屋征收决定被撤销	驳回诉讼请求
	张某与潍坊市奎文区人民政府行政征收案[⑤]	奎文区住建局对老市委片区房屋征收情况进行了“稳评”，形成了“稳评”报告，结论为风险程度较低，并经奎文区政府常务会议讨论决定通过，上诉人以一名副区长没有参加会议为由否认常务会议的合法性没有法律依据	驳回诉讼请求

① 浙江省宁波市中级人民法院（2015）浙甬行初字第13号判决书。此案虽属政府信息公开案件，争议焦点却是“稳评”程序的合法性，因此将其列入。

② 江苏省高级人民法院（2014）苏行终字第00157号判决书。

③ 安徽省高级人民法院（2014）皖行终字第00020号判决书。

④ 浙江省高级人民法院（2014）浙行终字第280号判决书。

⑤ 山东省高级人民法院（2014）鲁行终字第133号判决书。

续表

争议类型	案件名称	法院观点摘要	裁判结果
“稳评”是否违反具体程序	叶某与扬州市江都区人民政府行政征收案[①]	江都区政府作出房屋征收决定前已进行“稳评”，但未经区政府常务会议讨论决定	确认违法，责令行政机关采取补救措施（撤销将造成公共利益重大损失）
	虞某与宁波市鄞州区人民政府房屋拆迁案[②]	原告主张案涉拆迁的“稳评”应当进行听证，于法无据	驳回诉讼请求
	于某与昆明市盘龙区人民政府房屋征收案[③]	盘龙区政府已按要求进行“稳评”，并经区政府常务会议讨论通过	驳回诉讼请求
	吴某与厦门市思明区人民政府行政征收案[④]	上诉人主张“稳评”报告应当进行公示，本院认为并没有这样的强制性规定	驳回诉讼请求
是否按照“稳评”结果作出了决定	南京某医疗器械有限公司与南京市建邺区人民政府行政征收案[⑤]	尽管2013年5月23日的评估意见是“中等风险、暂缓实施”，但其后项目实施单位已根据整改意见有针对性地采取降低风险措施，增强化解风险能力，降低风险等级。2013年5月29日，根据整改情况，建邺区政府在“稳评”评审表上加盖公章，建邺区委维稳办作出了建议准予实施的备案	驳回诉讼请求

通过对上述案例的梳理可以发现，在绝大多数情况下，法院审查“稳评”

① 江苏省高级人民法院（2015）苏行终字第00237号判决书。

② 浙江省高级人民法院（2017）浙行终123号判决书。

③ 云南省高级人民法院（2012）云高行终字第93号裁定书。

④ 福建省高级人民法院（2014）闽行终字第146号判决书。

⑤ 江苏省高级人民法院（2014）苏行终字第00137号判决书。

程序的立场和方式和对待其他行政程序并没有什么区别。在有关违反行政程序的各种常见诉讼事由中，除了尚未出现关于方式错误和超过时限的争议之外，其他如步骤缺失、主体不适格、展开过程错误、最终决定不受程序性结果拘束等都出现了，法院基本上都给予了审查和评判。而在面对另一项常见的审慎程序——“政府常务会议讨论”时，法院同样一一对照有关规定进行了审查。这不禁令我们思考：这些为了帮助行政机关控制风险而设计的审慎程序对于行政行为的作出而言，其意义和其他行政程序到底是不是一样的？因为，一个经典、简洁的行政过程并不包括这些程序。如果当事人以这些程序中的某种错误为由起诉，法院到底能否将其作为否定被诉行政行为的理由？换言之，这里是否真的存在需要进行司法审查的程序“合法性”问题？我们尝试回答这些问题。

二、主观诉讼进路下的分析

讨论行政行为的某一“违法”问题是否应当进行司法审查，涉及行政诉讼的目标模式，而这与主观诉讼、客观诉讼的划分有关。主、客观诉讼的划分源于法国学者狄骥，他认为主观诉讼争论的问题在于行政行为是否侵犯了原告独享的某些权利；而客观诉讼争论的是行政机关在与公民打交道时是否违反了应遵守的、普遍适用的某些规则和法律。① 当然，这种划分所描述的只是两种目标模式之间的主次关系，因为主观诉讼也能产生保护客观法律秩序的“副产品”；反过来，客观诉讼也兼有救济当事人主观权利的功能。我国行政诉讼制度的特殊之处在于，它既不是完整意义上的主观诉讼，也不是完整意义上的客观诉讼。《行政诉讼法》本来有意兼采两者之长，这从其第

① 参见［英］布朗·贝尔、［法］加朗伯特：《法国行政法》，高秦伟、王锴译，中国人民大学出版社 2006 年版，第 172 页。

1条规定的立法目的“保证人民法院公正、及时审理行政案件，解决行政争议，保护公民、法人和其他组织的合法权益，监督行政机关依法行使行政职权”的表述便可看出。除了第一点保证法院公正、及时审理案件和解决争议是所有诉讼的共同目标之外，第二点“保护公民、法人和其他组织的合法权益”体现了主观诉讼的目标，第三点“监督行政机关依法行使行政职权”则属于客观诉讼的目标。问题在于，《行政诉讼法》在具体的制度设计上时而立足于主观诉讼，时而倒向客观诉讼，目标模式不定。例如，在诉讼请求和原告资格上体现主观性，而在证明责任和判决方式上体现客观性，因而在整体构造上呈现出一种“内错裂”形态。[①] 这决定了我们在讨论本章的主题时，要同时在主、客观诉讼的进路之下展开分析，最后结合起来方可得到一个在我国的行政诉讼制度架构之下可以付诸操作的结论。

主观诉讼的目标是保护当事人权益，而程序违法对当事人权益有何损害恰恰就是争议的焦点。有观点认为，任何法定程序的设置均源于或生成权利，行政程序就是相对人的权利，因为任何行政程序均带来行政机关的义务，所以根本就不存在不影响权利的程序轻微违法或程序瑕疵。[②]“违背程序规定作出的行政行为，总是违法的。”[③] 但是，现行《行政诉讼法》已经否定了这种看法，该法第74条第1款第2项对程序违法适用撤销判决和确认违法判决的划分，实际上已经给出了保护当事人主观权利的标准，为我们探讨这一问题提供了思路。该项规定“行政行为程序轻微违法，但对原告权利不产生实际影响的”，由“人民法院判决确认违法，但不撤销行政行为”。这里提出了

① 参见薛刚凌、杨欣：《论我国行政诉讼构造：“主观诉讼”抑或“客观诉讼”》，载《行政法学研究》2013年第4期。

② 参见柳砚涛：《认真对待行政程序“瑕疵”——基于当下行政判决的实证考察》，载《理论学刊》2015年第8期。

③ ［德］弗里德赫耳穆·胡芬：《行政诉讼法》（第5版），莫光华译，法律出版社2003年版，第411页。

程序违法但不适用撤销判决的两个条件：一是“程序轻微违法”；二是“对原告权利不产生实际影响”。[①]而撤销判决恰恰是针对原告权利保护的典型判决，确认违法判决则是侧重于行政行为合法性监督的典型判决。我们由此认为，法院是否基于保护当事人合法权益的目的对行政行为的程序违法加以审查，主要应考虑两个层次：第一，该违法情形是否轻微到不影响原告的实体权利，即是否影响了行政程序用于保障实体权利实现的工具性价值；第二，该违法情形是否轻微到不影响原告某些重要的纯粹程序性权利，即是否违反了那些具有构成性价值的行政程序。

（一）是否影响了行政程序的工具性价值

大陆法系国家对行政行为的程序违法一直采取多元的处理方式，除判决撤销外，还有补正或不予审查等处理方式。而决定是否予以撤销，最根本的因素就是判断程序违法究竟是否对实体结果产生影响。[②]保障实体结果的公正是行政程序的工具性价值，也是其最原初的价值。那么，如何判断程序违法对实体结果有无影响呢？有学者提出了一种两阶的判断方法。第一步是判断程序环节的属性，某些行政程序的设置目的在于提高行政效率，本身不对实体决定产生影响，例如关于行为作出期限和方式的规定；而某些行政程序的设置目的在于确保行政决定的正确性。那么，违反了前者就不会影响行政行为的实体结论，无需撤销。第二步是对于那些“确保行政决定正确性”的行政程序，判断其所适用于作出的行政行为是羁束性的还是裁量性的。因为，对于羁束性行为，行政机关在作出时没有自由裁量的空间，即使违反了某些用于“确保行政决定正确性”的行政程序，只要事后能够证明行政行为认定事实和适用法律是正确的，则如此违反程序也不可能影响实体决定；而对于

---

① 参见梁君瑜：《行政程序瑕疵的三分法与司法审查》，载《法学家》2017 年第 3 期。

② 参见杨伟东：《行政程序违法的法律后果及其责任》，载《政法论坛》2005 年第 4 期。

裁量性行为来说，即使能够证明行政行为认定事实和适用法律是正确的，也不能完全排除其实体决定产生不利于当事人影响的可能性。因此，行政机关在羁束性行为的形成过程中违反那些“确保行政决定正确性”的程序，也不可能影响实体结论，无需予以撤销。①

上述分析进路暗合德国《联邦行政程序法》中的规定，1996 年的德国《联邦行政程序法》第 46 条规定：“行政处分非依第 44 条之规定无效，其作成违反程序、方式或土地管辖之规定，如其违反显然不影响实体之决定者，不得仅以此原因请求废弃。”这里所谓“如其违反显然不影响实体之决定者”，指的就是羁束性行政行为。这一规定强调了违反程序和实体结果之间的因果关系，当程序的违反与实体结果之间缺乏违法性关联时，行政行为的效力并不因程序上的违法而受到影响，无需仅因程序上的违法而被撤销。如果仅从行政程序的工具性价值来看，这一规定具有显而易见的合理性。因为行政程序的工具性价值是辅助性的，体现为引导行政机关作出一个正确的实体决定。既然实体决定也已经可能被判定为合法，当事人的权益已经得以实现，行政程序的工具性价值已经得到了实现，即使有违反程序的情形，原则上也可以被忽略，无需废弃这样的行政决定而要求行政机关重新作出，从而也保障了程序效率。②这就是德国法上的行政程序瑕疵法律效果相对性理论，这一理论基本上为其他大陆法系国家所接受。在日本法上，盐野宏认为：“在实体正确的情况下，如果仅以行政程序瑕疵而撤销，行政机关最终还会作出同样的处分，这会违反行政经济的原则。”③法国行政法对于行政程序违法所

① 参见陈振宇:《“不予撤销的程序违反行为”的司法认定》，载《上海政法学院学报》2012 年第 3 期。

② 参见傅玲静:《论德国行政程序法中程序瑕疵理论之建构与发展》，载《行政法学研究》2014 年第 1 期。

③ ［日］盐野宏:《行政法总论》（第 4 版），杨建顺译，北京大学出版社 2008 年版，第 214 页。

采取的态度也比较灵活，强调区分不同情形以决定是否采取撤销判决。例如，区分主要程序和次要程序，只有违反主要程序才构成撤销理由，违反次要程序不影响行政行为效力，而区分主要程序和次要程序的关键是看该程序是否影响行政决定内容；区分行政程序的目的，违反保护当事人利益的程序构成撤销理由，违反保护行政机关利益的程序不构成撤销理由；区分羁束行为和裁量行为的程序违法，羁束行为只要内容符合法律规定，即使程序违法，也不产生撤销效果。[①]

羁束性行为的程序违法不适用撤销判决，从根本上看是因为这种违法对于当事人的合法权益没有实质性影响，从主观诉讼的视角来看，没有给予保护的必要。首先，在该行为实体结果合法的情况下，撤销之后对于当事人来说没有实际意义。因为撤销之后，由于该行为实体结果合法，无非“让行政相对人享受一下法定程序过程，换来一个仍然与原行政行为内容一样的新行政行为”[②]。《行政诉讼法》的新、旧司法解释都规定，法院以违反法定程序为由判决撤销被诉行政行为的，行政机关重新作出的行政行为可以在结果上与原行政行为实质相同。这一解释广受诟病，因为站在主观诉讼的立场上，这样做对当事人的权利救济来说毫无意义；但站在客观诉讼的立场上，却是可以理解的。其次，在该行为实体结果违法的情况下，法院也没有必要以违反程序为由撤销它。既然该行为是羁束性的，其实体结果的违法必定因超越行政职权、事实认定错误、适用法律错误等因素中的某一个或某几个所导致，法院完全可以运用这些实体上的理由撤销该行为，而没有必要再寻求程序上的原因。

我们运用上述结论来分析行政行为中的审慎程序，首先可以发现，这些

---

① 参见王名扬：《法国行政法》，中国政法大学出版社 1989 年版，第 690—691 页。

② 章剑生：《对违反法定程序的司法审查——以最高人民法院公布的典型案件（1985—2008）为例》，载《法学研究》2009 年第 2 期。

程序都不是为了提高行政效率而设置的，反过来却因为其“审慎”而必定降低行政效率。换言之，这些程序主要是与“确保行政决定正确性”有关的。因此，要在这一层面上否定其可以作为撤销行政行为的理由是不可能的。那么，进一步来讲，这些程序适用于羁束性行为还是裁量性行为的作出呢？对此不能一概而论。有的审慎程序显然与行政裁量无关，比如行政机关内设的法制机构对业务承办机构初步拟定的行政执法决定进行的合法性审核，这种合法性审核的主要对象是行政行为的羁束性要件，特别是事实认定和法律适用，目的是降低决定作出之后引起法律争议以及在争议中失败的风险，行政执法决定作出的裁量环节极少交给法制机构在这一过程中去把握。如果该决定由于未经法制机构审核即作出，从而在某些羁束性要件上产生了错误，法院直接根据这些错误予以撤销即可，完全没有必要以未经法制机构审核这一点作为理由。反过来，有的审慎程序主要用于裁量，如行政机关负责人的集体讨论。正是由于某些行政决定的作出在裁量上存在难度，从而需要集体决策。这说明，是否经过集体讨论以及讨论过程本身是否符合规则——比如参与讨论者是否具备资格、出席的人数是否达到了规定比例等，都有可能影响行政决定的实体结果，从而可以成为撤销判决的理由。当然，在某些情况下，一个没有什么裁量余地的羁束性决定也可能被拿到领导班子会议上“走过场”，这种情况自然应当排除在外。作为审慎程序的“稳评”在性质上要复杂一些，“稳评”看似对行政决定的结果能够产生影响，有时候还是决定性的影响，但根据“稳评”结果作出的判断本质上并不属于行政裁量范畴。“所谓行政裁量，是指行政主体在适用法律规范裁断个案时由于法律规范与案件事实之间的永恒张力而享有的由类推法律要件、补充法律要件进而确定法律效果的自由。”[①] 这里所说的“确定法律效果的自由”指的是行政机关在确定案件事实、解释法律要件并将案件事实“涵摄”于法律要件之后，在由此确

① 王贵松:《行政裁量的内在构造》，载《法学家》2009 年第 2 期。

定的有限空间内作出选择的自由，而不是跳到这个空间之外、引入其他因素另做决定的选择自由。但“稳评”恰恰属于后者，其本质是对受行政决定影响的相关人群的态度、利益、偏好、价值，以及这些人群集体行动能力和资源动员能力的一种判断。[①] 基于“稳评”而作出的行政决定本质上是一种政治决策，而不是一种法律意义上的裁量。因为，当事人在某个行政决定中的利益本来已经被法律规范和案件事实“框定”在一定的范围内，而“稳评”恰恰是要在这个范围之外引入其他考量因素——是否导致社会稳定风险，特别是会不会引发群体性事件——来影响行政决定的结果。即使行政机关基于“稳评”结果作出的行政决定确实影响了当事人的利益，这也已经不属于法律上的利益了。因此，如果法院认为某个行政决定的“稳评”程序存在问题而影响了当事人的合法权益，从而撤销这个决定，在逻辑上是站不住脚的。

（二）是否违反了具有构成性价值的行政程序

由于受程序工具主义的长期影响，我国法院长期以是否影响当事人实体权利作为是否撤销程序违法行为几乎唯一的标准。修改前的《行政诉讼法》对于程序违法虽然只规定了“撤销”这一种判决方式，但随着 2000 年《最高人民法院关于执行〈中华人民共和国行政诉讼法〉若干问题的解释》发展出了驳回判决，法院开始利用该解释第 56 条第 4 项规定的“其他应当判决驳回诉讼请求的情形”，驳回那些法院认为没有实际侵害原告合法权益的程序违法案件。[②] 修改后的《行政诉讼法》明确区分了撤销和确认违法两种判决方式，并规定了“程序轻微违法，但对原告权利不产生实际影响”的判断标准之后，法院在实践中还是有意无意地把眼光局限在实体权利上。其基本逻辑是：某些程序违法对原告实体权利不产生实际影响，所以就是“轻微”

---

① 参见朱德米：《开发社会稳定风险评估的民主功能》，载《探索》2012 年第 4 期。

② 参见陈振宇：《行政程序轻微违法的识别与裁判》，载《法律适用》2018 年第 11 期。

的，无需通过撤销来救济原告的实体权利，只需确认违法以体现对被告依法行政的监督即可。2014 年修改后的《行政诉讼法》在 2015 年 5 月实施后出现的相关判决表明，法院在判断程序违法是否属于轻微的范畴，从而是否需要撤销时，实际上还是在判断其是否对原告的权利和行为的实体结果产生了影响。①

这种理解是片面的。“程序轻微违法”和“对原告权利不产生实际影响”固然可以做互为表里的解释，但这里的“原告权利”绝非仅仅指实体权利，还应该包括某些重要的程序性权利。2018 年 2 月，《最高人民法院关于适用〈中华人民共和国行政诉讼法〉的解释》第 96 条对此已经讲得比较清楚：所谓的“程序轻微违法”，既要属于处理期限轻微违法或者通知、送达等程序轻微违法等此类不影响当事人实体权利的情形，还要对原告的听证、陈述、申辩等重要程序性权利不产生实质损害，两者是并列的关系。换言之，即使在某些情况下，听证、陈述、申辩等程序上的错误不影响原告的实体权利，法院也应该撤销据此作出的行政行为。因为，进行陈述、申辩或者参加听证本身就是原告的一种权利，这种程序性权利对于《行政诉讼法》第 74 条第 1 款第 2 项所定义的“原告权利”来说，本身就具有构成性的价值。

某些重要程序具有权利上的构成性价值，这在理论上早有共识。美国学者萨默斯较早就提出了判断程序价值的两个标准：一是“好结果效能”标准，如果程序是对实现好结果有意义的手段，则可对该程序做出积极评价，此即程序的工具性价值；二是“程序价值”标准，如果程序在实体结果之外还蕴含了实现诸如参与性统治、程序理性和人道性等效能，该程序也是一种“好”的程序，此即程序的构成性价值。② 另一位美国学者贝勒斯也较早指出了行

---

① 参见王玎：《行政程序违法的司法审查标准》，载《华东政法大学学报》2016 年第 5 期。

② 转引自陈瑞华：《通过法律实现程序正义》，载《北大法律评论》（第 1 卷第 1 辑），法律出版社 1998 年版。

政程序的价值目标具有双重性：一是促进实体正义的实现；二是保障当事人重要程序性权利的实现。[①]对具有构成性价值的行政程序的违反，德国法上称之为绝对程序瑕疵。“如依程序规定明显之意义及目的，系为特定当事人之利益或具有特定之满足及共识之功能者，可认为系绝对程序规定，承认特定当事人有独立于实体权利、得单独执行之程序地位，如行政机关违反该程序规定而作成行政处分，即有绝对之程序瑕疵，构成得单独废弃行政处分之原因。”[②]日本学者芝池义一则提出区分作为装置的行政程序和作为过程的行政程序，所谓“装置性程序”指的是具有特殊价值追求的制度构造，如听证、理由明示等，“过程性程序”则并不顾及这些具体的制度构造而是关注行为活动的整体流程。[③]盐野宏也认为：“如果认为只要实体没有错误就可以的话，便会导致程序上的规制之保障手段失去其存在的意义。如果立足于这种观点的话，违反程序法上所规定的四项主要原则（告知和听证、文书阅览、理由附记、审查基准的设定与公布），至少应解释为构成撤销事由。”[④]

在国内学者中，余凌云较早提出在考虑行政程序违法的可撤销情形时，除了要考虑遵不遵守该程序是否会对行政裁量结果产生实质性的影响，是否会左右最终形成的结果，还要考虑某些特定程序本身是否具有法律严格保护的价值。违反了这两种情况的任何一者，在司法上的后果都是撤销。[⑤]那么，

---

① 参见［美］迈克尔·D. 贝勒斯：《法律的原则——一个规范的分析》，张文显等译，中国大百科全书出版社 1996 年版，第 32—35 页。

② 傅玲静：《论德国行政程序法中程序瑕疵理论之建构与发展》，载《行政法学研究》2014 年第 1 期。

③ 参见［日］芝池义一：《行政法总论讲义》（第 4 版），有斐阁 2001 年版，第 277 页。转引自朱芒：《行政程序中正当化装置的基本构成——关于日本行政程序法中意见陈述程序的考察》，载《比较法研究》2007 年第 1 期。

④ ［日］盐野宏：《行政法》，杨建顺译，法律出版社 1999 年版，第 230 页。

⑤ 参见余凌云：《违反行政程序的可撤销理论》，载《国家行政学院学报》2004 年第 4 期。

在中国的行政法上，这些对当事人权利具有构成性价值、需要超越于对实体权利的影响给予独立保护的行政程序包括什么呢？《最高人民法院关于适用〈中华人民共和国行政诉讼法〉的解释》第96条提供了一个答案，那就是“听证、陈述、申辩等”，实际上指的就是那些参与性的行政程序。陈振宇在分析此条规定中“等”字的含义时，认为其兜底的其他重要程序性权利应当与例示列举的“听证、陈述、申辩”具有类似功能，而听证、陈述、申辩的主要功能是确保当事人参与到行政程序中进行意见表达，体现了参与权的实现。因此，其他重要程序性权利也应当与有效实现行政参与权相关联，如要求回避、要求行政机关说明理由等。[①] 我们认为，这一结论并不全面，因为除了参与性程序之外，具有构成性价值的还应当包括赋予当事人选择权的程序，例如那些赋予当事人期限选择权、程序选择权、方式选择权、对象选择权的规定。这种程序中的选择自由同样未必影响实体结果，但其本身也构成了当事人权利的一部分。

那么，行政行为的审慎程序中是否包含了参与性规定，以及赋予当事人选择权的规定呢？在大多数情况下，答案是否定的。因为，这些程序基本上都属于封闭的内部程序，并不吸纳当事人和公众的参与，自然也就不存在当事人在期限、程序、方式和对象等方面的选择余地。但对“稳评”来说，可能存在一些例外。因为“稳评”的主要对象是人而不是物，其性质是对不同社会群体关于风险的心理和态度的评估，这种心理和态度会对个体或群体的行为产生直接影响，进而成为影响社会稳定的核心因素。因此，民情民意的获取、测量与分析就成为其不可或缺的重要内容。[②] “稳评”的质量高低在很大程度上取决于能否全面准确地识别出利益相关者，并通过制度设计将他们

① 参见陈振宇：《行政程序轻微违法的识别与裁判》，载《法律适用》2018年第11期。

② 参见黄杰、朱正威：《国家治理视野下的社会稳定风险评估：意义、实践和走向》，载《中国行政管理》2015年第4期。

充分吸纳到“稳评”当中来，利益相关者的参与程度越高，“稳评”的效果越好。[①] 因此，最初以“科学决策”面目出现的“稳评”在很多地方的实践中已经被改造成了以公众参与为中心的“民主决策”机制。在采取这种模式的地方，行政机关如果在“稳评”参与环节中违反规定，就可以成为利害关系人请求撤销最终所做行政决定的理由。尽管在这种情况下，行政机关根据“稳评”结果作出的决定仍然是一种政治判断，其所影响的实体结果也非当事人法律上的利益，参与环节也未必影响最终的决定，但由于参与程序本身对于当事人的权利就具有构成性价值，这种价值仍必须在司法上给予独立的保护。随着“稳评”的进一步发展完善，例如有些学者所主张的那样对“稳评”结果和决策之间的关系进行充分说理，[②] 说理程序同样也有给予独立保护的价值，其缺失或者错误也可以成为撤销判决的理由。

三、客观诉讼进路下的分析

客观诉讼的目标是维护客观法律秩序，在行政诉讼中具体表现为监督行政机关依法行政，这一点在我国行政诉讼的裁判方式中体现得最为明显。在《行政诉讼法》修改之前，对于那些违反程序却无法撤销或者无需撤销的行政行为，无论是司法机关还是学者，都在寻求其他处理方式来体现行政诉讼的监督功能，这些方式包括司法建议、补正程序和指出程序错误等。章剑生主张，如果行政行为因违反法定程序损害了相对人的合法权益，法院应当依法判决撤销；反之，则法院应当判决维持或者驳回原告诉讼请求，但对于程序违法的事实也应当予以认定，并可以通过司法建议给行政机关以必要警

① 参见张玉磊、贾振芬：《基于利益相关者理论的重大决策社会稳定风险评估多元主体模式研究》，载《北京交通大学学报（社会科学版）》2017 年第 3 期。

② 参见许传玺、成协中：《重大决策社会稳定风险评估的制度反思与理论建构》，载《北京社会科学》2013 年第 3 期。

示。[①] 朱新力主张，对违反了某一程序并且因此可能影响实体内容的行政行为，法院应当撤销；不可能对行政行为产生任何实质影响的程序被违反时，法院不应撤销，但应该以该程序的违反可以被即时补正为条件。[②] 张步洪和王万华则主张，如果程序违法，实体处理也违法，应该撤销行政行为；如果程序违法情形严重，即使实体处理真实，仍应予以撤销；如果程序违法轻微，实体处理真实，原则上可维持被诉的行政行为，但要指出该程序瑕疵，限令行政机关改正。[③]

修改后的《行政诉讼法》第 74 条则明确区分对程序违法行为的不同判决方式，以回应我国行政诉讼“内错裂”的两种目标模式：对因程序违法而损害原告实体权利，或者虽未影响实体权利但损害重要程序性权利的行政行为予以撤销，以实现行政诉讼的权利救济功能；对程序轻微违法但对原告权利不产生实际影响的行政行为，判决确认违法，以实现行政诉讼的监督功能。需要说明的是，确认违法判决并不必然和权利救济无关，在很多情况下确认违法虽然不能消灭被诉行政行为的效力，却解决了原告请求行政赔偿的前提。但是，对于程序问题来说，适用确认违法判决的条件已经明确了该行为对原告权利没有实际影响，自然不存在赔偿问题。此时，判决确认违法的目的便纯粹是为了实现对被告的监督，体现了强烈的客观诉讼色彩。

那么，是不是行政机关在作出行政行为时违反了某种程序，但既没有影响当事人的实体权利，也不至于损害那些重要的程序性权利时，法院都应当出于监督被告依法行政的目的将其判决确认违法呢？这个问题在理论上可以被转换为：何种行政程序足以构成需要法院去维护的客观法律秩序？对此我们认为主要应考虑两点标准：一是这种程序在本质上到底是否具有法律程序

---

① 参见章剑生：《论行政程序违法及其司法审查》，载《行政法学研究》1996 年第 1 期。

② 参见朱新力：《司法审查的基准》，法律出版社 2005 年版，第 397 页。

③ 参见张步洪、王万华：《行政诉讼法律解释与判例述评》，中国法制出版社 2000 年版，第 422 页。

的属性；二是规定这种程序的规范是否具备“法”的形式。

（一）是否具备法律程序的属性

首先必须指出，并非行政行为作出时必须遵循的所有程序都属于法律程序。法律程序应当以实现法律的基本价值为设置目标，并借助理性进行具体构建。“法治国家所有的行政程序，都应当具有正当性；只有具有正当性的行政程序，才能达成法治国家的目的……行政程序正当性之所以为法治国家所有，是因为行政程序正当性蕴含着若干个基本价值，而这些基本价值在相当程度上构成了法治国家立国之基石。这些基本价值是尊严、平等、秩序、公正和效率。”[①] 而在行政程序的设计中，理性原则的中心任务是通过促使行政过程中选择和决定的理性化，以防止行政机关的武断、恣意、专横或反复无常。[②] 要识别法律程序的目标是比较困难的，因为这些目标具有多元性，相互之间还可能存在冲突，在优先次序的排列上则存在争议，把如此复杂的任务交给司法机关去完成并不具有可操作性。此外，尊严、平等、秩序、公正和效率等并非法律程序独有的特殊目标，政治程序也可能宣称以这样的目标为追求，这进一步加大了司法机关识别的困难。不过，识别法律程序的构建方式是可行的。法律程序应当根据工具理性或者沟通理性构建，工具理性针对的是主体与客体之间的关系，或过程与结果的关系，体现为专业化规则、中立规则、听取意见规则、选择最优规则、说明理由规则和公开规则等；沟通理性则适用于主体和主体之间，表现为进行讨论和对话，真诚地尝试了解对方的观点，以和平而理性的方式来寻求共识，体现为参与机制、说理机制和宣泄机制等。[③]

---

① 章剑生：《行政程序正当性之基本价值》，载《法治现代化研究》2017 年第 5 期。

② 参见王锡锌：《行政程序理性原则论要》，载《法商研究》2000 年第 4 期。

③ 参见薛刚凌：《论行政程序制度的理性价值》，载《湛江师范学院学报》2005 年第 2 期。

行政行为的审慎程序在大多数情况下体现了工具理性，如政府法制机构的合法性审核、领导班子集体讨论、设置分管节点以相互制衡等。违反这些程序作出但不影响当事人实体权利的行政行为，就可以适用确认违法判决。但有些审慎程序却并非如此。例如，大多数重大固定资产投资项目、房屋征收补偿裁决、水利工程项目和信访事项的“稳评”采取“一票否决”的方式，在行政决策中赋予社会稳定因素以绝对压倒性的效力，将影响行政决定的其他因素都让位于社会稳定预期。但是，“稳评”结论的可靠性并不高，某项行政决策面临的社会稳定压力水平实际上是很不确定的，有时仅仅源于个别人的极端态度或极端行为。这种模式之下的决策讲的是“利与害”，而不是“是与非”。而且，对这种“利与害”的判断主观性很强，又常常呈现不对称状态。以这样的方式决定行政活动的结果，这种程序很难称得上是“理性”的。从沟通理性的层面来看，那些没有引入公众参与乃至强调过程和结果保密的“稳评”模式自然谈不上体现沟通理性；如果引入了参与、公开和理由说明等程序，则由于这些环节本身就构成了重要的程序性权利，违反这些程序作出的行为，已经属于前文所述之撤销判决的范畴了。

（二）是否具备“法规范”的形式

《行政诉讼法》明确规定其审查的是“违反法定程序”的行政行为——当然，实体法上所没有规定的正当程序也应当被纳入审查范围，这一点目前在学术界已经取得共识，但这并非我们讨论的主题。毫无疑问，“法定程序”应当具备某种“法”的外观，对于“法”的范围在此应当如何界定，学术界已经给予了相当充分的讨论。一个较早达成的共识是，法律、法规和规章规定的程序都可以被称为“法定程序”。[①] 而规章以下的一般规范性文件所规定

① 参见章剑生：《对违反法定程序的司法审查——以最高人民法院公布的典型案件（1985—2008）为例》，载《法学研究》2009 年第 2 期。

的行政程序是否应当被纳入则存在争议，多数学者的主张是有条件地纳入，但对于具体条件的主张则各不相同。

余军认为，在没有上位法规定的情况下，可以认为一般规范性文件中的行政程序属于“法定程序”，应将其纳入司法审查的范围。因为，由于行政管理的复杂性，法律、法规和规章不可能对所有的行政程序都做出规定，以一般规范性文件为载体的行政程序是广泛存在的，司法机关不可能也不应该对所有此类程序进行审查；但如果将这些行政程序都排除在司法审查之外，则有可能使当事人的合法权益得不到保障。因此，当出现了某个新的行政管理领域，而由于法律的滞后性还没有来得及立法时，行政机关在这个新领域只能根据一般规范性文件规定的程序去作出行政行为。行政行为如果违反了这些程序进而损害当事人的合法权益，司法机关若不予审查，有悖于行政诉讼的宗旨。[①] 这种看法不尽合理，因为即使对于那些法律、法规、规章已经做出规定的行政程序，往往也需要进一步通过规范性文件予以细化以方便执行。没有足够的理由可以证明，违反了规范性文件中的创制性行政程序应当进行司法审查，而违反了其中的补充性或执行性行政程序就无需进行司法审查。

杨欣和王静认为，对于“法定程序”应做广义上的理解，不仅包括法律、法规，还应当包括规章和其他具有普遍约束力的规范性文件中规定的行政程序，但是这种下位阶的行政程序不能与上位阶法律规范中的行政程序相抵触。[②] 不过，这种条件并没有什么实质意义，因为不抵触上位法是一般法律原则，无论是何种位阶的行政程序，如果与上位法相抵触，都不可能获得司法上的保护。

---

① 参见余军：《对“违反法定程序”若干问题的思考》，载《浙江省政法管理干部学院学报》1999 年第 4 期。

② 参见杨欣、王静：《论违反行政程序的法律责任》，载《国家行政学院学报》2005 年第 3 期。

杨伟东认为，法定程序可以包括一般规范性文件中的程序，但这种程序应当是对当事人有利的。“凡对于公民、法人或者其他组织有利的程序规则，行政机关必须遵守，违反该规则的行为将可能因构成专横或不符合正当法律程序而被撤销；而在其他情况下，原则上这些规则没有法律拘束力，行政机关违反这些规则不构成违法，对此法院不进行审查。”[①]但是，除了那些对当事人权利具有构成性价值的程序——如陈述、申辩、听证等参与性程序，以及赋予当事人选择权的程序之外，我们很难断言其他某一行政程序对于当事人来说到底是有利还是不利。大多数程序对于当事人来说是中性的，到底有利与否最终还是取决于实体结果。但如果说由一般规范性文件规定的此类程序不存在法律拘束力，行政机关违反这些规则不构成违法，法院不应予以审查，理由显然不足。

高秦伟则认为，一般规范性文件所设定的行政程序原则上也应视为法定程序，但只有当这种行政程序是为行政主体设定程序义务，为相对人设定程序权利的，才对行政主体具有法律效力。[②]这和杨伟东的观点接近，但有所不同。确实只有一部分行政程序是为当事人设定权利的，如上文反复提到的参与性程序，或者赋予当事人选择权的程序性规定，但是，我们很难找到某种行政程序不是为行政机关设定义务的。无论行政程序的目的是提高行政效率，还是导出一个公正的行政决定，本身都是对行政机关的一种过程性约束，对程序的遵循都是行政机关的义务。哪怕某些行政程序看起来是赋予了行政机关某种权力，如规定其“可以做某事”，这仍然课与了行政机关某种义务，那就是要求行政机关在某种特定情境下必须去考虑要不要做这件事的义务——做与不做最终可以由行政机关决定，但不去考虑做不做则是不行的。

---

① 杨伟东:《行政程序违法的法律后果及其责任》，载《政法论坛》2005 年第 4 期。

② 参见高秦伟:《论违反行政程序的原因与形态》，载《长春市委党校学报》2009 年第 4 期。

这一点是由行政权力的权责一体性所决定的，而当事人所拥有的权利就不具备这种“一体两面”的属性。因此，如果说有什么是为行政主体设定义务的行政程序，那基本上可以被理解为是指所有行政程序。

于立深提出了一个比较综合的观点，认为要允许“法定程序”中“法”的菜单下拉到一般规范性文件但又不至于泛化，应当把握三个标准：一是要满足禁止性规定，不得通过规范性文件限制当事人的基本程序性权利；二是不抵触上位法；三是规范性文件所规定的内容限于授益性程序以及行政自制性质的内部行政规则。具体而言，行政机关可以自由地设置授益性程序，且自己必须遵守；而一般规范性文件所规定的内部行政程序——这里的“内部”并非指用于处理行政机关内部事务，而是指没有相对人参与其中的程序，可以对外部人产生行政实务上的惯例效果，形成私人的信赖保护利益，因此也可以被纳入“法”的范畴。[①] 这种观点已相对合理，但仍应指出的是，除了授益性程序，那些既不授益也非损益的中立性程序也应被纳入此范围；而内部行政程序要基于对当事人的信赖利益保护而纳入此范围，应当以公开施行作为前提。

综上所述，我们在总体上赞同将一般规范性文件中规定的行政程序纳入“法定程序”当中，但下列情况除外：第一，抵触上位法或者剥夺了当事人重要的程序性权利；第二，为当事人设定了其他程序性负担；第三，没有公开的内部程序。我们所讨论的行政行为审慎程序，有相当一部分就是由一般行政规范性文件规定的。对照上述标准，某些审慎程序就不应属于《行政诉讼法》所保护的法定程序，例如某些没有公开或没有完全公开的“稳评”程序，以及基本上不公开的分事行权、分岗设权、分级授权等内部程序。

---

① 参见于立深：《违反行政程序司法审查中争点问题》，载《中国法学》2010年第5期。

四、结 语

何海波教授在研究中国的正当行政程序时，曾感叹中国的法院大多秉持条文主义的机械司法观，“对行政行为程序合法性审查的目光基本停留在现有的程序条文上，完善行政程序的希望被寄托在今后的行政程序立法上”[①]。而在我们看来，“司法机械主义”还有另外一副面孔，就是但凡法律条文上所规定的行政程序，法院都一一将其纳入司法审查的范围，而不去甄别这些程序的不同性质从而考虑给予不同对待。似乎只要将被诉行政行为作出的过程和相关的程序性规定一一对照，只要发现不相符合之处便给予纠正，这就自然而然地实现了行政程序法治。杨建顺教授很早就提醒过人们不要迷信行政程序的价值，因为“人们更多的是从行政程序的正面效应来观察和分析行政程序的价值，以突出程序价值的重要性，从而自觉或不自觉地将行政程序等同于正当行政程序乃至正当法律程序，忽视或不注重正当行政程序的对立面——繁文缛节、形式主义的行政程序”[②]。并由此强调要区分行政程序和正当行政程序两个概念，并注意一般行政程序所具有的正负两个方面的效应。这一观点非常具有启发性，提醒我们要有区别地看待行政程序，这对于司法机关来说尤其重要。正当行政程序和一般行政程序的区别主要与程序的功能有关，如是否有助于导向正确的实体结果，是否对当事人权利具有构成性价值，是否有助于促进行政效率，等等。而在我们看来，司法机关还需要运用更多的标准区别对待行政程序，比如考虑这些程序是否基于理性而构建；比如考虑司法成本——由司法机关审查和纠正哪些行政程序上的错误在成本上是可行和值得的；比如考虑其他替代性监督方式——某些程序错误是否更适

① 何海波:《司法判决中的正当程序原则》，载《法学研究》2009 年第 1 期。

② 杨建顺:《行政程序立法的构想及反思》，载《法学评论》2002 年第 6 期。

于通过行政机关内部的纪律监督手段去纠正；等等。

随着依法行政和程序法治理念的不断深入人心，法院在行政诉讼中关于法定程序的审查越来越严密，其审查依据已经从法律、法规逐步延伸到规章和其他规范性文件中的程序性规定。但是，对于这些程序对行政机关的约束力，以及对这些程序导出正确实体结果和实现当事人参与性、选择性权利的保障性价值，法院如果不能细致入微地加以辨析，而仅仅是简单地一一比照适用的话，势必走向新的“司法机械主义”。我们知道，为了控制行政行为作出之后可能面临的风险，设置某些审慎程序对于行政机关来说是必要的。但在一个最简洁的行政过程当中，这些程序却是多余的，即使没有这些程序，也并不妨碍行政行为的作出。可以预见的是，这样的程序还会越来越多。法院是否将这些程序纳入司法审查范围，必须摒弃法条主义的机械司法观点，从行政诉讼目标模式出发，按照上文提出的标准加以甄别。尽管我国的行政诉讼呈现出特殊的主客观“混搭”模式，但无论如何，权利救济即使不是行政诉讼唯一的目的，至少也是首要目的。① 因此，法院首先仍应立足于主观诉讼模式之下的撤销判决考虑审查的必要性，将对实体结果产生影响的程序以及对当事人权利具有构成性价值的程序纳入审查范围，对违反这些程序作出的行政行为予以撤销。在不能适用撤销判决时，大多数情况下还应继续从客观诉讼的立场出发考虑是否判决确认违法，以体现对被告依程序行政的监督。但是，某些审慎程序并不是借助理性规则构建的法律程序；某些一般规范性文件中规定的审慎程序抵触了上位法或者剥夺了当事人的重要程序性权利，或者设定了当事人的程序性负担，或者因没有公开实施而并未使当事人产生信赖。这样的审慎程序由于不具备法律程序的本质或者不具备“法”的形式外观，应当被排除在外。

---

① 参见马怀德、王亦白：《行政诉讼目的要论》，载《行政法论丛》（第 6 卷），法律出版社 2003 年版。

需要特别指出的是，对于重大行政决策程序来说，过于僵化的司法审查立场必然严重挤压行政机关在前端的决策空间，将行政机关基于复杂因素展开的政治判断过程简单化为一般意义上的“执法”，给整个行政管理过程带来系统性的消极影响。这也揭示了行政决策法治化的难点所在，那就是需要在形式法治和以决策绩效为中心的实质合法性之间巧妙地保持平衡，这对立法者和司法者都提出了很高的要求。如果不能很好地把握这一点，各级政府在绩效合法性的驱动之下最终必然千方百计地冲破形式法治的“枷锁”，导致法律被虚置，立法者意图将行政决策权关进“笼子”的美好愿望也将落空。

第七章

社会稳定风险评估纳入司法决策机制的路径选择

“稳评”在司法体系中的引入及其定位既要着眼于效果考量，也要照顾到司法决策和行政决策在性质上的重要区别。按照社会风险预期对司法决策实行“一票否决”的制度不符合司法运行规律，仅仅作为风险预警机制的定位则限制了“稳评”可能具有的功能价值。应当结合司法活动的自身特点和司法实践的现实需求，从结果参与和过程改造两个层面探寻将“稳评”纳入司法决策机制的有效路径。在结果参与方面，基于司法裁判与社会风险之间现实的因果关系，社会风险预期可以在修正司法决策考量谱系、提升裁判结果的质量和效果方面发挥积极的建构性功能。在过程改造方面，可以通过在司法决策过程中融入“稳评”的有益理念，以及对特定程序加以小幅改造，达到将风险评估功能嵌入司法过程的目的。

近年来，在社会稳定风险形势持续严峻的情况下，根据党中央、国务院关于推进依法决策、科学决策、民主决策的要求，各地党委、政府相继推出了重大项目、重大工程、重大决策的社会稳定风险评估机制。一些地方法院也学习借鉴党委、政府的经验，探索在法院建立案件的“稳评”机制，最高人民法院也明确提出要建立这一机制。2011 年，最高人民法院印发了《关于新形势下进一步加强人民法院基层基础建设的若干意见》，明确提出要“建立重大敏感案件风险评估机制”。2012 年，最高人民法院发布《关于办理申请人民法院强制执行国有土地上房屋征收补偿决定案件若干问题的规定》（法释〔2012〕4 号），规定对申请法院强制执行国有土地上房屋征收决定的案件，要求申请机关应当提供“稳评”材料。由此看来，法院建立案件的“稳评”机制似乎具有相当程度的现实需求。但是，我们应当清醒地注意到，任何制度的运行都离不开其特定的体制和社会生态背景。“稳评”是借鉴西方社会影响评价制度的结果，主要运用在政府的公共决策当中。因此，“稳评”机制在党政决策领域的引进，一方面给传统的党政决策模式带来了巨大的改变，另一方面也并不构成对相关行政法律制度的根本性冲击。但是，法院的司法决策[①]与行政性决策在性质上存在重大的区别：司法决策机制作为司法制度的核心部分，属于严格的法律保留事项，[②]在决策权限、决策依据和决策程序等方面都有严格的法律要求。因此，“稳评”在司法决策中应当如何定位，应当以何种形式引入司法过程，与现有司法机制如何衔接等，都是法院引入“稳评”机制之前必须首先解决的前提性问题。我们围绕这一中心问题，从“稳评”机制本身具有的内生功能出发，探讨其对提升司法决策品质可能

---

① 本书使用的“司法决策”是一个广义的概念，但首先是指法院按照法律程序依法作出的判决、裁定、决定等裁判性决策，其次也包含与案件处理相关的其他重要决定，比如对涉案矛盾的处理、对司法公开的裁量等。

② 《立法法》第 8 条第 10 项明确规定，诉讼和仲裁制度只能制定为法律。该法第 9 条更进一步规定，有关司法制度的事项不能通过授权立法“降格”为国务院的行政法规。

具有的多维度价值，提出社会风险预期参与司法决策结果的可能维度，以及“稳评”功能嵌入司法决策过程的有效路径。

一、功能定位:“稳评”能否以及如何提升司法决策品质

（一）对部分法院“稳评”机制目标定位的反思

“稳评”机制在司法活动中的引入，主要是基于较为严峻的信访形势以及涉诉信访可能演变为妨碍社会稳定的公共安全事件这一社会背景，目的是防止因工作不当引发影响社会稳定的问题。[①] 因此之故，多数法院在实践中显然只是把“稳评”作为一种办案风险的预警机制。基于这样的功能定位，在社会风险的应对方面，多数法院仍然只是强化了以往通行的诉讼外方法，强调寻求法律之外、情理之中的办法，多做耐心、细致的思想疏导和法制宣传工作，[②] 以及通过与当地党委、政府及相关部门的“联调联动”，继续依靠综合治理的方法进行防控化解。我们认为，这样的目标定位显然过于狭隘，实际上是将风险评估仅仅定位在涉诉信访矛盾排查和早期预防化解的层面上，使“稳评”机制沦为涉诉信访工作的附属性措施，这就湮没了其本来可能具有的更高层面的功能价值，达不到机制创新本可达到的效果和高度。

从可以预期的效果来看，仅仅作为风险预警机制的“稳评”并不能带来风险化解手段和方法上的创新与丰富。这种始终将目光局限在信访机制内部的所谓机制创新也很难推进涉诉信访问题的根本解决。正如一些对将社会风

---

① 参见王胜俊:《扎实推进三项重点工作　努力实现人民法院工作新发展》，载《求是》2010 年第 14 期。

② 如青海省高级人民法院 2010 年出台的《关于对重大事项进行社会稳定风险评估的意见》，参见张慧宁:《青海高院对重大司法决策和重大敏感案件的审判执行实行风险评估》，载中国法院网，https://www.chinacourt.org/article/detail/2010/04/id/403703.shtml，最后访问时间 2018 年 7 月 19 日。

险评估机制引入司法实践表示反对或担忧的研究者所主张的，法院解决纠纷的核心价值是“公正”，司法职能最重要的社会价值也在于其对公平正义的宣示与维护。因此，司法工作中防止社会稳定风险的根本途径还是在于加强司法公正、提升司法公信，这才是具有实质意义的“源头治理”。[①] 因此，我们有必要在社会风险预警的基础上再进一步，探讨“稳评”到底能否融入司法决策机制之内，推动司法决策机制完善，从根本上促进司法品质的提升。

（二）依法还是依风险判决：“稳评”能否拥有“一票否决”权

关于“稳评”参与决策机制的功能作用，不少地方规定重大的社会风险预期可以否定或者搁置党委、政府预定的工程项目或重大决策方案，部分媒体将这种效力描述为“稳评”的“一票否决”权。这可能是“稳评”机制引起各方关注的一个重要原因。这种效力及功能定位在行政决策机制中是否恰当本身就存在争议，[②] 而是否能够引入司法制度中来，就更加值得怀疑。

我们认为，根据社会风险预期对司法决策实行“一票否决”的机制不宜引入现行的司法制度中来。首先，从法律上看，这是对现行司法制度的重大突破，如果没有法律的明确授权不能轻易“试行”。否则，法官们将面临这样的困惑，到底“该依法还是依风险判决”？[③] 法院司法活动的合法性也将受到严峻的挑战。其次，从法理上来说，这种定位不符合司法活动的性质和机理。允许法院可以因案件的处理结果可能存在重大风险而拒绝裁判，这与司法作为社会纠纷解决终局机制的定位是不相适应的，也必将损害法院作为社会正义最后一道防线的社会预期。最后，从实践中来看，这种定位可能带来负面的社会效果。一是当前部分法院因案件涉及社会风险而当立案不立

---

① 参见方工：《司法活动需要评估社会风险吗》，载《检察日报》2011 年 3 月 17 日。

② 参见廉如鉴、黄家亮：《社会管理创新视野下重大事项社会稳定风险评估》，载《湖南社会科学》2011 年第 6 期。

③ 陈宵：《法院审案风险何在》，载《法治周末》2011 年 2 月 24 日。

案、当裁判不裁判、当执行不执行的情况将更为普遍和严重；二是这种机制的建立还将为法院外的力量影响和干预司法裁判提供极大的空间，司法的中立与权威将更加受到侵蚀。

（三）挖掘“稳评”提升司法品质的多维度价值

从实践的现状和需求来看，上述有关赋予社会风险预期以“一票否决”权，以及完全反对就司法决策进行“稳评”的观点，多少都走了极端。合理而又务实的选择，既不是极端地以存在社会风险预期来否定法院的依法裁判权，也不能完全不考虑裁判的社会反应和效果。实际上，“稳评”在公共决策中可以发挥的功能及其方式可以是多维度的。即使从各地党委、政府推行“稳评”机制的实践来看，除了终极的否决决策功能之外，“稳评”机制还具有一些同样甚至更为重要的深层次的功能价值。[①] 这些价值既是法院司法决策时应当予以充分重视的，也是当前司法实践中做得还不够的。因此，在司法决策中引入“稳评”机制不能忽视和偏废其多维度的功能价值，这些功能包括：

第一，发挥受众的意见表达功能，以提升司法决策的实效性品质。在决策方案的制定上，“稳评”机制要求决策应当充分听取决策受众的意见，强调对决策受众根本利益、实际需求、价值偏好的尊重和兼顾，从而有助于提升决策对于相对人乃至社会公众的实际效用，解决当事人之间的矛盾纠纷，减少决策受众的对抗心理，促进决策的顺利实施。

第二，发挥协商民主功能，以夯实决策的民意基础。在决策过程方面，“稳评”机制强调利益相关者的充分参与，要求通过参与主体之间讨论、谈判、反思、劝说以及其他有效形式的充分沟通，实现各方意见的充分表达，从而有助于提升决策的民主性，提高决策受众及社会的认可度。对照司法实

---

① 参见张志红：《社会风险评估机制的多维审视》，载《人民论坛》2011 年第 3 期。

践，当前一些案件之所以引起当事人的对抗、社会的质疑和不满，原因就在于忽略了当事人实际需求的考量，忽视了与社情民意的沟通。因此，风险评估所蕴含的这一理念和相关制度设计是完全可以引入司法程序中来的。[①]

第三，发挥专业分析与论证功能，以扩大决策的智识支持。风险评估还强调评估方法的科学性，通过引入不同背景的专家进行专业分析，运用自然科学、社会科学、工程、决策科学等理论和方法进行多维度的推理，有助于得出具有说服力的结论，提高决策的质量。在因案件处理疑难可能引发社会风险的情形中，存在着引入专业问题分析和论证机制的空间。尽管由于社会稳定风险的不确定性和易变动性，加上“稳评”的方法和工具尚显粗糙，“稳评”结果的可靠性相对于“环评”“安评”等技术性风险的评估要低得多，但即使是引入纯粹的专家视角，对于提升司法决策的质量仍然是能够提供一定帮助的。

根据上述分析，“稳评”对决策品质、效果的提升作用，既表现在其对决策结果妥适性及社会认可性的导向与促成作用，也体现在其对传统决策过程的创造性改造上。“稳评”机制的引进，意味着决策必须考虑相对人的实际需求、价值偏好及其对预定决策方案可能产生的反应和行动，事先预测并主动追求一种较好的社会效果。同时，“稳评”机制的引进也否定了以往决策过程中通行的“命令—服从”单向模式，强调决策主体与相对人乃至社会公众在决策过程中的双向互动与交涉。正是因为增加了这种决策过程中的双向互动，以及在决策方案选择时对相对人需求、反应的考虑，“稳评”才有可能带来决策品质的根本改观。从这个意义上看，“稳评”机制的引入可以看作近年来颇为流行的“交往性理性”“共识型权威”理论在公共决策中的具体运用。这一理论对各国的司法决策过程也发挥着越来越大的影响，有望成为法院克服法律封闭主义、扩大司法民意基础的一种有效路径。由此我们

---

① 参见朱德米:《开发社会稳定风险评估的民主功能》，载《探索》2012 年第 4 期。

认为，法院或许可以将“稳评”机制的引入作为契机，吸收蕴含于这一机制之中的有益理念和制度设计，探索通过改造司法决策过程、补全司法决策考量谱系，达到提升司法品质、提振司法公信的终极目的。

二、社会风险预期对司法决策考量谱系的反向建构作用

在司法决策中，“稳评”不仅要识别和认定案件处理可能产生何种风险、产生多大的风险，以便及时制订应急预案，做到有备无患。更重要的是，“稳评”还应查明这种风险发生的原因，分析这种妨碍预定司法决策方案的风险原因是否成立，是否应当纳入司法决策（制定和调整）考量因素的谱系中来。在这个基础上，决策者可以权衡预定决策方案之利和预期风险之弊，并在其权限范围内对预定的决策方案进行修正和完善，使决策可能实现的综合效益达到最大化。这就是“稳评”机制对司法决策考量谱系的反向建构作用。正是“稳评”在这个层面上的反思与重构作用，对于改进司法决策过程、提升司法决策的品质与效果，具有实质性的价值和意义。下面我们将以司法实践中最常见、最为各级法院所注意的三种社会风险为例，分析这些社会风险发生的深层原因——这里主要是检视司法决策考量上存在的不足——随后溯果求因，提出不同的社会风险预期对完善司法决策可以具有怎样的合理影响，以及其合理性何在。

（一）当事人的激烈对抗：实质正义与裁判可接受性的考量

在司法实践中，缠诉、闹访和群体性事件是各级法院、所有办案法官不得不认真对待的常态性风险。从现实的因果关系来看，司法裁判中可能导致当事人激烈对抗的因素主要包括：第一，实质正义的缺位。一种是基于法律制度上的原因，如行政诉讼中法院仅对行政行为的合法性进行审查，一般不审查合理性问题，这就导致司法裁判与实质正义存在一定差距；另一种是

因为法院裁判片面运用“证据中心主义”，导致法律真实与客观事实的分离，从而造成法院裁判与实质正义的偏离。第二，特殊正义考量的不足。司法裁判往往不能积极回应一些当事人的个性化诉求；加上一些案件中诉讼标的本身所具有的资源有限性（如仅有一套房屋的离婚财产分割），法院“行”或“不行”的简单裁判就将导致当事人之间的诉讼变成“零和游戏”，从而加剧当事人之间本已存在的利益失衡，引发社会对抗行为。

涉诉“信访潮”的出现，不仅使一些法院陷入了与当事人之间的复杂博弈，而且确实存在影响社会稳定之虞。同时，“冲突的解决过程又直接受制于冲突主体的意志，主体对诉讼实体结果的认同是程序公正的判别标志之一”①。因此，司法裁判必须统筹其合法性与合目的性，兼顾司法的可接受性。第一，要以法律的目的和精神原则指导法律的解释与适用。要全面理解法律的目的和精神，据以选择适用于具体案件的法律，对案件中所涉疑难问题进行价值判断。这对案件的解决具有方向性的指引作用。②第二，要合理运用法律赋予的自由裁量权，探索向弱势当事人倾斜的“特殊正义”。要“走出传统司法对待所有人一视同仁的‘均码正义’供给模式，强调关注特殊群体的个别化正义，以缓解和消除他们的不公正感与被剥夺感”③，满足特殊群体的特殊需求。第三，要依法适用司法职权调查，实现法律事实与客观事实之间尽可能的趋近，为实质正义最大化创造条件。

（二）社会公众的负面评价：司法裁判与社情民意的契合

近年来，不时有司法个案因媒体聚焦引起公众热议，进而演变成具有全

---

① 顾培东：《社会冲突与诉讼机制》，法律出版社 2004 年版，第 79 页。

② 参见王利明：《论法学方法论在司法中的运用》，中国人民大学民商法前沿论坛第 356 期讲座，http://www.360doc.com/content/11/0410/14/6591220_108599437.shtml，最后访问时间 2018 年 7 月 20 日。

③ 炅晶雯：《“社会问题司法化”背景下的司法价值选择及路径探索》，载《山东审判》2011 年第 1 期。

国性影响的公共事件。“沈阳刘涌案”“湖北邓玉娇案”“杭州飙车案”“广州许霆案”“南京彭宇案”“深圳梁丽案”等就是其中的代表。这类公共事件带给法院工作的影响大多是负面的，因此，舆论危机也成了当前各级法院非常敏感的办案风险。社会舆论危机的产生，其原因是多方面的，但“司法异于常理”也是不可讳言的重要原因。正是司法机关在这些案件中所作的判断和处理与普通大众的常理性认知不尽一致，甚至存在较大的差距，这才引起了媒体和舆论的关注。比如，“天价过路费案”中对数万元过路费的认定，以及以偷逃过路费判处被告人无期徒刑，“许霆案”中将窃取 ATM 机里的货币定性为窃取金融机构，判处无期徒刑等，都与民众的常理认知存在较大的差距。这也就引出了司法裁判与社情民意如何沟通契合的问题。

从终极意义上说，法律本身来源于民意，因此司法的正当性、合法性的最终基础在于民意。[①] 从现实意义上来说，基于合理存在的原理，那些在社会上延续了较长时期、内容相对稳定、得到民众普遍认同的社情民意，一般来说也都包含了现实生活的实践真理。同时，“司法依赖于民众的信赖而生存。任何司法的公正性，在客观性和可撤销性方面的价值观，决不能与司法的信任相悖”[②]。因此，司法在坚持规则之治和专业化方向的同时，也要注重与民意的理性沟通，要梳理民意中所包含的与妥善处理相关案件有关的信息，通过适用上位法、法律原则、公序良俗等法律方法，对民意进行合理吸纳，以实现法律适用与社情民意的和平对接与有机契合。

（三）法院政策的意外后果：个案裁判“溢出效应”的评估

由于法律的滞后性以及法律空白、漏洞、模糊性概念的大量存在，而法院又不能因为法无规定而拒绝裁判，因此，各国法院在实践中无不或多或少

① 参见朱苏力:《法条主义、民意与难办案件》，载《中外法学》2009 年第 1 期。

② ［德］拉德布鲁赫:《法学导论》，米健、朱林译，中国大百科全书出版社 1997 年版，第 119 页。

地发挥着规则制定的功能。在这样的案件中，法院裁判的效力就不仅仅限于本案，而是将产生“溢出效应”，发挥政策性的功能。然而，由于法官知识结构和所掌握资源的有限性，法院在制定规则或政策时难免出错，这就可能给社会带来巨大的负面影响。虽然类似问题在我国尚未引起人们的充分关注和认真研究，但是，这却是一种真正意义上的社会风险，而且已经在确实地发生。[①]随着法院案例指导制度的推进和完善，以及修改后的《行政诉讼法》将行政规范性文件纳入附带审查范围，各级法院必将更加频繁地面对此类问题，因此必须引起法院的高度关注。

政策创制型裁判实质上是在创立规则，法官在这一过程中实际上已经代替了立法者的角色，即“法官造法”。[②]既然是“立法”，当然就要像立法者一样思考，采取一种极度广域的视野，“从法官个人的经验、研究、反思中获取知识，从生活本身获得材料”[③]，在这个过程中，法官不仅要考虑本案的裁判，更要预见到对其他潜在案件的示范意义；不仅要立足于当前问题的解决，更要关注到其对社会的长远影响；不仅要坚持公平正义与法律的基本原则，更要进行以“成本—收益”为核心的经济、社会效益计算。唯有如此，才能约取各方利益的“最大公约数”，兼顾和实现各种正当利益之间的平衡，促进社会福祉，避免负面消极效应的产生。

三、过程改造：将“稳评”的功能嵌入司法决策过程

（一）不可省略的前提问题：案件“稳评”是否应该“独立建制”

既然我们肯定了“稳评”对法院司法决策具有重要的反向促进作用，接

① 参见侯猛：《中国最高人民法院研究——以司法的影响力切入》，法律出版社 2007 年版，第 121 页。

② 参见［德］魏德士：《法理学》，丁晓春、吴越译，法律出版社 2005 年版，第 379 页。

③ ［美］卡多佐：《司法过程的性质》，朱苏力译，商务印书馆 2001 年版，第 70 页。

下来就应当讨论如何设置案件社会风险评估机制，如何实现其与现有司法制度的协调与契合。但是，在这里恐怕还需首先解决这样的问题，即是否应当在现有的司法决策机制之外，对社会风险评估进行独立建制？我们认为，在现有制度和条件下，可以在常规的司法程序基础上适度“嵌入”社会稳定风险评估的一些机制，但不应在司法程序之外将“稳评”完全“独立建制”。

第一，“稳评”完全独立建制与现有司法决策机制难以有效衔接。首先，如果在现有审判组织之外另设一套专门负责“稳评”的组织，其权限应当如何设置？如果赋予其对审判组织依法做出的司法裁判（方案）以否决权，这没有法律的依据；如果仅仅赋予其建议权，那么当两种组织的观点不一致时，势必诉诸更高的权威，这就会加剧本已饱受诟病的司法决策行政化倾向，甚至引起外来力量对法院依法审判的不正当干预。其次，如果另设独立的风险评估程序，风险评估主体又该如何获取案件中涉及社会风险的信息？如果从法庭审判程序中提取，这显然是另一种形式的机构重叠，没有显著的效率；如果从审判程序之外获取信息，则不仅将加重当事人及相关主体的负担，而且会造成对审判程序自治性、自洽性的破坏。最后，如果在审理裁判程序之外另外专门设置风险评估机制，有可能给审理案件的法官带来片面注重社会效果的负面导向，变成矫枉过正，不利于法律效果、社会效果相统一目标的实现。

第二，考虑到司法纠纷的特点，现有的司法程序也具备部分纳入社会风险评估的容量。首先，作为各国通行的纠纷解决终局机制，司法程序总结吸收了人类历史上的决策经验，是一种比较完备的程序设计。司法制度中“原告起诉—被告答辩—相互辩驳—法庭调查—做出司法决策”的程序设计，本来就符合人类思维和决策的通常规律，只要充分发挥每一个流程的功能作用，司法程序就能够发挥涉风险信息的收集与处理功能。其次，司法纠纷所涉及的人数规模通常较小，且完全特定和明确，当事人通常都能通过本人或其代理人参与到诉讼程序中来，依法表达自身的利益和诉求。因此，只要发挥法官的能动作用，法庭程序就可以发挥利益表达与意见收集的功能，无需增加后补的意见表达程序。最后，针对案件所涉问题较为复杂、涉及案外人或社会公共利益、法庭审理程序存在不足等少数情形，司法程序可以通过增加庭外调查、委托专业组织鉴定或其他专业智识系统的引入，扩大司法决策的智识支持与科学性。因此，在占绝大部分的普通案件中，常规的司法程序本身就可以实现对社会稳定风险的识别、评估和控制功能，无需额外增加其他程序，只有对于那些案情重大复杂、社会影响面广或性质敏感的特殊类型案件——例如国有土地上房屋征收补偿案件——才有在司法决策过程中引入“稳评”机制的必要。对于常规案件来说，更加适宜的做法可能是探索一种折中模式，即不单独建立“稳评”机制，而是将这一机制的核心功能引入司法程序当中，与常规的司法程序融合在一起。

（二）探索第三条道路：将“稳评”的功能嵌入司法决策过程当中

我们说司法机制具有接纳风险评估功能的充分空间，并不意味着司法机制无需任何变动或改进。面对社会矛盾日趋复杂、社会关注度日益提升、疑难复杂问题层出不穷的形势，一方面要发挥法官的主观能动作用，以充分发挥司法程序的潜能；另一方面，也需要对司法程序进行针对性的适当完善。

第一，在能动的司法过程中兼顾风险信息收集。面对社会矛盾多发易发的形势，特别是在可能存在社会风险的案件中，法官要增强敏感意识，强化涉稳定信息的收集。在案件处理过程中要尽可能深入地了解案情，包括不一定属于要件事实构成部分的案件外的涉稳定风险情况，充分掌握当事人的诉讼动机和思想动态。首先，可以借鉴“协同主义”的理念。近年来，德国等大陆法系国家已经对传统的当事人主义进行扬弃，采取协同主义的进路。[①]

---

① 参见吴杰：《辩论主义与协同主义的思辩——以德、日民事诉讼为中心》，载《法律科学》2008 年第 1 期。

引导当事人放弃不必要的对抗，提供更多有效的证据、相关资料和信息，开展建设性的交流与合作，以便更加快捷、妥当地解决案件纠纷。其次，应当适当行使司法机关的释明权。释明制度通过提醒和启发当事人把不明确的予以澄清，把不充分的予以补充，把不当的予以排除，[①] 对诉讼能力较弱的当事人进行必要扶助，既有助于保证程序公正，也有助于法官获取更多的有效信息，促进风险识别和处置。最后，开展必要的职权调查。裁判者不可随意和片面地运用证据规则，使司法认定的法律事实与客观事实相去过远。必须在穷尽调查手段，考虑案件实际情形及通常情理仍不足以得出要件事实时，才能谨慎地运用举证责任规则，将举证不能的法律责任进行拟制性地分配。

第二，在司法公开和民意沟通的动态中开展社情民意调查。社情民意具有相对的稳定性，但民众对于具体个案的意见却常常不够理性、成熟和稳定，具有即时性和流转性的特点。因此，必须加强司法与民意的沟通反馈，在动态的过程中实现司法与民意的趋近与契合。首先，要保持司法的开放性品质。在与公众和媒体的交往中保持开放的胸怀，加强司法的实质公开，保障民众合法的知情权、参与权、监督权，以便可以听到来自民众的真实的声音；注重意见反馈，及时回应公众的各种质疑与批评，在意见往返修正的动态过程中推动共识的形成。其次，要依靠制度化的模式。例如，"许霆案"虽然最先引起了学界和舆论的哗然，但最终却取得了较好的效果，维护了法院的整体形象。朱苏力教授通过仔细梳理和分析，认为这是因为该案在整体过程中发挥了司法制度自身具有的制度性能量。[②] 该案对于法院处理舆论危机的启示是，对危机或风险的处理不限于个别法官或单一法院、特定审级的范围，而是应当发挥司法制度中逐级监督、依法纠错的功能，在案件处理的整个流程

① 参见蔡虹：《释明权：基础透视与制度构建》，载《法学评论》2005 年第 1 期。

② 参见朱苏力：《法条主义、民意与难办案件》，载《中外法学》2009 年第 1 期。

中吸纳民意、凝聚共识、重塑权威。该案实际上还可以有另外一层意义上的解读和启示，那就是通过法院和社会的理性互动，以及社会和法律共同体的自由讨论，完全可以达成，至少是可以逐步达成关于具体案件的法律与道德共识，意见的交流和理性的积累也有助于创生出处理案件的更好的法律方案。

第三，引入院外智识支持系统辅助完成专业问题的评估论证。实际上，所谓的疑难案件和多数社会敏感案件以及社情民意比较关注的案件，其争议的核心都可以转换为事实认定或法律适用方面的某一专业问题的判断和处理。比如，“许霆案”涉及的是利用自动取款机存在的瑕疵窃取银行钱款与盗取金融机构有多大程度上的区别；“湖北邓玉娇案”涉及的是事实难以查明情况下正当防卫如何认定的问题；“南京彭宇案”涉及的是事实难以查明的情况下法院对行为进行“过错推定”抑或“无过错认定”的两难选择；等等。面对日益增多的具有法律适用疑难性的案件，除了要提升法官的社会科学、自然科学等综合素养之外，也要探索在司法程序中引入外来的智识支持系统。首先，要完善审判程序内的专家智识支持系统。目前司法实践中有专家辅助人制度、专家咨询制度，以及专家陪审制度等。需要不断完善具体的操作规则，在法官与当事人之间、法官与专家之间、当事人与专家之间实现信息对称，强化专家知识的实质辩驳，切实防止专家的职业偏袒，[①] 确保法院裁判的准确性、说服力。其次，要规范审判程序外的“法庭之友”制度。在司法实践中已经存在部分法院就疑难复杂问题召开专家论证会，以及法学家就“公共性案件”提交专家意见书等类似做法，但存在个别专家沦为一方当事人的“辩护人”继而对法官造成误导的风险。“要促进司法知识的完全竞争，让更多的专家参与到司法过程中来”，同时，还要遵循合理公正的程序，按照“普遍接受原则”对专家意见进行审查，以切实戒除其弊端，发挥其积

---

① 参见宋航、沈竹莺：《专家陪审的制度效用和正当性分析——以金融审判为视角》，载万鄂湘主编：《审判权运行与行政法适用问题研究》，人民法院出版社 2011 年版。

极作用。[①]

四、结语：有效规避社会风险的司法决策的证成

"决策过程不仅是采纳由严谨分析问题而得出的最适宜结论，而且更是一个诉诸合法化的过程。"[②]这里的合法性不仅是指决策应当遵循法律规定，即形式上的合法性，更涉及了决策的社会基础和正当性问题。中国法治在走过漫长的探索之路后已逐渐认识到，法治不仅应当是形式理性与实质理性的统一，从过程来看更应是一种基于现实社会关系的"理性重构"。[③]"稳评"机制在司法决策中的提出，反映出人们——特别是司法实务界的法官及法院的领导们——已经认识到司法的社会依赖性，认识到司法权的运行不能抛开与社会的互动，不能离开公众的认同和信赖。然而，司法裁判与各种有益信息、智识和常理、常情的联结——从收集、吸收，以至纳入裁判——必须遵循法定的司法程序。因此，"稳评"机制必须在现有的法律框架内实现与司法程序的有机衔接和契合。考虑到司法程序本身具备的自洽性、包容性，司法决策中的"稳评"机制与常态的审判和执行程序不应该被割裂开来，而应当在现有的司法程序中尽量寻求适宜的制度接入点来"嵌入""稳评"机制。对于占绝大多数的普通案件，应当利用司法程序原有的很多装置，将"稳评"的核心机制融合进去；对于少数社会影响较大的特殊、敏感案件，虽然有必要发展出某些用于评估司法决策社会效果的专门机制，但这些机制也不应完全独立于常规的司法程序，而应当与其形成适度分离又兼顾融合，以兼顾融合为主的良性关系。

---

① 参见侯猛：《中国最高人民法院研究——以司法的影响力切入》，法律出版社2007年版，第132页。

② 编者按：《社会科学中的优良中差》，载《国际社会科学杂志（中文版）》2005年第2期。

③ 参见张强：《论司法理性的内涵》，载《吉林工商学院学报》2009年第2期。

第八章

社会稳定风险评估机制在审判执行工作中的构建

法院在国有土地上房屋征收补偿等特殊案件中引入“稳评”机制，有助于有效防范和妥善应对审判执行工作中可能涉及的社会风险。但在目前，关于这一机制的制度定位、功能价值、路径选择等前提性问题尚未得到完全解决，部分法院探索形成的既有工作机制在可操作性、实效性方面还不明显。为此，必须从当前司法实践中需求最为迫切的制度设计和路径探索出发，借鉴相关领域风险评估与风险管理的成果，探索在审判执行工作中建立“稳评”机制的正确方向。同时，应当借鉴行政管理领域开展风险评估的有益经验，总结近年来法院开展此项工作的经验教训，完成对该项机制制度定位、组织形式、参与主体、具体流程等方面的具体设计，提供可行的制度框架。

随着我国进入改革发展的关键期，如何有效防范和妥善应对审判执行工作中可能涉及或引发的社会风险，已经成为摆在各级法院面前亟待解决的重大课题。根据中央关于探索建立重大事项社会稳定风险评估制度的要求，最高人民法院于2011年5月9日下发了《关于坚决防止土地征收、房屋拆迁强制执行引发恶性事件的紧急通知》，明确规定法院在处理征收补偿非诉执行案件时应当进行社会稳定风险评估。2012年3月26日，最高人民法院发布《关于办理申请人民法院强制执行国有土地上房屋征收补偿决定案件若干问题的规定》（法释〔2012〕4号），规定对申请法院强制执行国有土地上房屋征收决定的案件，要求申请机关应当提供“稳评”的相关材料。近年来，各地法院根据相关要求进行了积极的探索，其中有经验也有教训。为了探索构建科学完善的审判执行工作中的“稳评”机制，本章将主要以《国有土地上房屋征收与补偿条例》（以下简称《征收补偿条例》）实施之后征收补偿非诉执行工作中的挑战和应对为例，总结法院探索开展此项“稳评”工作的做法和经验，分析存在的问题与不足，提出完善建议，供司法实践参考。

一、宏观架构：审判执行工作中“稳评”机制的框架

近年来，各级法院积极探索在审判执行工作中开展“稳评”的机制和方法。例如，上海市高级人民法院根据最高人民法院推行信访维稳“五项制度”的要求在全市法院开展信访风险评估预警；上海市第二中级人民法院制定实施了《关于开展案件社会稳定风险分析评估机制的实施意见》；黄浦区人民法院在立案阶段开展信访风险评估管理工作等，为审判执行工作中“稳评”机制的建立积累了有益的实践经验。2011年1月《征收补偿条例》开始实施之后，相关法院根据最高人民法院的通知要求，在征收补偿非诉执行案件中探索开展“稳评”工作，确保了前期强制搬迁工作的安全、平稳、有序和良好

效果。但从一项专门性工作的角度来看，审判执行工作中的“稳评”在总体上还处于探索和起步阶段，存在制度定位不清晰、工作机制尚未有效建立、工作方式较为粗放等问题，在工作的规范性、专业性、可持续性及其效果等方面都有进一步提升的空间。为此，需要进一步研究在法院审判执行工作中开展“稳评”的相关理论问题，进一步优化法院“稳评”的制度设计和机制设置。

（一）审判执行工作中“稳评”机制的制度定位

法院审判执行中的“稳评”机制，是指法院针对社会影响大、群众关注度高，或者当事人之间情绪对立严重，容易引发不稳定问题的案件，在审判和执行工作中特别是重要司法决策出台和实施之前，对可能影响社会稳定的风险因素进行系统的预测、分析和评估，并将评估结论作为做出司法决策重要依据的一项制度。司法机关探索和推行审判执行工作中的“稳评”机制，是为了适应形势的需要，改变传统的事后被动“灭火式”处理的维稳工作方式，实现对社会矛盾和稳定风险的事先主动预防，从源头上减少审判执行工作所涉社会稳定风险的发生。关于“稳评”工作在法院整体工作中的制度定位，我们可以从以下三个方面来认识：

第一，“稳评”是防范特定案件涉诉风险的刚性前置机制。为了实现有效防控社会稳定风险的目的，应当将审判执行工作中的“稳评”机制确定为法院出台或实施特定重大司法决策必经的前置程序，作为一种刚性的机制、硬性的工作要求。对于社会影响大、群众关注度高，容易引发不稳定问题的案件，在出台或实施重要司法决策前，应当事先进行社会稳定风险分析和评估。只有在经过认真的分析评估，确定案件处理过程和结果是否存在社会稳定风险，存在何种程度的风险后，才能谨慎稳妥地采取实施、否决、调整等措施。或者先针对风险采取防范和缓解措施，在将风险水平降低到一个可以接受的程度之后再实施预定司法决策等后续行动，避免因预见不足、仓促下判或鲁莽执行造成后续工作的被动。

第二，“稳评”是化解特定案件涉诉矛盾的有效抓手。就其实质来看，审判执行工作中的“稳评”机制其实也就是在特殊案件的诉讼过程中、重要司法决策实施前针对涉诉矛盾进行的全面排查和测评，有助于法院和承办法官更好地把握涉诉矛盾的症结和关键点，从而有针对性地采取矛盾缓和及化解措施。因此，“稳评”的结论可以也应当成为法院在特定案件的办理过程中制定矛盾预防化解措施的重要根据。

第三，“稳评”是完善特定案件司法决策的有益辅助。从“稳评”机制对正确决策的功能作用来看，“稳评”是法院在特定重要案件司法决策中初步形成、准备出台或者付诸实施之前，进一步重点从社会效果的角度，对预定司法决策所做的再次审视。如果经过社会稳定风险分析和评估，法院发现预定的重大司法决策方案考虑不够周全、存在可能影响社会稳定的隐患时，就应当根据风险评估的结论，在法律允许的范围之内对预定司法决策做出相应的调整和完善，从而提升司法决策的综合质量，争取更好的社会效果。因此，社会风险预期应当成为法院司法决策过程中必须给予考虑的重要因素，“稳评”的结论应当成为法院制定和修正重大司法决策的重要依据。

（二）审判执行工作中“稳评”机制的模式选择

在新形势下，“稳评”已经成为一项专业性很强的工作，“稳评”机制在功能、性质、参与主体、操作程序、工作方法等方面与传统的审判执行工作也存在较大的区别。因此，在机制构建和具体工作中都要突出“稳评”工作的专业性。但另一方面，“稳评”机制的建构应当注意与现行司法制度和体制相融合，注重机制实施的简便、可行及实效性。实际上，在审判执行工作中兼顾地开展“稳评”，并非一项全新的工作，而是已经有了多年的实践基础和经验。多年来的实践已经表明，“兼顾型”的社会稳定风险评估和处置工作模式有利于实现法律效果和社会效果的常态、有效统一。因此，在审判执行工作“稳评”机制模式的确定上，既要建立与审判执行工作适度分离的“稳评”机制，又要注重“稳评”机制与常规审判执行工作的兼顾融合。

第一，“稳评”工作可以与常规的审判执行工作适度分离。首先，要确认“稳评”工作具有其相对独立的制度价值。如前所述，“稳评”的结论是法院制定和修正特定案件司法决策的重要依据，即使司法决策及其所认可的行政决定在法律上、法理上均无瑕疵，但只要其存在可能引发社会稳定风险的其他因素，暂时也不能直接付诸实施或强制执行。因此，“稳评”的结论应当具有相对独立的效果和效力。其次，要明确两项工作的关注对象和考察角度均不相同。“稳评”是法院事先预防化解社会矛盾的一项创新性举措，主要注重对办案社会效果的考量；而依法办案是法院依照法律规定裁判处理案件的法定行为，应当首重合法性方面的考量。因此，二者在功能和侧重点上不可相互混淆和替代。最后，两项工作在参与主体、操作程序、工作方法和具体要求等方面也存在较大的区别。审判执行工作具有严格的法律约束性，在参与主体、程序、工作方法等方面都要严格依法进行；“稳评”工作要更加注重实效性，在具体工作方法上可以大胆探索。

第二，“稳评”工作应当和常规的审判执行工作融合兼顾。首先，两者在功能和内容上存在互补关系。法院的审判执行方案是否合法合理，是决定案件是否具有社会风险的重要深层次根源，因此也是“稳评”的重要内容和基础；同时，“稳评”的结论又能在社会效果的层面反映出审判执行工作的质量和存在的问题，是审判执行工作的重要依据和参考。其次，二者在过程上应当同步兼顾推进。诉讼程序是“稳评”工作收集涉风险信息的重要平台，在能动的司法过程中可以尽量深入地了解案情，准确掌握当事人的诉讼动机和思想动态。而“稳评”工作在案外对相关情况和风险因素的收集分析也将有助于审判执行方案的制订和涉诉矛盾的化解。因此，二者可以同步推进，彼此促进。最后，二者在价值导向上相互引导又彼此制约。在特定案件的审判执行工作中设置“稳评”机制，有助于给审理案件的法官带来更加注重社会效果的价值导向；“稳评”工作不脱离审判执行工作，就能受到“依法审判”“依法执行”的规范制约，确保“稳评”工作，特别是“稳评”结果在司法决策中的运用不超越法律底线，真正实现法律效果和社会效果的有序统筹和协调统一。

第三，在两者的关系中，融合兼顾是第一位的。“稳评”机制和常规的审判执行程序既要适度分离，又要融合兼顾，在这两重关系当中还存在一个孰先孰后的问题。我们认为，融合兼顾是第一位的，这是由审判执行工作的本质特征所决定的。法院是司法机关，而不是政治机关。审判执行是司法活动，其首要目标是“合法律性”，司法所要解决的是“是与非”的问题。而“稳评”具有比较浓厚的政治决策色彩，其所要解决的主要是“利与害”的问题。司法机关的审判固然也有“利与害”的问题，或者说是对社会效果乃至政治效果的追求，但这种对“利与害”的权衡必须在符合“是与非”判断的基本前提之下展开，不是抛开是非去谈利害，而是在坚持是非的前提下，在根据法律适用所得到的是非结果所约束的有限空间内去权衡利害。因此，对于司法机关常规的审判和执行工作来说，“稳评”机制的引入必然是辅助性、补充性的，不能“喧宾夺主”，否则就会触及根本，就会损害司法权威，就会背离司法活动的基本品格和根本目标。因此，“稳评”机制只能“嵌入”常规的审判和执行工作当中，可以成为某些特殊、敏感案件的审判执行工作中一个新增的环节，但不是完全另起炉灶，另搞一套人马专门来做“稳评”，更不是在审判执行程序之外另搞一套与之平行甚至凌驾于其上的“稳评”机制。在上述前提下，我们之所以说“稳评”机制和常规的审判执行工作又是适度分离的，是因为“稳评”作为一个新的工作环节和原来的常规工作有所不同。尽管长期以来，我国各级法院在审判执行工作中多多少少会考虑一些社会稳定因素，有的时候可能还考虑得比较多，但毕竟没有像现在这样形成一套相对完整的工作机制、形成一个相对独立的工作环节。在这个意义上，我们说“稳评”机制具有一定的特殊性、独立性，但无论如何都是在与常规审判执行工作兼顾融合前提下的相对独立而已。

（三）审判执行中“稳评”工作的主体及其具体职责设置

采取“兼顾为主型”的“稳评”工作模式，就要同步推进审判执行工作和“稳评”工作的进程，努力实现彼此融合与促进。为此，我们一方面要坚持现行法律制度中关于司法决策权限和程序的相关规定，以法定的审判组织及其人员兼顾性地开展“稳评”工作为主；另一方面又要强化法院的院、庭两级负责人在“稳评”工作中的组织领导和审核把关责任，进一步明确法院负责人、业务庭、合议庭及案件承办人等各层次主体在“稳评”工作中的具体职责。

第一，审判组织（承办人）是“稳评”工作的直接责任主体。案件的审判组织（承办人）是具体案件“稳评”工作的直接责任人，要承担起对案件所涉社会风险的信息收集和进行风险预估的责任，要全程跟踪案件相关社会矛盾的发展动态，对案件所涉的社会风险进行预估，并根据需要及时提请启动分析评估程序、提出相关应对措施的意见、调整风险级别及其应对措施等。

第二，业务庭要承担“稳评”工作的具体组织和审核把关责任。法院各业务庭的负责人要兼管本部门的“稳评”工作，负责重大案件“稳评”的具体组织和评估结论的审核把关。为了推进“稳评”工作扎实进行，可以在各业务庭成立兼职的审判执行工作社会稳定风险评估工作小组，工作小组应当由庭负责人、审判长、资深法官特别是具有丰富群众工作经验的法官等组成。一般案件的“稳评”工作可以由本部门的社会稳定风险评估工作小组讨论研究和最终确定，评估结论经庭负责人审核通过；重大复杂案件需要开展专项评估的，应当制订专项评估方案，组织由相关专家、社会公众和代表等参与的专项评估。

第三，审委会及法院负责人承担“稳评”工作的指导、协调及审批责任。分管院领导负责领导、协调分管部门的审判执行的“稳评”工作，并对具体案件的“稳评”结论进行审批，决定是否付诸实施。案件特别重大复杂可能存在重大社会风险的，分管院领导可以将审判执行方案及相关“稳评”报告同时提交院审判委员会讨论，经决议通过后的“稳评”报告报院长审批决定是否付诸实施。

需要特别指出的是，上述有关审判执行工作中“稳评”的职责分工，并不意味着要突破“让审理者裁判，由裁判者负责”的司法责任制。2015 年 9 月，最高人民法院出台《关于完善人民法院司法责任制的若干意见》（法发〔2015〕13 号）规定，“对于有下列情形之一的案件，院长、副院长、庭长有权要求独任法官或者合议庭报告案件进展和评议结果：（1）涉及群体性纠纷，可能影响社会稳定的；……”“审判委员会只讨论涉及国家外交、安全和社会稳定的重大复杂案件，以及重大、疑难、复杂案件的法律适用问题”。也就是说，院长、副院长、庭长和审判委员会对于涉及社会稳定的案件还是保留了一定的讨论、协调和决定权的，属于需要给予特殊对待的有限案件之一。因此，上文所提出的“稳评”工作分工体制并不违反当前的司法责任制。当然，需要进一步指出的是，院长、副院长、庭长和审判委员会对“稳评”报告的审核把关，主要应当立足于审查“稳评”报告所识别出来的风险点及其提出的风险防范与缓解措施，而不是根据“稳评”报告提出的方向性结论对司法决策事项进行“一票否决”。实际上，无论“稳评”工作由法院中的哪一个层级负责，都不应该赋予“稳评”报告以“一票否决”的效力。最终的司法决策仍然只能在事实认定清楚、法律适用正确的基础上，尽可能吸收、结合“稳评”结果做出。但是，对于“稳评”报告所指出的风险点及其提出的风险防范和缓解措施，应当予以落实。

（四）审判执行工作中实施“稳评”的基本流程

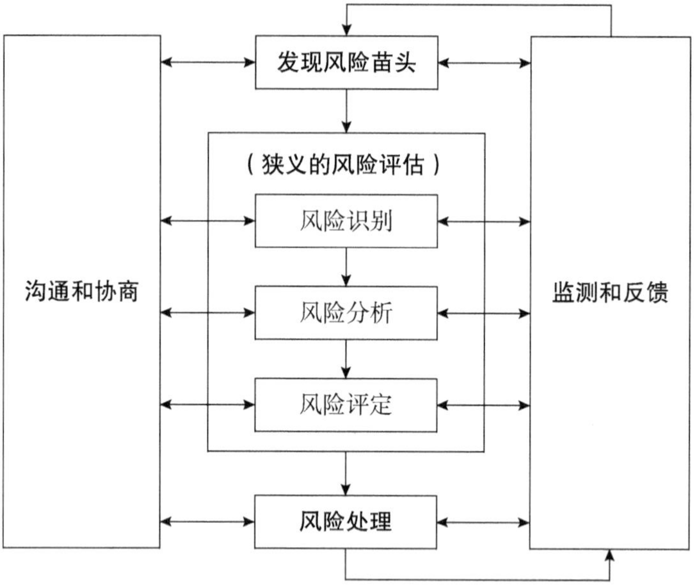

图 8-1 法院在审判执行工作中实施社会稳定风险评估和管理全流程示意图

当前，风险评估和管理在企业管理和政府公共管理中已经相对成熟，并先后建立了一些国际标准、国家标准、行业标准。根据相关标准，风险评估和管理有一套可以通用于各领域的流程，包括：风险识别—风险分析—风险评价—风险处理—监测和反馈（如图 8-1 所示）。我们认为，结合法院的实际，审判执行工作中社会稳定风险评估及其管理的基本流程可设置为相应的五个步骤：

第一，风险识别——确定评估事项，制订评估方案。承办人在案件处理过程中要随时注意涉诉矛盾的发展变化，如果发现可能影响社会稳定的社会风险苗头，应当及时启动审判执行工作社会稳定风险预估程序，初步判断相关审判执行工作是否存在引发社会稳定风险的可能性。经预估认为案件存在社会稳定风险的，应当拟定“稳评”方案，填写《审判执行工作社会稳定风险评估表》并报部门负责人审核后组织实施。

第二，风险分析——广泛研究论证，分析风险因素。风险分析应当采取重点走访、座谈会、问卷调查等形式，全面收集与案件有关的涉稳定信息，广泛征求各方面意见。对争议较大、专业性较强的评估事项，还要按照有关规定组织相关当事人进行公开听证或专家论证，以准确评估案件处理可能存在的相关社会稳定风险因素。

第三，风险评定——评估风险等级，编制评估报告。经认真评估后，应根据所掌握的情况准确判断案件所涉社会稳定风险的类型、规模、程度、影响程度等，根据风险分级标准确定本案社会稳定风险的等级；根据社会稳定风险分级管理指标体系的规定，制订相应的风险防控化解措施和必要的应急预案，并形成专案评估报告，按规定程序报庭、院负责人审批。

第四，风险处理——运用评估结论，落实风险防控措施。根据评估报告的要求，采取相应的风险防控化解措施：需要调整预定司法决策的，根据法定程序建议审判组织直至审委会作出相应的司法决策调整；当前矛盾较为激烈、审判执行工作尚不具备条件的案件，根据涉案矛盾的情况，制订缓和化解涉诉矛盾的工作方案，深化释法析理等矛盾化解相关延伸工作，待涉诉风险得到有效控制后再付诸实施。对按照相关法律法规和形势亟须付诸实施，但又确实存在社会稳定风险的事项，要提前制订社会稳定风险防控措施和紧急事件应急预案，切实防止和控制涉诉风险的事态发展和升级。

第五，监测和反馈——跟踪评估事项，做好后续评估。对经评估付诸实施的相关案件，要坚持全程跟踪、及时反馈，及时发现和化解实施过程中遇到的矛盾和次生风险。一旦发现先前评估环节中存在缺失、不当或相关情况发生重要变化的，要针对相关缺失做好必要的后续评估，并对评估报告中的相应内容做适当修正，直至审判执行工作取得预期的效果。应当指出的是，与决策受众的沟通和互动对社会稳定风险评估和处置——包括收集风险信息、减少误解分歧、优化决策方案，直至化解风险——来说是必不可少的。因此，法院应当将沟通和协商工作贯穿于社会稳定风险评估和处置的全过程。

二、微观指引：审判执行工作中“稳评”具体路径的探索

除了宏观层面的制度架构，“稳评”工作更需要微观层面的路径和方法指引，即应当告诉广大法官和法院工作人员审判执行工作中具体存在哪些社会稳定风险，如何发现和分析风险，如何评价风险，以及如何处理和应对这些风险。对于从事具体工作的法官及法院工作人员来说，操作层面的具体指引甚至更为重要。但事物的现实逻辑却是，这些对于实践来说极为迫切的东西，却必须以实践经验的累积为前提，只有具有经验支撑的技术指引才具有较强的或者说真正意义上的指引价值。鉴于目前审判执行工作中开展“稳评”的时间还比较短，经验的积累也还不够多，只有征收补偿非诉执行案件中开展的“稳评”工作相对比较多，对相关工作机制及方法指引的需求也更为迫切。因此，我们将主要以法院在征收补偿非诉执行案件中开展的“稳评”工作为例，结合以往涉诉信访情况及其工作实践，并主要以描述性的文字，提供一幅审判执行工作中开展“稳评”工作的概略性图景。

（一）准确把握审判执行工作中的社会稳定风险

社会风险是指导致社会无序的可能性。社会稳定风险，从其字面来看是指导致社会治安、社会整体稳定秩序受损的可能性。因此，社会风险包括了社会稳定风险，但不限于社会稳定风险，还包括可能引发社会经济、政治、文化乃至价值观念等层面正常秩序受损的其他风险。站在法院的立场，“风险”其实包括了一切可能给审判执行工作正常秩序带来重大妨碍的可能性。但审判执行工作所涉及的社会风险又是相对集中和可预期的。从审判实践来看，“社会稳定风险”主要是指如下的一些事件或现象：

第一，当事人的激烈对抗。当事人对审判执行工作的对抗情绪在一定条件下可能会转化为现实的对抗，例如妨碍法院正常办公秩序和相关场所的社

会秩序，甚至造成人员伤亡，使法院工作陷入被动。在较轻的层面，当事人的对抗表现为各种形式的重信重访、缠访、闹访、集访行为；在比较严重的层面，当事人的对抗表现为扬言或实际实施以自杀、自残或杀人、伤害行为的极端事件。

第二，群体性事件的引发。集团性案件、牵涉面较广的案件，以及社会公众较为敏感的案件，常常会伴随着群体性信访。如果处理不慎，还会形成群体围殴、集体请愿、游行示威、围堵、攻击国家机关或其他敏感场所等重大事件，给社会稳定造成现实的威胁。

第三，社情民意的负面评价。司法个案如果处理应对不慎，就会引起舆论和媒体的聚焦和热议，甚至演变成具有全国性影响的“网络公共事件”，给法院的形象、司法权威和法律尊严等带来损害。近年来的“沈阳刘涌案”“湖北邓玉娇案”“杭州飙车案”“广州许霆案”“南京彭宇案”“深圳梁丽案”等就是其中的代表。

第四，其他现实风险。案件涉及政治、民族、宗教、外交等特殊因素的，处理稍有不当还有可能引发境内外媒体炒作或敌对势力的攻击，影响内政外交大局和国际形象，造成恶劣的社会影响。

（二）全面把握审判执行工作中“稳评”的内容

一般而言，个别风险是否发生以及如何发生是偶然的、不可完全预知的。但大量风险事故的发生又绝不是纯粹偶然，而是具有内在的规律性。其中包含了一系列、一长串的“原因—结果”关系链条。通过对风险构成原因和相关要素的逐项分析，即可对审判执行工作有无社会稳定风险及所涉风险的性质、规模、程度、发生概率等有一个比较准确的认识。从国有土地上房屋征收补偿案件的经验来看，影响审判执行工作社会风险的相关因素主要有下列几项。

1. 法院自身工作妥当性评估——社会稳定风险的基础性因素

审判执行工作如果于法无据、违背公平正义的要求，必然成为社会稳定风险的重要根源。因此，审判执行方案的妥当性评估理应成为审判执行工作“稳评”的重要内容。具体而言，对裁判执行方案妥当性的评估应当包括以下几个方面内容：

（1）内容上的妥当性。一是审判执行方案的实质正当性。要运用“大众的情理标准”，评估审判执行方案在实质上是否公平公正，是否存在形式合法但实质不公的现象。例如，在征收补偿案件中，就要运用（大众所接受的）市场定价和“充分补偿”的理念，认真审视房屋征收行为对相对人的实质影响（包括实际收入的减损、生活成本的增加、生活便利上受到的影响等间接的、非物质层面的影响和不便）是否得到了充分的补偿和救济。如果不能达到实质正当的标准，行政行为以及相关的司法确认裁判的实施就必然面临着相对人对抗的风险。

（2）法律适用的情理性。“稳评”需要评估裁判方案与一般社会公众所认同的通常情理是否存在抵触，是否存在法律标准与大众标准相偏离的现象。比如，要评估案件中的安置补偿方案对相关当事人及利害关系人之间的利益分配在实质上是否存在失衡；个别当事人确有特殊事由或特殊困难的，是否充分考量并有效回应了其正当的个性化诉求；等等。

（3）矛盾解决的彻底性。要看裁判执行方案是否真正化解了涉案矛盾纠纷，是否遗留甚至加剧了既有的社会矛盾。在征收补偿案件中，要重点审查案件是否存在关联案件或其他关联矛盾，比如家庭成员之间、同住人之间以及被征收人与租客之间的矛盾和纠纷。如果相关民事纠纷不能得到妥善处理，或者相关主体之间的利益关系不能有效平衡，当事人或利害关系人就有可能将其不满或怒气转移到政府或拆迁人身上来，从而加剧或激化征收补偿案件中的矛盾和风险。

（4）形式上的稳妥性。一是裁判方案出台或实施的时机是否成熟。要评估审判执行方案是否具备了出台或交付执行的客观条件，是否完成了必要的延伸和准备工作，为当事人自觉履行留下必要的空间；当事人的合理诉求不能在本案中得到有效解决的，是否通过诉讼外解决或为其指明了相应的路径；当事人之间矛盾尚处于激化状态的，思想疏导和缓和工作是否到位，确保当事人至少能够理解和接受；等等。二是执法手段和方式的妥当性。在强制执行工作开展前，还要进一步评估相关执行工作方案是否周密可行，是否考虑到案件当事人的具体情况，以及强制执行现场及周边的环境等情况；要评估执法方案是否符合文明、理性、和谐的要求，能否为当事人及社会公众所接受，是否会激化涉诉矛盾，甚至引发直接的对抗冲突。

2. 当事人对司法决策的承受度评估——社会稳定风险的诱发性因素

任何决策都不可能逾越其受众的承受能力而得到有效落实。因此，当事人及利害关系人对司法决策的承受能力及心理接受度，是决定审判执行工作安全性的重要因素。对当事人承受度的评估，应坚持主客观相统一的标准。一是要评估当事人及利害关系人的经济条件及承受能力。首先，要评估裁判执行方案对当事人及利害关系人的实际影响，包括对其权利义务关系的改变，以及对其生产、生活、社会关系等方面的实际影响和妨碍，看其是否导致当事人及其利害关系人实际收入的减损、生活成本的增加、生活便利上受到影响，等等。其次，要评估当事人及其利害关系人的经济状况，包括个人工作和收入水平、家庭结构和负担，特别是是否存在特殊困难等。最后，两相对照，从而准确评价审判执行方案是否超出了当事人及其利害关系人的经济承受能力。二是要评估当事人及利害关系人的心理承受能力。当事人及利害关系人的心理承受能力本身属于其承受能力的综合范畴，但又具有独立的参考价值，直接决定了其对裁判方案及强制执行行为的心理反应、行动反应，因此有必要对此进行细致的专项评估。首先，要评估相关当事人及利害关系人的社会适应能力，包括文化程度、工作技能，有无正当职业，是否具有特殊人生经历或恶习嗜好等；其次，要认真评估当事人及利害关系人的生理、心理健康情况，包括其是否有生理缺陷或残疾，精神健康状况如何等，从而准确判断审判执行方案是否超出了当事人及其利害关系人的心理承受能力。

3. 社会环境与效果评估——社会稳定风险的可控性因素

案件的处理是否受到多数社会群体的高度关注，个案处理是否会给案件之外的“潜在当事人”带来影响，决定了个案矛盾和风险是否会在直接利益相关群体之外进一步蔓延和发展，引起社会舆论和媒体的聚焦和热议，甚至进一步演变成为全局性的社会危机。因此，审判执行工作的社会环境和社会影响，就成了审判执行工作社会风险的可控性因素。一是要评估案件处理的社会环境及其敏感度：越是为社会广泛关注的案件类型，越容易成为社会舆论关注的热点。如果案件的处理与社会基本倾向存在背离，就必然引发舆论和媒体的聚集与热议。当前，社会各方面对政府实施房屋征收，特别是实施强制搬迁具有极高的关注度和较强的倾向性。因此，对于此类裁判方案的社会影响及效果，一般可以直接得出风险较高的结论，必须给予高度重视。二是要评估个案司法决策的直接或潜在的社会影响：要评估案件审判执行决策可能涉及的潜在利害关系人的范围及其对相关利害关系人的影响，看案件的处理会在多大程度上引起相关利害关系人的利益变动，是否会引发同类型案件当事人的“攀比”或反弹。在房屋征收补偿案件中，主要是审查相同或附近社区已搬迁情况，遗留矛盾如何，相关群体是否串联集聚等。

（三）科学设置审判执行工作中社会稳定风险的分级评价与管理控制标准

风险分级管理是当前企业和政府公共管理中通行和有效的做法。其基本理念是，风险的“大小”各不相同，对风险的管理控制也要根据风险的不同“分量”进行有区别的对待。基本的做法是：设置风险的分级标准，对社会稳定风险进行不同层次的划分；设置风险分级管理控制标准，对不同级别的社会稳定风险适用不同的分析评估程序，采取有区别的防范措施和管理控制指标。审判执行工作中的“稳评”机制也可以借鉴此类经验，结合审判执行工作实际，为社会稳定风险设置科学的分级标准和相应的管理指标体系。

1. 审判执行工作社会稳定风险的分级评价

根据风险后果的规模、危害程度及社会影响等因素，可以将审判执行工作社会风险划分为三个级别：

（1）将当事人可能采取凶杀、爆炸、自杀等极端行为，组织煽动有关人员游行示威、围堵国家机关或其他敏感场所、滋生重大事端，或者案件的处理可能引起境内外媒体炒作或敌对势力攻击，可能影响我国内政外交大局和国际形象的特别重大风险确定为一级社会稳定风险。

（2）将当事人可能纠结多人进京或到省、自治区、直辖市有关部门信访，滋生事端，或者案件处理可能引发连锁反应，造成事态扩大等重大风险确定为二级社会稳定风险。

（3）将可能引发当事人情绪对抗升级，滞留法院不归，或信访有关国家机关，以及其他较大的社会不稳定风险确定为三级社会稳定风险。

2. 审判执行工作社会风险的分级控制标准

要根据当前社会安全的可承受度、法院的现实处置能力等因素，科学设置社会稳定风险管理控制的指标体系。根据当前的现实情况，建议对审判执行工作社会风险建立如下的分级控制标准：

（1）存在一级风险的预定司法决策，应当在防范控制措施、应急预案确实有效，相关的特别重大风险被有效避免，上级和社会各方面取得广泛共识之后付诸实施。对于具有全局性及特别重大影响的社会稳定风险，还应当向上级党委汇报，与政府积极沟通，争取相关方面的支持，切实避免危险后果的发生，确保局面得到有效控制。

（2）存在二级风险的预定司法决策，应当在防范控制措施、应急预案确实有效，确保事态不扩大、矛盾不升级之后付诸实施。

（3）存在三级风险的预定司法决策，应当在应急预案得到落实，社会稳定风险降低到可控制、可处置的程度之后付诸实施。

三、类案中的具象及其针对性完善：以征收补偿案件为例

在建立审判执行工作“稳评”总体机制的基础上，各级法院还有必要根据各类型案件，甚至各大类案件及其所涉矛盾与风险的特点，从操作层面对相关工作机制予以进一步的细化和完善，使其更具针对性和可操作性，工作更具实效性。具体到房屋征收案件中，就是要立足于该类案件及其所涉矛盾和风险的特点，立足于“法院监督下政府具体组织实施”的强制执行工作模式，进一步建立健全规范的社会风险评估机制，探索建立符合形势需要和具体工作实际的工作机制和方法。由于涉及法院与政府在强制执行工作中的分工和配合，当前尤其要抓紧研究解决好法院审查评估与政府相关部门先前评估（以下简称政府评估）之间的关系；鉴于一些地方法院在征收补偿非诉执行过程中有发生以自杀、自残及其他形式暴力抗拒执行等引发的恶性事件，还要研究处理好强制执行阶段重大社会稳定风险的即时评估和现场防控机制。

（一）法院审查评估与政府评估之间的衔接

最高人民法院《关于坚决防止土地征收、房屋拆迁强制执行引发恶性事件的紧急通知》和《关于办理申请人民法院强制执行国有土地上房屋征收补偿决定案件若干问题的规定》明确规定，政府部门申请房屋拆迁强制执行前应当进行社会稳定风险评估并提交相关材料。同时规定，凡是最终决定需要强制执行的案件，法院务必要做好“稳评”工作。因此，在国有土地上房屋征收补偿非诉执行案件中，以及今后的一般征收补偿审判、执行案件中，都将同时存在政府先行评估和法院最终评估这两个层面的风险评估。两个层面、两个阶段的“稳评”之间是何种关系、应当如何衔接，就成为构建征收补偿案件“稳评”机制必须解决的问题。

1. 处理法院审查评估与政府评估关系的基本模式

从前期非诉强制执行案件的实践来看，基层法院开展“稳评”的方式主要是：“稳评”及相应工作预案的制订以政府操作为主，法院工作主要限于对政府完成的“稳评”报告及相应预案进行审查，并做必要的拾遗补阙工作——经审查发现政府“稳评”报告存在问题或不足的，要求申请人予以说明或补正；涉及情况较为复杂或存在疑问的，法院与相关部门联合研究，对政府的风险评估报告及相应预案进行修改完善。实践证明，这种工作模式是比较符合审判工作实际的，一是政府相关部门对当事人及案件相关情况比较熟悉，具有开展“稳评”的丰富资源和工作经验，由其进行全面评估既较为可行，也有助于强化相关政府部门的风险防范责任和意识，推动“官民矛盾”的提前化解。二是由法院来对政府的评估报告进行审查和监督，不仅符合行政审判的职能定位，而且有助于保证相关法院在“稳评”工作中相对超脱，避免因过多涉入具体工作而产生成见的现象发生，从而有助于相关法院更周全地考虑相关情况，作出符合客观实际的最终评估结论。

因此，在法院审查评估与政府先行评估关系的模式选择上，我们建议延续前期的有效做法，即坚持以政府评估结论为基础，以强化司法审查为重点，以法院的独立分析评估为补充。为强化法院的司法审查，有必要明确法院审查政府评估报告的形式及要求；为实现二者的有效衔接，应当明确在审查中发现政府评估报告存在缺失情形下法院可以采取的处理方式，并建立相应的工作机制。

2. 法院审查政府评估报告的内容、形式及基本要求

（1）法院审查政府评估报告的内容和重点

对政府评估报告的审查，其目的是要发现和排除问题，确保政府相关部门所作的社会风险评估结论的真实性、科学性、可行性。因此，法院对政府评估报告的审查应主要围绕其信息掌握是否真实全面、分析论证是否深入合理、评估结论是否现实可行而展开，防止相关部门或人员因出于各种目的急于拆迁而在“稳评”工作中放低标准、遗留隐患，甚至导致不负责任、弄虚作假等现象的发生，确保房屋征收补偿工作不出差错。

首先，要确保信息掌握的真实全面性：一是真实，即要审查政府相关部门是否做了必要的调查核实工作，评估报告所认定的事实是否与客观实际相符；二是全面，是否对相关风险因素进行了全面的调查分析，是否遗漏了可能影响本案社会风险的重要因素。

其次，分析论证的深入合理性：一是分析是否深入，不能限于就事论事的层面，而是要综合相关信息和风险因素，分析强制执行工作中发生社会稳定风险的现实可能性；二是论证合理，要看“稳评”报告对社会稳定风险的分析论证过程是否合乎逻辑，得出结论的推导过程是否符合通常的情理。

最后，评估结论的现实可行性：一是要审查评估结论是否明确具体，而不能不置可否，或模棱两可；二是要审查评估结论是否可行，即其对社会稳定风险级别的确定及其具体界定是否恰如其分，其制定的相关风险防控化解措施是否切实可行。

（2）法院审查政府评估报告的方式

法院审查政府评估报告也是审判执行工作“稳评”的一种具体形式。因此，法院审查政府评估报告的程序与上文所述社会风险评估程序基本一致，也应以合议庭审查评估为基础，遵循“合议庭评议—业务庭风险评估工作小组讨论—庭、院负责人审批—付诸实施”的基本步骤。这里主要讨论法院审查的强度和具体方式。

首先，在审查的强度上，必须坚持实质性审查。“稳评”直接关系到政府房屋征收和法院工作的安全性，所以对政府评估报告不能局限于形式审查，更不能沦为纯粹的书面审查，而是要以形式审查为基础，对政府评估报告的内容和结论进行全面的实质性审查，确保其准确可行。要在确保基本要件和相关材料齐全的基础上，通过实地走访、实地查看、公开听证等方式，增强“稳评”的深度和力度，深入审查政府“稳评”报告中信息掌握的全面客观性、分析论证的深入合理性、评估结论的现实可行性。发现政府评估结论（包括中间结论）与客观实际可能存在不符等情况的，要展开必要的询问调查，认真深入核实。

其次，在审查的形式上，应当以公开听证为主要方式。在《征收补偿条例》实施初期，强制搬迁案件“稳评”的审查工作主要采取单方谈话的方式进行，政府部门、强制搬迁主体与被申请人之间的互动性不强。这其中可能包含了防止既有矛盾进一步激化的考虑，但不利于深入了解案件实质矛盾和症结，不利于以司法审查促进双方沟通、对话与和解，并可能导致涉诉矛盾化解时机的延误。应当在实地走访勘察、掌握相关信息的基础上，进一步增强参与各方的互动性。在具体审查方式上，可以以召开公开听证会等审查方式为主要方式。即在法院的居中主持下，当事人各方陈述各自的诉求、主张和理由，彼此展开诘问辩驳，法院就不明确的问题及时进行深入询问，听取各方的说明和解释。这有助于更好地发现问题，促进当事人的沟通对话，缓解和逐步解决问题，修正既有的决策方案。

（3）法院审查政府评估报告的基本要求

首先，确保中立性。在对政府“稳评”报告的审查过程中，法院要站在社会稳定风险把关者、维护者的立场，坚持对事实负责，对当事人负责，对法律负责的严肃态度，坚持自己的独立判断。要以客观事实为基础，不偏不倚，不屈从于各方面的压力，理性认真地分析裁判或执行方案可能引发的社会稳定风险。

其次，坚持亲历性。社会稳定风险是否发生，既有时空上的规定性，也与相关人员的主观意识、思想动态密不可分。因此，在审查政府评估报告的过程中，必须实际接触当事人及利害关系人，当面听取其诉求和理由，准确把握其思想动态和心理预期；必须实地走访勘察搬迁现场，核实政府评估报告的准确性及执行方案的可行性。同时，为确保风险审查的亲历性和准确性，强制执行阶段的法院监督人员原则上也应当有曾经参与前期“稳评”的工作人员组成，以保证法院监督人员可以准确把握事态的来龙去脉和动态变化，对前期的“稳评”结论进行适时的修正，作出必要和适当的指令。

最后，注重时效性。在征收补偿执行案件“稳评”工作中，政府申请强制执行前准备—政府申请强制执行—法院裁定准予执行—实际交付执行等各阶段之间都会有一定的时间间隔。而政府的“稳评”工作一般是在“申请执行前准备”阶段完成的，如果此后的几个阶段时间间隔过长，其评估结论就极有可能已经失真。因此，一是要对政府“稳评”的时间节点进行规范。一般应限定在申请强制执行前的两周之内。二是要根据已经变化了的实际情况，对政府“稳评”报告作相应的修正。在强制执行期间，还必须根据当时当地的实际情况和各类突发意外事件，对前期评估结论中不符合事态发展的部分作相应修正，并据此决定强制执行是否实际启动、暂停或作适当调整。

3. 政府评估报告存在缺失的处理

对于事实认定存在缺失或错误、分析判断与客观情况不符，评估结论存在偏颇或没有说服力的政府评估报告，可以责令政府重新进行评估或由法院另行组织评估，从而进行必要的修改完善。对这两种处理方式，应当根据具体情况做出相应的选择。

（1）责令申请人重新评估

责令申请人重新评估主要运用于如下情形：第一，政府“稳评”制作时间过早，不符合时效性要求的；第二，事实认定与客观实际不符，对相关的风险因素分析不全面，特别是对直接关系到重大社会稳定风险有无的重要事实没有作调查认定，或者认定不清的；第三，评估程序不当，没有根据相关规定实际查看现场、实际接触相关当事人和利害关系人，或者没有根据相关规定进行分析评估的；第四，评估报告存在其他重大瑕疵，导致评估结论不明确，或者没有说服力的。

法院责令申请人重新评估的，应当明确指出政府评估报告中存在的具体问题，提出重新评估所要达到的目的和明确要求，包括提交新的评估报告的截止期限等。为做好责令申请人重新评估的工作，还应当理顺与政府有关部门的关系，建立“稳评”工作中政府与法院的常态沟通与协作机制。

（2）法院另行组织评估

法院另行组织评估的处理方式当然可以运用于所有的政府评估报告不完善的情形，但为了在“稳评”工作中对法院与政府职能进行科学的划分，提高工作效率和效果，法院另行组织评估的方式应当是补充性的。法院另行组织评估，主要适用于政府“稳评”报告认定事实基本客观全面，但分析论证不够深入或存在偏颇，以及政府有关部门经重新评估后仍坚持原评估结论等情形。

在此前提下，法院另行组织评估的目的主要是对政府评估报告中存在缺失及分析论证不深入的部分予以补足，提高评估结论的质量和效果。因此，法院另行组织评估工作不能停留在简单的重复阶段，而是应当坚持补充性、专业性和深入性的方向。一是要深入收集风险信息，特别是要对政府评估报告中缺失或调查不清、认定不准确的相关事实进行补充性地收集。通过实地、细致的收集和分析涉案相关情况，为全面准确识别全案风险因素、作出科学准确的分析论证打好基础。二是要健全评估程序，提升评估过程的质量和效率。要注重科学组织，强化评估程序中各方当事人的互动性，推进公众参与和专家论证，为提升风险分析评估结论铺好科学路径。三是要注重创新评估的方式方法，增强分析论证的专业性和有效性。通过专家论证、听证会等形式，有效凝聚智慧、借助“外脑”，对涉案社会风险的相关因素做出深入和专业的论证分析，得出具有说服力和可信度的评估结论。

（二）强制执行阶段社会稳定风险的即时评估与现场处置

风险的最大特点就是不确定性。因此，虽经前期的层层评估与防范，强制执行阶段发生预期之外的社会稳定风险也是完全可能的。自《征收补偿条例》实施以来，各地法院在征收补偿非诉执行过程中发生的恶性事件也已经有多起。因此，强制执行阶段的风险评估与现场处置工作应当成为法院重点研究和妥善应对的焦点问题。应当深入认识强制执行阶段“稳评”工作的特点，并据此构建具有针对性的“稳评”模式。同时，由于目前征收补偿非诉执行案件采取法院与政府共同参与的工作模式，因此必须切实解决好强制执行阶段社会风险联防联控的工作机制问题。

1. 建立强制执行阶段社会稳定风险即时评估机制

如果在强制执行阶段发生了超过事先预期和评估的新情况、新事由，就必须对相关风险予以重新评估和有效处置。由于这一阶段发生的社会稳定风险已经具有相当程度的现实性，对社会稳定和秩序构成了现实的威胁，因此，强制执行阶段的“稳评”基本上是一种即时评估，具有紧急性、即时性的特点。

（1）迅速汇总风险信息。法院监督人员应当亲临现场，紧靠一线，全程监控事态的发展和风险的变动。一旦发现可能发生重大社会稳定风险的，要责令相关人员，特别是一线的工作人员和拆迁工作组织者迅速汇报最新情况，收集已经现实发生或即将现实发生的风险信息，为即时开展紧急判断和评估创造条件。

（2）紧急开展风险评估。面对已经发生或即将发生的现实的社会风险，责任人员必须即时进入实质评估阶段并作出最迅速的判断。现场情况特别紧急的，法院监督责任人必须根据情势需要做出即时的判断与指令——二者基本重合，同步完成。虽然在特别紧急条件下的即时评估只能是一种主观的估计和判断，但这对于突发事件的处置来说是不可推托和回避的。

（3）即时运用评估结论。鉴于强制执行阶段风险处置紧急性的特点，在作出评估结论时一般需要同步作出处置决定，并立即交付实施，确保事态得到最迅速和有效的控制。

2. 强制执行阶段风险即时评估的注意事项

从上文的分析来看，强制执行阶段风险即时评估的几个环节——风险识别、风险分析、风险评价——以及风险决策都是高度集中和压缩的，这就给强制执行阶段的“稳评”工作提出了更高的要求。为了避免因即时评估存在失误造成不可挽回的损失，为后续有效评估和更妥善处理留下空间和余地，强制执行阶段的“稳评”工作应当注意三点：

（1）必须明确即时评估的责任主体，并落实到具体个人。在通常的“稳评”工作中，评估结论及处置决策可以逐级审批。但在强制执行阶段极易遇到紧急情况，此时逐级请示不仅容易贻误时机、缺乏效率，有时甚至根本不可能。因此，必须绝对明确即时评估和现场处置的决策及责任主体，将其落实到具体个人。在现场遭遇紧急情形不能逐级请示的情况下，由其负责做最终的评估判断和处置决策，并对相关工作承担领导责任。

（2）在风险的认定标准上适当从宽。最高人民法院《关于坚决防止土地征收、房屋拆迁强制执行引发恶性事件的紧急通知》规定，“凡在执行过程中遇到当事人以自杀相威胁等极端行为、可能造成人身伤害等恶性事件的，一般应当停止执行……”这一规定实际上包含了两层含义：一是应当首先保障人的生命和人身安全，如果确有可能造成人身伤害事故的，应当停止执行；二是强制执行阶段的“稳评”应当适当“降低标准”，在总体上采取“宁可信其有，不可信其无”的态度。虽然对这一规定的社会效应在社会上有不同的认识，但是，该条规定蕴含的价值取向毫无疑问是完全正确的。由于房屋征收案件所涉矛盾往往较为激烈，强制执行过程中发生的社会稳定风险也往往具有很强的社会危害性，因此，为了切实保障人民生命财产安全、防止恶性事件的发生，强制执行阶段的“稳评”有必要适当降低标准，在认定社会风险时适当从宽。根据现场掌握的情况，只要确实存在可能引发重大对抗和重大损失的现实危险的，就应当作出肯定的认定。

（3）提升即时评估活动的现场阻却效力。最高人民法院《关于坚决防止土地征收、房屋拆迁强制执行引发恶性事件的紧急通知》规定，“凡在执行过程中遇到当事人以自杀相威胁等极端行为、可能造成人身伤害等恶性事件的，一般应当停止执行或首先要确保当事人及相关人员的人身安全……确保执行活动安全稳妥依法进行”。这意味着，强制执行阶段的“稳评”活动可以具有停止、暂停强制执行这两种效力：第一，一旦认定可能存在社会稳定风险的，要立即停止执行，即终结本次强制执行行动；第二，为尽可能避免和减少冲突对抗，在发现紧急情况后的即时评估期间（尚不明确是否存在社会稳定风险时）一般应暂停正在开展的强制执行行为，并立即开展必要的应急处理，排除可能引发现实社会稳定风险的妨碍因素。在确保风险因素得到有效处置或控制后，才能恢复和继续本次强制执行活动。

3. 建立法院和政府联防联动的现场处置工作机制

紧急情况下的风险处置不仅要求对相关风险因素作出准确的评估和判断，而且要求相关决策的高效贯彻和执行。由于征收补偿强制执行案件的参与部门和人员较多，强制执行的过程又往往面临许多紧急复杂情况。因此，明确界定相关主体的职责和权利义务，绝对明确相关具体要求，构建既分工明确又能有效配合的征收补偿非诉执行工作格局就显得尤为重要。唯有如此，才能确保现场工作秩序井然、相关预案和决策令行禁止，才能及时应对各类意外突发情况，有效防范各类重大社会风险。

（1）进一步明确现场风险评估和处置的责任机制。在法院与政府有关部门“联合开展执行”的情形下，既要建立法院与政府联合行动“一盘棋”的格局，也要具体明确现场活动的决策主体与权属。具体而言，一是在强制执行的具体工作方面，政府有关部门应严格按照经法院审查同意的强制执行方案进行，政府强制执行人员特别是现场指挥人员对现场秩序维护、紧急事态处置等相关工作承担责任。对政府有关部门按照既定方案开展的具体执行工作，法院一般不予介入和干预。二是要进一步明确法院的现场监督和“叫停权”。按照相关法律、条例的规定以及权责相统一的原则，法院监督人员根据现场实际及突发情况进行即时评估并决定暂停强制执行的，各方面人员均应一律听从指挥，并立即停止强制执行行为。

（2）细化突发事件应对预案。行政机关虽然不可能对突发事件一一预见，但在强制执行前必须对可能发生的意外情况进行周全预测，并制订相应的应急预案，确保急时不乱。应急预案应当纳入“稳评”报告的内容之中，并接受法院的审查和评估。应急预案应该针对本案当事人及相关矛盾的具体情况，周全预测本案强制执行过程中可能发生的各种意外情况，制订至少两种以上的备选方案，提高预案的有效性。预案内容必须明确、具体，要明确具体的处理方法和程序，确定相关工作的责任主体，联络机制等。在付诸实施前，法院应当对预案的相关准备工作进行审查，预案及准备工作完全到位后方可启动实施。

（3）强化信息报送制度和责任。强制执行工作由法院和政府相关部门共同参与，涉及多个部门，往往具有多个现场，因此，必须强化信息的报送与沟通工作，确保信息畅通、反应灵敏。要在执行方案及预案中明确各现场、各部门的信息联络人员名单，明确必须报送信息的具体情况，以及信息报送的具体要求与责任。遇有突发紧急情况，可能滋生或激化社会稳定风险的，负责现场执行的政府指挥人员必须将相关情况及时向法院监督人员报告，以确定是否启动即时评估程序，是否需要停止执行；情况特别紧急的，一线执行人员应当直接将相关情况同时报告法院监督人员，确保紧急事态得到最迅速的处置。

（4）严肃强制执行现场工作纪律。强制执行工作中的工作纪律对于确保强制执行工作安全具有重要意义。因此，要在党委政府及纪检监察部门的支持下，进一步建立健全征收补偿非诉执行工作纪律，建立强制执行工作中法院与政府部门之间既有效配合又相互制约的工作格局，确保各方面沟通反馈顺畅，确保强制搬迁工作安全、有序、健康推进。对因无视法规纪律、不服从统一指挥或行动迟缓等引发执行工作事故，或者造成事故损失扩大的，要严格依法依纪追究责任。

四、结 语

司法是国家和社会整体治理体系中的一个重要组成部分。在化解社会矛盾冲突的整体流程中，司法既是终端的化解器，也是一个缓冲阀。司法制度和机制如果能够设计得当，并辅之以相关制度和环境的支撑，司法过程可以在较大程度上发挥吸纳民众不满、化解社会矛盾、消解社会冲突的社会治理功能。但这一功能的充分发挥，必须以对相关社会矛盾和风险的准确评估、理性认识，以及司法制度的及时有效回应为前提。也就是说，司法制度必须适应社情民意的发展演变和当前涉诉矛盾风险的特点，不断优化相关工作机制吸纳化解社会矛盾的结构与程序，拓展其针对性化解矛盾纠纷的功能，提升这些机制的实际效用与效果。

审判执行工作“稳评”机制的建立，从制度的层面提出了社会风险考量参与司法决策的问题，为法院工作更加周全地考量相关社会因素和条件，更加近距离地认识和妥善处置社会矛盾风险提供了契机，为有效发挥司法制度的核心职能和社会治理功能创造了条件。但是，在审判执行工作中进行全面和系统的社会稳定风险评估和管理，不仅涉及重要的理念变革和较大的工作调整，而且面临着一定程度的挑战和质疑，因此，“稳评”机制如何进一步完善，如何更加契合地纳入司法决策机制中来，如何真正发挥其预期效能等，有必要成为法院今后一段时间内继续探索研究的重大课题。当前，除了要根据各类型和各大类案件所涉矛盾和风险的特点，进一步探索具体和可操作性的机制和方法，还要重点解决好理念转变、能力提升和建立健全配套机制等问题，主要是：

第一，要切实树立涉诉风险管理的理念。正如国家标准《风险管理：原则与实施指南》（GB/T 24353—2009）所指出的：“任何类型和规模的组织都面临风险，组织的所有活动也都涉及风险。……有效的风险管理应当融入整个组织的理念、治理、管理、程序、方针策略以及文化等各方面。风险管理意识应当是整个组织文化的一部分。”审判执行工作同样要注意防范和正确处理各种风险，这已经成为现实形势之下的必然选择。但总体而言，风险评估和风险管理工作在司法实践中还比较陌生，多数案件的承办法官对此还没有树立起相应的意识和理念，更谈不上熟练运用相关方法。因此，法院不仅要不断推进相关工作机制的完善，也要进一步强化此项制度的“渗透力”。比较理想的方向是，审判执行工作中的“稳评”应当逐步融入法院工作的诸多领域和各个环节中去，成为一种如影随形般的自觉意识，转变为自觉和积极的实践。

第二，要提升风险评估和管理的能力。司法案件及其所涉社会稳定风险都是由各个具体的法官来直接面对和处理的。因此，对案件所涉社会稳定风险的评估和管理，应当成为一线法官基本技能和素养的一部分，成为法官解决实际问题能力的重要组成部分。法院要注重加强培训和锻炼，提升一线法官的社会科学、自然科学知识和综合素养，特别是政治学、社会学、心理学等相关方面的知识，夯实开展“稳评”所必需的专业知识结构；要在机制建立的基础上不断积累和总结实践工作经验，进一步加强理论调研和论证，提升法官队伍开展风险评估和管理的实际能力。

第三，要建立健全相关的配套机制。风险评估和管理目标的达成，离不开一系列机制的辅助。为此，要建立健全一系列相关配套工作机制。一是要建立健全社会风险监控及预警机制，构筑健全完备、全面覆盖的风险信息监控与预警网络，确保对涉风险信息的部门共享、传递快捷、反应灵敏。二是要完善风险评估与处置的衔接机制，进一步健全矛盾纠纷多元化解机制建设，强化审判执行工作、社会风险防范处置工作与党委、政府全局工作的衔接，将重大风险处置纳入社会综合治理体系。三是要健全审判执行工作中的舆情应对机制，加强舆情的收集、沟通、研判和应对反馈工作，实现审判执行工作与舆情民意的沟通和交流，从源头上防范涉诉案件负面社会效应的产生。

第九章

个人信息在社会风险治理中的利用及其限制

个人信息具有公共性，这是政府将其用于公共用途的正当基础，但对政府利用个人信息的规制却是当前个人信息保护制度中的一大短板。包括“稳评”在内的社会风险治理是政府利用个人信息最活跃和典型的领域，除了用于相关犯罪的侦查，个人信息还可以被用于社会安全事件的预测预警、应急决策、个体行为分析、网络舆情管理和应急资源配置等。为了保障信息主体的权利，政府在社会风险治理中利用个人信息的行为应当受到限制，但不能套搬个人信息保护的一般规则。为此，应当确立聚合利用原则、有区别的法律保留原则、知情原则、适度放宽的比例原则等基本规则。

一、问题的提出

随着2017年颁布的《民法总则》第111条[①]将自然人的个人信息列为民事权利，对个人信息的法律保护呈现出刑事、民事与行政并立的状态，开始走向体系化。但纵观现行法律规范，仍可发现其在个人信息保护方面的明显短板，主要集中于规制对个人信息的获取和暴露两环节，强烈体现出以信息主体对个人信息的自我控制为中心的导向，而对信息的使用环节不甚关注，尤其是关于公共部门对个人信息使用问题的相关规定，基本上是空白的。

《刑法》第253条之一所规定的侵犯公民个人信息罪打击的只是信息的非法暴露，即出售、提供、窃取等行为。《侵权责任法》第36条[②]规定了网络侵权责任，从此后《最高人民法院关于审理利用信息网络侵害人身权益民事纠纷案件适用法律若干问题的规定》的相关解释来看，其所调整的网络侵犯个人信息行为所指也仅限于信息的暴露环节。而《全国人民代表大会常务委员会关于加强网络信息保护的决定》《消费者权益保护法》《网络安全法》虽然对个人信息的使用有所提及，却并未予以单独规定，而是与个人信息的收集规定在一起，且没有与个人信息的获取、暴露两环节一样规定受害人的举报、控告、起诉权和主管部门的监管职责，或者详细规定信息获取、保管者的具体义务。更为重要的是，这三部法律所规范的可能侵害个人信息相关权利的主体是“网络服务提供者”“网络运营者”“经营者”“其他企业事业单位”等，并不涉及行政机关；行政机关在这两部法律当中所扮演的均是纯粹的监管者、保护者角色，而非信息的获取者和使用者。至于《民法总则》，其第111条规定“任何组织和个人需要获取他人个人信息的，应当依法取得并确保信息安全，不得非法收集、使用、加工、传输他人个人信息，不得非

---

① 现为《民法典》第111条。《民法总则》自2021年1月1日起废止。

② 现为《民法典》第1194条。《侵权责任法》自2021年1月1日起废止。

法买卖、提供或者公开他人个人信息”，也就是将个人信息的非法使用与非法收集、加工、传输、买卖、提供、公开一并规定，并将调整对象扩大为“任何组织和个人”，把行政机关也涵盖在内。但这仅仅是一个比较粗糙的原则性规定，既未指明何为“使用”——使用一词的含义显然比收集、加工、传输、买卖、提供、公开等要复杂得多，也未指出何为“非法”——违反了何种位阶的法律规范？以及是否包括违反约定？总体来看，《民法总则》第111条的宣示意义大于操作价值。

在私主体（主要是网络运营商和其他经营者）作为使用者的情况下，对个人信息使用环节的规制路径并不十分复杂。在现行的“知情—同意”框架之下，私主体收集、使用个人信息应当公开收集、使用规则，明示收集、使用信息的目的、方式和范围，并经被收集者同意。① 因此，私主体对个人信息的不当使用首先表现为违反其公开的使用规则及在此规则下与用户的约定，可以在此框架下寻求解决。即使突破了这一框架，不当使用的结果也必然因为侵犯用户的其他合法权益而需要另行承担侵权责任；一旦涉刑，也必然触犯既有的其他罪名，并无另立罪名对不当使用行为予以单独评价的必要。因为“非法获取信息的行为，侵犯了公民个人信息权，构成侵犯公民个人信息罪；利用信息的行为则构成财产犯罪、人身犯罪等”②。总之，即使在民法或刑法上单独规定私主体不当使用个人信息的法律责任，这种责任也将被使用者的目的行为或使用的违法结果所导致的法律责任所吸收。

但是，当公共部门（主要是行政机关）成为个人信息的使用者时，上述

---

① 当然，相当一部分学者认为在大数据环境下的“知情—同意”框架实际上已经被虚置，并对个人信息的有效流通和利用构成了根本性的障碍，应当被废弃或者替代。参见吴伟光：《大数据技术下个人数据信息私权保护论批判》，载《政治与法律》2016年第7期；范为：《大数据时代个人信息保护的路径重构》，载《环球法律评论》2016年第5期。

② 于志刚：《“公民个人信息”的权利属性与刑法保护思路》，载《浙江社会科学》2017年第10期。

逻辑便窒碍难行了。首先，行政机关收集和使用个人信息并非基于其与管理对象之间的约定，而是基于法定职权。但是，传统的职权法定原则又难以解决这一问题，因为随着大数据等信息技术的高速发展，个人信息的公共用途急剧扩展，政府依靠个人信息所开发出来的管理工具日益丰富，没有任何立法者具备足够的理性去前瞻地穷尽这些用途，从而事先做出限定。其次，行政法不仅评价行政活动的目的和结果，还要评价其过程和手段，行政机关基于正当目的使用个人信息且结果无损于个人利益时，并不当然意味着其过程和手段的合法性，法律仍需给予单独的规制。最后，政府信息公开法制也无法将行政机关使用个人信息的行为完全加以规范，尽管在个人信息保护法制缺失的情况下，时常需要通过政府信息公开中的相关条款用“搭便车”的方式解决个别问题。[①] 因为，将包含个人信息的内容予以公开来实现某种行政目的——例如公开对特定人的行政处罚决定以达到教育和警示目的——早已不是行政机关使用个人信息的主要方式了，在当初收集个人信息的目的之外对信息加以增值利用，特别是凭借大数据技术不断挖掘其潜在价值，才是当前行政机关利用个人信息的主要方向。总之，行政机关对个人信息利用的广度和强度一点都不亚于商业机构，但既有的个人信息保护规范体系却严重忽视了这一点。

社会风险治理是政府对个人信息进行增值利用最为典型和活跃的领域，无论是宏观上对短中长期社会风险形势的预测和研判，还是在行政决策中对社会稳定风险的评估，抑或是微观上对某种、某件社会安全事件的动态监测和预警，乃至于对某些社会风险源——通常是某些群体或个人的轨迹定位，行政机关越来越依赖于综合利用政府巨量信息库中存储的个人信息来丰富其管理工具箱。探究个人信息在社会风险治理中的利用及其限度，对于归纳公

---

① 参见肖登辉、张文杰:《个人信息权利保护的现实困境与破解之道——以若干司法案例为切入点》，载《情报理论与实践》2017 年第 2 期。

共领域个人信息保护的一般规则，乃至于完善个人信息保护的法律体系，都颇具意义。

二、个人信息的公共性

无论在名称上称呼为“个人信息权”，还是像《消费者权益保护法》一样将其拗口地表述为“个人信息依法得到保护的权利”，也无论在具体的权利类型上将其界定为人格权还是财产权，抑或两者兼而有之，法学界尤其是民法学界的学者已基本形成了个人信息保护是一项独立民事权利的通说，[①]《民法总则》第111条以及此后将其编入的《民法典》也已经为此提供了实定法上的依据。还有部分学者进一步提出，应当将个人信息权确立为宪法上的一项基本权利。[②]但无论给予何种定位，大多数人都认可这种权利的核心在于信息主体对其个人信息的控制，包括控制这些信息的占有和使用，从而使信息对于权利主体而言具备自主价值和使用价值。[③]这是一种控制理论框架下的权利中心主义，建立在信息的个人属性之上，其有效性的前提在于个人确实能够实现对其个人信息的控制，并在理性判断的基础上行使各项相关权利。而随着互联网时代的发展，人们变得越来越关心个人信息的商业价值，大量互联网新兴产业都将个人信息作为最重要的生产资料之一，并创造出惊人的商业价值，整体的社会福祉和每个社会成员都因此不同程度地受益。由此，放松对个人信息利用规制的呼声日涨，而个人信息的公共价值似乎也因此获得了证明。我们则认为并不尽然，仅仅由于某种个人资源具有商业价值，

---

① 参见王利明：《论个人信息权在人格权法中的地位》，载《苏州大学学报》2012年第6期。

② 参见孙平：《系统构筑个人信息保护立法的基本权利模式》，载《法学》2016年第4期。

③ 参见谢远扬：《信息论视角下个人信息的价值——兼对隐私权保护模式的检讨》，载《清华法学》2015年第3期。

且经过商业开发之后能够促进社会及个人福祉，便承认其公共性，进而要求个人对其相关权利必须有所让渡，以降低使用者的获得成本，这样的逻辑在正当性上是不足的。“凡是关系到别人权利的行为而其准则与公共性不能一致的，都是不正义的。”[①] 只有我们能够证明对个人信息的某种利用本来就具有直接促进社会公共福祉的价值——这种价值未必需要通过商业方式来实现，而且为信息主体本身所必需，同时对信息加以利用所伴生的风险是有限的或可控的，我们才能够真正证成个人信息的公共性，才能够在法律上对信息主体的自主控制权作出必要限制。否则，他人对个人信息利用的正当性仍然只能来源于信息主体在自决基础上的同意，无论这种同意在实际操作中的真实性已经被削弱到何种地步。

个人信息的公共性首先天然地与政府的职能密切相关，因为，行政管理的有效实施必然要求政府详细、准确地掌握其管理对象与其职权范围相关的个人信息。离开了这一最基础的信息资料，行政管理无从谈起。以户籍信息为例，“历史中的户籍制度是指通过各级权力机构对其所辖范围内的户口进行调查、登记、申报，并按一定的原则进行立户、分类、划等和编制，以此作为掌握人口信息、征调税役、分配资源和维持秩序的基础，它是一项涉及政治、经济、军事、文化教育和法律的综合性社会制度”[②]。一直以来，政府就是最大的个人信息收集者、处理者、储存者和利用者，政府公权力所及之处必然涉及个人信息的收集、处理和利用。一方面，政府作为社会管理和社会福利的承担者，公共安全、公共管理和公共福利的推进都离不开对居民个人信息的掌握；另一方面，出于对行政效率的追求，也会不断促使政府积极探索个人信息利用的限度和价值。[③] 这是个人信息公共性的原初形态，但如

---

① ［德］康德：《历史理性批判文集》，何兆武译，商务印书馆 2005 年版，第 148 页。

② 陆益龙：《户籍制度：控制与社会差别》，商务印书馆 2004 年版，第 64 页。

③ 参见张新宝：《从隐私到个人信息：利益再衡量的理论与制度安排》，载《中国法学》2015 年第 3 期。

果仅仅止步于此，则我们的讨论只能停留在一般的公私利益二元框架上，停留在类似于政府征收赋税“取之于民、用之于民”的逻辑上。

大数据技术的出现使个人信息的个人价值和公共价值更加直接地融合到了一起，使个人信息的公共性获得了新内涵。有学者将大数据技术之下个人信息的特征概括为五点：一是个人信息中包含的市场价值和隐私利益具有低密度性和非直接性；二是个人信息具有再分析价值；三是个人信息具有非独占性；四是个人信息的产生具有意志一致性；五是对个人数据信息收集、分析和处理具有即时性，信息主体的“知情—同意”过程难以实际展开。由此最终得出结论，认为对个人信息的法律规制不应再基于私权观念赋予公民对个人信息的处置权，而应当将个人信息作为公共物品，基于公共利益来对个人信息的使用目的和方式加以公法上的规制。[①] 并援引了 2014 年美国白宫《大数据与隐私报告》中的观点，“虽然确实有一类数据信息对于社会来说是如此敏感，即使占有这些数据信息便可以构成犯罪（例如儿童色情），但是大数据中所包含的信息所可能引起的隐私顾虑越来越与一般商业活动中、政府行政中或者来自在公共场合的收集中的大量数据无法分开，信息的这种双重特征使得规制这些信息的使用比规制收集更合适”[②]。我们并不赞同这一结论，但认为这种说法确实指出了基于信息主体的个人自决权而形成的以信息收集为中心的规制模式存在着重大缺陷，而其总结的个人信息五个特征的前四点更揭示了大数据背景下个人信息的公共性。概言之，就是个人信息往往产生于信息主体与信息收集系统的互动之中，而这些信息在被聚合起来进行

---

① 参见吴伟光：《大数据技术下个人数据信息私权保护论批判》，载《政治与法律》2016 年第 7 期。

② Executive Office of the President’s Council of Advisors on Science and Technology. *Report to The President Big Data and Privacy：A Technological Perspective*，May 2014，p.50. https://obamawhitehouse.archives.gov/sites/default/files/microsites/ostp/PCAST/pcast_big_data_and_privacy_-_may_2014.pdf，最后访问时间 2018 年 1 月 24 日。

再分析时所产生的价值远远大于其在单个状态下的价值，而个人信息被聚合使用之后的价值又往往使信息主体自身直接受益。个人信息在大数据背景下体现出来的这种公共性，使得它可以被政府和某些企业广泛地挖掘利用以提供各种公共服务——需要注意的是，提供这种公共服务的企业并不从这些服务当中直接获利，而是利用由此获得的大规模用户流量嫁接其他的产品或服务，形成所谓“羊毛出在狗身上，由猪买单”的互联网商业模式，通过聚合大量用户的出行轨迹来提供路况服务的各种地图 APP 就是典型例子。这种意义上的公共性已经明显超越了个人信息被政府用于一般行政管理的传统效用，以及被商业机构用于高效搜索和定位客户的低端商业价值，从而使个人信息获得了更加广阔的公共利用空间。

个人信息公共性的凸显还与其概念内涵的变迁密切相关。个人信息一般被定义为与一个身份已被识别或者身份可识别的自然人（信息主体）相关的任何信息，包括自然人的姓名、出生年月日、身份证件号码、护照号码、特征、指纹、婚姻、家庭、教育、职业、病历、医疗、基因、性生活、健康检查、犯罪前科、联络方式、财务情况、社会活动及其他得以直接或间接方式识别该个人的信息。[①] 从我国的既有法律规范来看，尽管其对个人信息的定义在短时间内历经扩充，但基本上没有脱离上述范畴。以列举范围最宽泛的《最高人民法院、最高人民检察院关于办理侵犯公民个人信息刑事案件适用

---

① Directive 95/46/EC of the European Parliament and of the Council of 24 October 1995 on the protection of individuals with regard to the processing of personal data and on the free movement of such data（为行文简便，下文均简称其为欧盟 1995 年《个人数据保护指令》）第 2（2）条；德国《联邦数据保护法》第 3 条第 1 款；日本《个人信息保护法》第 2 条；我国台湾地区“个人资讯保护法”第 2 条第 1 款；齐爱民《中华人民共和国个人信息保护法（示范法草案学者建议稿）》第 3 条，该“建议稿”载《河北法学》2005 年第 6 期；周汉华《中华人民共和国个人信息保护法（专家建议稿）》第 9 条，该建议稿载周汉华：《中华人民共和国个人信息保护法（专家建议稿）及立法研究报告》，法律出版社 2006 年版，第 3 页。

法律若干问题的解释》为例，其定义的个人信息“是指以电子或者其他方式记录的能够单独或者与其他信息结合识别特定自然人身份或者反映特定自然人活动情况的各种信息，包括姓名、身份证件号码、通信通讯联系方式、住址、账号密码、财产状况、行踪轨迹等”。但是，随着网络大数据技术的兴起，信息的使用者尽管有时候仍然希望通过这些信息去直接或间接地识别某个人，但更多的时候他们所希望识别的对象已经变成了某类人——也就是具有某种共同特征的人，至于这些人具体都是谁，则对其毫无意义。而仅仅用于某类人的信息，与之前用于识别某个人的信息并不完全相同，大多数时候是基于个人的既往活动而形成的轨迹信息、偏好信息。“由于计算机数据处理的便利，使国家、企业或个人能够迅速地搜集、储存、传送有关个人的各种数据，以不同的方式加以组合或呈现，可以用来预测个人的行为模式、政治态度、消费习惯，而作为一种资源或商品加以利用。”[①] 用于这些预测目的的个人信息，主要已经不是传统意义上用来识别个人身份的信息了，而是以偏好信息居多，最典型的就是个人的行踪记录、网络搜索记录、浏览记录、聊天记录、网购记录、支付记录等。2016 年，欧盟用于替代 1995 年《个人数据保护指令》的《一般数据保护条例》在个人信息的定义中所增加列举的位置数据和在线标识，主要就是偏好信息。[②] 有研究者已经注意到此类信息与传统上可识别个人信息之间的差异，注意到这类信息的特点是虽不能直接体现具体的信息主体是谁，但可以反映出其何时何地以何种方式从事了何种行为，还可以由此分析其兴趣爱好、活动范围、消费能力、消费需求、行为方式等，并通过数据分析为个人提供个性化的服务，但仍称之为“间接可识

① 王泽鉴:《人格权法》，新学林出版股份有限公司 2012 年版，第 207 页。

② Regulation 2016/679 of the European Parliament and of the Council of 27 April 2016 on the protection of natural persons with regard to the processing of personal data and on the free movement of such data, and repealing Directive 95/46/EC（ General Data Protection Regulation ）(为行文简便，下文均简称其为欧盟 2016 年《一般数据保护条例》）第 4（1）条。

别个人信息”，这就与那些通过组合之后能够间接识别个人的信息混淆了起来。[①] 实际上，这些信息的使用者并不需要对信息主体的个人身份进行识别，即使可以识别，在进行匿名化处理之后也丝毫不影响这些信息的用途。相对于传统的个人信息，这些信息的人格利益已经稀薄了许多，而其公共价值却大大增加。正因如此，在法律上就信息主体对个人信息的自我控制权给予一定限制，赋予行政机关在必要情况下直接使用的权力，其正当性才更加充分。

个人信息的公共价值可以被用于商业或行政用途，近年来，前者被人们谈论得很多，而后者也已经引起了学者的关注。“借助于现代信息技术，政府可以更加充分地发掘个人信息的公共管理价值。信息技术与统计学、数据分析技术的结合，政府可以低成本地收集和存储更多的个人信息，为确定社情民意提供更广泛的分析样本；通过对个人信息的处理和利用，政府也可以实现科学和理性决策，更好地推进公共管理和公共服务。……公共秩序、公共安全和公共福利的推进，都离不开以个人信息为基本单位的数据库的支撑。”[②] 社会风险治理是政府利用个人信息的一个典型领域，因为社会安全事件是由人的行为所导致的、危及社会稳定和社会秩序的冲突性事件，而社会风险治理的目的就是降低发生此类危机的可能性，或者阻止这种可能性转化为现实，以及在其转化为现实之后控制事态和减少损失，其核心过程始终围绕的就是预测、监控、分析和处置人的行为，自然要以大量的个人信息为支撑。政府在其他任何一个领域中对个人信息的挖掘利用，都达不到这样的强度。这一领域充分展现了政府在大数据时代利用个人信息的实际图景，以及公私利益在其中微妙复杂的紧张关系，是在个人信息保护领域提炼公法问题的最佳窗口。

---

① 参见陶莹：《我国网络信息化进程中新型个人信息的合理利用与法律规制》，载《山东大学学报（哲学社会科学版）》2016 年第 2 期。

② 张新宝：《从隐私到个人信息：利益再衡量的理论与制度安排》，载《中国法学》2015 年第 3 期。

三、个人信息在社会风险治理中的利用

政府在社会安全领域利用个人信息，最早出现在犯罪侦查和治安防控当中。利用人口登记信息进行摸底排查就是十分古老的犯罪侦查方式，身份证件数据、违法犯罪记录、DNA 数据等历来是犯罪侦查的重要依托。在今天，利用个人的电子轨迹信息进行侦查的方法已经被公安机关广泛采用，公安机关通过网络数据碰撞分析、视频数据分析、手机数据分析、车辆数据分析、虚拟数据分析和预警数据分析等方法，来确定人员身份、作案地点、抓捕时机、犯罪事实和进行犯罪预警。[①] 公安机关依托海量数据库的信息资源和数据挖掘的技术支撑，可以更有针对性地确定犯罪嫌疑人，实现完全基于综合数据信息来确定犯罪嫌疑人，从而摆脱以往依赖主观观察或走访排查的侦查方式。大数据多源整合的海量信息为犯罪防控决策提供了综合性的数据支撑，识别技术的数据勾连为犯罪防控决策提供了精准的身份确认方法，并为实现预测刑事案件的发展趋向提供了可能。[②] 运用基于概率论的数理统计方法，可从众多因素中筛选出与犯罪存在较大关联的相关因素，排除无关因素，精准把握特定变量影响犯罪发生的数量关系。[③] 例如，在打击恐怖主义犯罪中，公安机关利用个人通信轨迹信息，根据恐怖分子的通信偏好，通过特殊语言定位和“翻墙”用户定位，就可以筛选出重点监控对象；通过对敏感区域通信的追踪，还可以预测在某个区域产生恐怖主义袭击或者危害国家安全

---

① 参见王羽佳:《“大数据”时代背景下电子轨迹在侦查工作中的应用研究》，载《中国科技信息》2016 年第 13 期。

② 参见蔡一军:《大数据驱动犯罪防控决策的风险防范与技术路径》，载《吉林大学社会科学学报》2017 年第 3 期。

③ 参见单勇:《犯罪热点成因：基于空间相关性的解释》，载《中国法学》2016 年第 2 期。

事件的风险。[①] 再如，男性 Y-STR 染色体家系排查分析在刑事侦查中的运用日益成熟。2015 年 8 月，郑州市建成覆盖全市农村地区 11 万个家系、245 万男性成员、24 万条 Y 数据的 Y-STR 染色体家系排查分析系统。2009—2015 年相继利用其分析破获了 80 多起重特大案件，包括一大批历年积案。[②] 在 2013 年波士顿马拉松赛现场爆炸案的侦破中，美国警方对嫌疑对象线索数据排摸采用了“众包”方式，通过公众的大数据参与，大量收集事发地点附近街区居民拍摄的各种现场私人录像、照片和社交媒体上的相关相片、录像，调查人员根据这些数据按时间顺序排列拼凑出当时的场景，并利用图像处理工具进行聚焦，最终确定了嫌犯。当前，大数据分析已经从案件侦破环节扩展到犯罪风险动态监测及分析、治安专项行动评估、警力部署、智能安防、犯罪预测预警、防控决策等多个领域，[③] 而这些大数据分析所依托的信息内容大多可以归入个人信息的范畴。

在传统技术背景下，政府大规模利用个人信息实施社会管理工程浩繁，并不“划算”。大数据技术的出现大大降低了技术门槛，对个人信息的利用被迅速推广到了社会风险治理的一般领域和日常事务。2015 年 4 月，中共中央办公厅、国务院办公厅印发的《关于加强社会治安防控体系建设的意见》已经明确提出“将社会治安防控信息化纳入智慧城市建设总体规划，充分运用新一代互联网、物联网、大数据、云计算和智能传感、遥感、卫星定位、地理信息系统等技术，创新社会治安防控手段，提升公共安全管理数字化、网络化、智能化水平”。在用于犯罪侦查的数据之外，政府用于社会风险治理的个人信息最重要的有两类，一类是人的行为数据，包括流动人口

---

① 参见于佳琪:《通信大数据社会治安防控新思路》，载《软件和集成电路》2017 年第 8 期。

② 参见陈振乾、黄书琴:《郑州市 Y-STR DNA 数据库建设及应用的调查研究》，载《中国人民公安大学学报（自然科学版）》2017 年第 1 期。

③ 参见单勇:《基于犯罪大数据的社会治安精准防控》，载《中国特色社会主义研究》2016 年第 6 期。

信息、酒店入住信息、刷卡信息、通话信息、个人出行位置或轨迹信息、会议/集会信息、文体活动信息、网络浏览信息、购物信息、社交信息等；另一类是人的态度数据，包括民意调查数据、网络舆情数据、信访数据和矛盾纠纷处理数据等。[①] 正如国务院《促进大数据发展行动纲要》所指出的那样，“大数据应用能够揭示传统技术方式难以展现的关联关系，推动政府数据开放共享，促进社会事业数据融合和资源整合，将极大提升政府整体数据分析能力，为有效处理复杂社会问题提供新的手段”。

第一，个人信息可以被用于社会风险事件的预测预警。从表面上看，人的行为带有偶然性和不确定性，但利用大数据进行关联性分析，其行为规律是可以被预测的，对公共事件所涉的人和物相关数据进行安全风险关联性比对分析，就可以探知风险点，并预测可能的发展趋势。“大数据的核心就是预测，是把数学算法运用到海量的数据上来预测事情发生的可能性。”[②] 随着智能手机、视频监控和可穿戴设备的普及，对大规模集群行为的动态轨迹进行动态收集和实时分析，已经不是问题。例如，在大型集会中可以通过手机定位实时监测人员流量数据，根据流量变化就预测发生踩踏事件的概率、时间和区域。2015 年跨年夜的上海外滩踩踏事件发生后，百度研究院大数据实验室对当时的情况进行了数据化描述，发现平时外滩的地图搜索和人群汇聚程度基本稳定，但在 2014 年的最后一天两者都达到了峰值。由于很多人去目的地之前都会提前用手机地图软件规划路线，因此，相关地点的地图搜索请求峰值会早于人群密度高峰几十分钟出现，这就提供了对人流量进行预测、及时采取措施、防止悲剧发生的宝贵时间差。[③] 而北京早在 2010 年就在

---

① 参见黄全义等:《城市公共安全大数据》，载《地理空间信息》2017 年第 7 期。

② ［英］维克托·迈尔－舍恩伯格等:《大数据时代：生活、工作与思维的大变革》，盛杨燕、周涛译，浙江人民出版社 2013 年版，第 16 页。

③ 参见吴晓涛等:《大数据时代我国应急管理体系变革新机遇与新挑战》，载《河南理工大学学报（社会科学版）》2016 年第 2 期。

西单、大栅栏商业区、什刹海风景区和天安门广场等地启用了“人群聚集风险预警系统”，以实时监控流动人群。

第二，个人信息可以被用于社会安全事件的应急决策。危机情景下的决策受到信息不完备、时间压力大等客观条件的约束，传统上认为主要只能依靠决策者在苛刻情境下所展现的个人经验和个人素质。[①]而大数据技术使得基于所有数据而不是样本数据的决策成为可能，在应急决策的实践中，大数据分析所带来的信息增量，可以在很大程度上突破由于信息缺失而导致的决策困境。在社会安全事件发生之后，大数据技术将以传统技术难以想象的速度，从大量实时的、碎片化的个人信息中快速分析、研判其关联关系，挖掘社会安全事件的原因、规律、趋势和可能的后果，为应急决策提供信息支持。除此以外，还可以对事件的应急处置方案进行流程和结果模拟，实现应急预案的动态优化，为行政机关提供高效的决策辅助。[②]

第三，个人信息可以被用于分析社会安全事件中的个体行为。不同类型、规模的社会安全事件发生后，或者个体接收到危机事件的预警信息后，每个人避灾的行为模式都不尽相同。而在大数据的支持下，人的各种行为都可以被数据化，“每个人都有自己独特的行为模式，95% 的人可以被识别”[③]。在大数据时代，有三种个体时空信息获取途径：一是手机定位与 GPS 数据等被动获取途径；二是出行活动日志与时间利用日志等主动获取途径；三是社交网络用户签到信息等半主动获取途径。在此基础上，通过可视化分析就可以

① 参见薛澜、张强、钟开斌：《危机管理：转型期中国面临的挑战》，清华大学出版社 2003 年版，第 169 页。

② 参见孙粤文：《大数据：风险社会公共安全治理的新思维与新技术》，载《求实》2016 年第 12 期。

③ 宋轩：《大数据下的灾难行为分析和城市应急管理》，载《中国计算机学会通讯》2013 年第 8 期。

判断个体活动情况。[①] 而通过分析个体的行为模式，就可以在社会安全事件发生之后设计更加有效的风险沟通策略，还可以对受影响人群可能发生的大规模避难、迁移行为进行预测和模拟，并对其撤离路线进行有效推荐，从而优化公众的避灾行为和对危机事件的第一响应能力。[②]

第四，个人信息还可以被用于社会安全事件中的网络舆情管理和危机沟通。社会安全事件发生后通常会引发网络舆情，网络舆情体现为人们的网络言论和网络浏览等行为，包含着丰富的个人信息内容，并具有明显的大数据特征。社会安全事件发生后，主要通过四种机制促进舆情大数据的生成：一是在线社会聚合，即公众在网络空间发布信息、发表观点；二是信息扩散，公众在事件发生后的信息渴求直接推动了信息的扩散；三是“众包”协作，大量“数字志愿者”在网络上通过“众包”协作推动信息的共享、加工和整合；四是集体智能，公众在网络空间上探寻真相，通过对碎片化信息的拼图来获得问题的全景，形成推动问题解决的集体智能。[③] 大数据对网络舆情的分析最终揭示了社交媒体条件下的风险感知、应急响应和危机传播。[④] 政府通过大数据分析从舆情大数据中识别、锁定、收集和提取公众对安全的焦虑和关切，除了可以服务于风险评估预测和决策辅助之外，还可以为与公众的危机沟通提供“精确坐标”，及时回应社会关切。[⑤] 在出现网络谣言的情况下，还可以追踪谣言信息的源头，进而采取针对性的措施。

第五，个人信息还可以被应用到“稳评”当中。“稳评”是作为重大行

---

① 参见周利敏：《迈向大数据时代的城市风险治理——基于多案例的研究》，载《西南民族大学学报（人文社会科学版）》2016 年第 9 期。

② 参见李明：《大数据技术与公共安全信息共享能力》，载《电子政务》2014 年第 6 期。

③ 参见丁翔、张海波：《大数据与公共安全：概念、维度与关系》，载《中国行政管理》2017 年第 8 期。

④ 参见张海波：《应急管理研究向何处去——简论大数据时代的应急管理研究》，载《安全》2017 年第 10 期。

⑤ 参见张海波：《复杂条件下应急管理的战略升级》，载《学习时报》2015 年 12 月 21 日。

政决策的一项前置性程序，需要了解决策事项的利益相关群体和公众对决策的态度、立场和可能的行动倾向、行动资源，对决策出台后的可能面临的社会压力进行测试。尽管在目前，“稳评”主要是通过对利益相关群体的访谈、调查等参与方式来实现的，但在某些决策事项中，网络舆情分析也可以成为“稳评”的一种辅助手段，即在网络上收集、追踪和分析不同类型人群对决策事项所表达出来的言论、观点，用于对社会稳定风险程度进行研判，这就涉及对个人信息的收集和利用。尽管在目前，运用这种方法的情况还不是很多，但随着大数据技术的深入发展，这种方法可望被越来越多的“稳评”机构所采用，这有利于提升“稳评”中社会调查的精准度。

第六，个人信息还可以被应用于在社会安全事件发生后的应急资源配置当中。借助大数据技术，应急资源中的人员和物资流动都可以转化为各种形式的大数据，如通过通信基站可以快速确定通过手机等通信设备发出紧急信号的人员位置，而急救车、消防车等应急设备的运动轨迹可以通过 GPS 进行定位和追踪。通过对这些数据集的分析可以针对事件发生的时空规律对应急资源进行优化配置，对危机情景下应急物资的调运进行最优的线路设计，使应急资源的布局和运用更加精准、高效。[①]

总之，政府对个人信息的利用在社会风险治理中体现得极为充分，政府对个人信息的大数据分析工具大多首先出现并应用于这一领域。而社会风险本质上因人与人之间的社会冲突而产生，政府在这一领域对个人信息的利用与个人权利的关涉必然十分深刻，对个人权利带来的威胁较之其他领域也要大得多。另一方面，由于社会风险治理事关公众重大生命财产安全，加上风险所固有的不确定性对法律在灵活性方面提出的强烈需求，政府在这一领域历来被授予强大且宽泛的紧急权力。如此，则如何在个人权利的克减和保障、在公共权力的赋予和限制之间求得可以持久的平衡，就绝非简单套用个人信

---

① 参见刘冰：《大数据时代的应急管理变革》，载《学习时报》2014 年 12 月 22 日。

息保护的一般规则所能获得，需要认真探求。

四、对社会风险治理中利用个人信息的限制

“从个人信息保护的角度来看，不论是公共部门还是私营部门，只要掌握大量的个人信息，均存在滥用或侵犯个人权利的可能。”[①]“大数据技术的广泛应用实际上正重塑着整个法律体系运作于其中的社会空间，改变着大数据掌控者（包括国家和商业机构）与公民个人之间的权利关系，并创造出许多无须借助法律的社会控制方式，大数据技术使个人变得越来越透明，而权力行使者却变得越来越隐秘。”[②]因此，对个人信息的保护除了要对抗私人，也必然要对抗公共部门。这一点从比较法上可以得到明显印证，“尽管美国和德国对个人信息保护的方式不尽相同，但是也显现出保护的法律领域上一致的趋势：具有宪法上的基本权利和侵权法民事权利的双重属性”[③]。在德国，联邦法院和宪法法院的判例确认了对个人信息自决权的保护是宪法和私法的共同使命，所有违反当事人意志的个人信息处理活动均构成对个人信息自决权的侵害，无论侵权人为国家机关或私主体，德国的《联邦资料保护法》更是公、私统一立法的典型。而在将个人信息自决权作为隐私权一个特殊领域加以保护的美国，其联邦最高法院在若干重要判决中都强调对隐私权的保护涉及宪法上个人尊严和自由的价值。甚至有学者认为，发源于德国法上的个人信息自决权所针对的仅仅是国家强制收集个人信息的行为；[④]而直到

---

① 周汉华：《中华人民共和国个人信息保护法（专家建议稿）及立法研究报告》，法律出版社 2006 年版，第 52 页。

② 郑戈：《在鼓励创新与保护人权之间——法律如何回应大数据技术革新的挑战》，载《探索与争鸣》2016 年第 7 期。

③ 贺栩栩：《比较法上的个人数据信息自决权》，载《比较法研究》2013 年第 2 期。

④ 参见杨芳：《个人信息自决权理论及其检讨——兼论个人信息保护法之保护客体》，载《比较法研究》2015 年第 6 期。

今天，美国的个人信息保护立法主要规制的仍然是国家行为，在私人领域仅针对存在明显加害危险的个别领域进行立法。[①] 国内的研究也已经意识到，政府对个人信息的保护不仅需要规制信息的商业利用者，还包括限制政府本身的权力。“政府不能无节制地肆意收集和利用个人信息，个人信息法律保护制度的发展始终伴随着对政府权力的限制。这是因为个人信息法律保护制度的构建不仅是对公民提供保护，而且是为维护政府自身政权合法性所必须。”[②]“个人信息是一项受法律保护的利益，它不仅需要得到其他民事主体的尊重，也需要国家公权力机构予以尊重。”[③]

研究者同时注意到对公、私部门利用个人信息的限制应该有所不同。首先，公、私部门处理个人信息的目的不同，前者通常是为了国家治理、社会管理和公共服务，后者是出于获取经济利益；其次，信息主体的拒绝能力不同，个人面对国家无法拒绝信息的提供，但完全可以拒绝非公务机关的个人信息处理要求；最后，公共部门的个人信息处理对信息主体的威胁程度显著高于私人。由此，论者认为个人信息保护法对公共部门的规制应当严于私人，针对公共部门个人信息处理行为的保护应当被列入最严格的第一层级。并由此进一步主张借鉴日本的立法模式，在制定统一的《个人信息保护法》基础上，针对行政机关制定类似于其《行政机关持有的个人信息保护法》《独立行政法人等持有的个人信息保护法》等的特别法，以对政府处理个人信息作出更严格的规定。[④] 持此论者不在少数，如吕艳滨也认为“在规制的强度上，

---

① 参见杨芳：《我国个人信息保护法立法模式思考》，载《云南大学学报法学版》2016 年第 4 期。

② 张新宝：《从隐私到个人信息：利益再衡量的理论与制度安排》，载《中国法学》2015 年第 3 期。

③ 王利明：《论个人信息权的法律保护——以个人信息权与隐私权的界分为中心》，载《现代法学》2013 年第 4 期。

④ 参见任龙龙：《大数据时代的个人信息民法保护》，对外经济贸易大学 2017 年博士毕业论文。

要求对公共部门仅能在法定职权范围内进行个人信息处理；而对非公共部门，则既要重视对个人权益的保护，又要尽可能减少因规制而增加其经营成本、阻碍信息的交流”[①]。杨芳认为，我国个人信息保护立法应对公务机关和非公务机关的个人信息收集、处理和利用行为规定严苛程度不同的规则，公务机构的个人信息保护义务应相对较严格，非公务机构的个人信息保护义务应相对较宽松，以兼顾私人领域的信息交流自由。[②]甚至有人提出，应当先就急迫的公共行政领域内个人信息保护问题单独立法。[③]因为依据历史与现实的经验，个人信息领域内侵权行为的最主要危险源是行政权力。而就我国当前个人信息保护的立法现状来看，行政领域内的个人信息立法保护严重不足，明显落后于民事与刑事领域，为填补立法空白，有必要先行制定一部调整行政权力如何处理个人信息的法律。[④]

我们认为，公、私领域的个人信息保护固然有别，但并不能轻易得出公严于私的结论。上述观点固然有其合理性，但显然忽视了事物的另一面。首先，政府利用个人信息所潜在的最大不当动机，莫过于用来强化社会控制和纾解政治压力，这在社会风险治理领域体现得最明显。但是，这种动机和潜在于商业机构的、滥用个人信息追逐利润的动机比起来，孰强孰弱，实难定论。其次，政府内部的风险控制与责任追究机制相对于商业机构而言，总体上更加精细和严格，在行政体系当中产生一个滥用个人信息的决策比起商业机构来，难度要大得多。最后，政府在公共安全方面承担的职能决定了其对私人权利的介入有时候必须获得相对灵活的授权，在社会风险治理当中便是如此，这一点和商业机构完全没有可比性。因此，对个人信息保护一般规则

---

① 吕艳滨:《论完善个人信息保护法制的几个问题》，载《当代法学》2006 年第 1 期。

② 参见杨芳:《我国个人信息保护法立法模式思考》，载《云南大学学报法学版》2016 年第 4 期。

③ 参见陈晓勤:《公共行政领域中的个人信息保护》，载《法学杂志》2013 年第 10 期。

④ 参见姚岳绒:《宪法视野中的个人信息保护》，华东政法大学 2011 年博士学位论文。

的简单套用和对比较法资源的粗暴移植，并无助于回应实践。我们认为，政府在社会风险治理中对个人信息的利用理所应当受到的限制，可以初步归纳为以下几点。

第一，聚合利用原则。政府在社会风险治理中对个人信息的利用可以总结为两类：一是对个人进行识别，进而对识别出来的对象进行标记、监控、追踪乃至采取控制措施，这是一种个别化的利用；二是将大量的个人信息整合在一起用于风险评估、预测、建模或提供其他决策辅助，这是一种聚合化的利用。人们对所谓“数字利维坦”的担忧主要来源于前一种方式。“数字利维坦”的风险在于，国家依靠信息技术的全面装备将公民置于彻底而富有成效的监控体系之下，而公民却难以有效地运用信息技术来维护其权利，即无法通过数字民主来制衡国家的监控体系。[①] 如吉登斯所言，“我们生活在一个福柯称之为国家‘监控’变得越来越广泛和越来越明显的社会。通过计算机和芯片技术的使用，对所属人口信息的储存和控制已成为国家权力的主要媒介。在国家监控活动得到极大发展的条件下，公民权利的维护很大程度上受到了限制”[②]。现实中也确实出现了政府滥用个人信息进行身份识别并损害公民权利的做法。例如，2014 年曾被媒体广泛报道的江苏睢宁县大众信用管理打分评级系统，其评定信用的个人信息涵盖了诸如“围堵冲击党政机关、企业、工地、缠访、闹访”或者“利用网络、短信诬告他人”等颇具争议的公民负面信息，被认为将政府的市场服务功能与强化社会控制混为一谈。[③] 有的地方甚至利用“上访户”的个人活动轨迹信息对其进行定位追踪，进而实施“截访”等人身控制行为。政府利用个人信息对公民进行身份识别用于

---

① 参见肖滨：《信息技术在国家治理中的双面性与非均衡性》，载《学术研究》2009 年第 11 期。

② ［英］安东尼·吉登斯：《阶级分化、阶级冲突与公民身份权利》，熊美娟译，载《公共行政评论》2008 年第 6 期。

③ 参见张永生、孙贝贝：《漩涡中的睢宁政府版征信》，载《新京报》2014 年 7 月 2 日。

社会风险治理，确实对个人权利产生了巨大威胁，使被识别出来的人在社会生活的诸多方面遭受不当的限制和歧视，乃至于生活在惶惶不安当中，极易滑向严重侵害人权的深渊。因此，利用个人信息进行身份识别的手段应当被界定为一种技术侦查措施，只有在当事人涉嫌《刑事诉讼法》所规定的特定罪名时，才可以被动用。[①] 在其他情况下，行政机关为了控制社会风险——这里的社会风险是狭义的，特指那些由于人的行为导致社会危害的风险，不包括自然灾害、传染病疫情、食品安全事件等其他风险——只能对个人信息加以聚合性利用，即在不识别特定人身份的前提下进行社会风险的评估预测以及社会安全事件处置过程中的决策、模拟、资源配置和舆情管理等。而实际上，行政机关在实现这些功能的过程中也确实无需对个人身份加以识别。

第二，有区别的法律保留原则。不同于商业机构和信息主体之间以约定为基础，政府对个人信息的利用必须获得法律的授权，尤其是在社会风险治理这样以人的行为作为监测和分析对象的领域，这一要求在任何情况下都不应当放弃。有学者由此认为，“法律保留原则要求行政机关对个人信息的收集或是处理，皆需要有法律授权，即必须经由全体公民合意的法律授权给行政机关。如果行政机关的收集或处理个人信息行为没有法律规定，则该权力的行使不具有正当性”[②]。但是，大数据技术的迅猛发展决定了更新的、更为有效的、对政府而言更有诱惑力的个人信息分析工具，随时都可能突破法律

---

① 《刑事诉讼法》第150条规定：“公安机关在立案后，对于危害国家安全犯罪、恐怖活动犯罪、黑社会性质的组织犯罪、重大毒品犯罪或者其他严重危害社会的犯罪案件，根据侦查犯罪的需要，经过严格的批准手续，可以采取技术侦查措施。人民检察院在立案后，对于利用职权实施的严重侵犯公民人身权利的重大犯罪案件，根据侦查犯罪的需要，经过严格的批准手续，可以采取技术侦查措施，按照规定交有关机关执行。追捕被通缉或者批准、决定逮捕的在逃的犯罪嫌疑人、被告人，经过批准，可以采取追捕所必需的技术侦查措施。”

② 张娟:《个人信息的功法保护研究》，中国政法大学2011年博士学位论文。

事先划定的界限，甚至为立法者穷竭其当时的想象力所无法预料。而这些工具的出现往往还能显著地增进公共福祉，法律不可能随时对此类情况做出回应，这就要求我们有区别地审视这一特定场域之下的职权法定原则。张新宝教授在其提出的个人信息保护“两头强化、三方平衡”理论中，主张区分个人敏感隐私信息[①]和一般信息，强化对前者的保护和对后者的利用。其中，对个人敏感信息处理的全过程应当适用一般禁止、个别例外，而公务机关执行法定职务可以成为例外情形之一。[②]我们认为对公务行为仅做如此限制失之过宽，即使是行政机关为了执行职务而利用个人一般信息，同样应当具有“法定”理由。但是，这种分类仍具启发性，我们可以据此对行政机关利用个人信息的法律保留程度加以区别。对个人敏感信息的利用，应当获得狭义法律的授权；[③]而对个人一般信息的利用，可以允许法规作为授权依据。

第三，知情原则。个人信息保护的传统机制建立在“知情—同意”的架构之上，要求机构在收集用户个人信息之前，告知用户信息的处理状况，在网络服务的语境中通常表现为发布隐私声明，用户在阅读声明后作出同意的表示，作为对个人信息收集和利用的合法授权。[④]早在 1980 年 OECD《个人

---

① 其列举的个人敏感隐私信息包括有关医疗、基因、性生活、健康检查及犯罪前科记录等。综合《最高人民法院关于审理利用信息网络侵害人身权益民事纠纷案件适用法律若干问题的规定》和《最高人民法院、最高人民检察院关于办理侵犯公民个人信息刑事案件适用法律若干问题的解释》中的规定，个人敏感信息包括基因信息、病历资料、健康检查资料、犯罪记录、家庭住址、私人活动、踪轨迹信息、通信内容、征信信息、财产信息、住宿信息、通信记录、交易信息等。

② 参见张新宝：《从隐私到个人信息：利益再衡量的理论与制度安排》，载《中国法学》2015 年第 3 期。

③ 某些国家的法律并未直接规定对行政机关利用个人信息的授权，而是规定了公法领域中对个人信息保护的豁免，应当认为，这种豁免实际上就构成了对行政机关在相应事项上的授权。

④ 参见范为：《大数据时代个人信息保护的路径重构》，载《环球法律评论》2016 年第 5 期。

数据保护和转移流通操作指南》提出的个人信息保护八原则中的“收集限制原则”就已经明确了这一点，指出“应当对个人数据的收集进行限制，任何这种数据都应当通过合法和公平的方式获取，在适当情况下，应当通知信息主体或取得其同意”[①]。欧盟1995年的《个人数据保护指令》、2016年的《数据保护一般条例》和大多数国家、地区的立法都确认了这一点。[②]但是，政府对个人信息的获取和利用并不以信息主体的同意为前提，而是源于法律的授权。对于禁止非国家机关收集个人信息的原则，主要从“信息主体同意”的角度来设置例外；而对禁止国家机关处理个人信息的原则，主要从职责必须的角度来设置例外。[③]在我国，《全国人民代表大会常务委员会关于加强网络信息保护的决定》《网络安全法》都移植了用户同意机制，但其适用对象都没有将行政机关涵盖在内，前者的规定适用于“网络服务提供者和其他企业事业单位”，后者则适用于“网络产品、服务的提供者”。至于同样规定上述机制的《信息安全技术　公共及商用服务信息系统个人信息保护指南》（GB/Z 28828—2012），更明确将“政府机关等行使公共管理职责的机构”除外。而《信息安全技术　个人信息安全规范》（GB/T 35273—2020）规定，当个人信息的控制者出于与公共安全、公共卫生和重大公共利益直接相关的目的收集、使用个人信息时，无需经过个人信息主体的授权和同意。既然“同意”已不可能，“知情”又是否必须呢？我们认为也应有所取舍。通常认为，信息主体的知情权可以在这样几个方面实现：机构在收集个人信息时应当表

① *OECD Guildlines on the Protection of Privacy and Tranborder Flows of Personal Data*, *1980*, http://www.oecd.org/digital/ieconomy/oecdguidelinesontheprotectionofprivacyandtransborderflowsofpersonaldata.htm，最后访问时间2020年12月17日。

② 有关相关国家、地区立法条款的列举，可以参见任龙龙：《大数据时代的个人信息民法保护》，对外经济贸易大学2017年博士学位论文。

③ 参见蒋舸：《个人信息保护法立法模式的选择——以德国经验为视角》，载《法律科学》2011年第2期。

明其身份，明确告知处理的目的、种类、潜在的个人信息接受者等；如发生个人信息处理目的的改变，或有关个人信息意外泄露、毁灭或损坏等情形，应当及时告知；机构应当确保信息主体的查询权利，后者有权在符合一定形式如书面请求等情况下查询机构的处理行为，了解个人信息处理的情况。[①]这些机制在社会风险治理中是不可能完全实现的。在个人信息被个别化利用，即公安等机关利用个人信息进行技术侦查的情况下，被侦查对象只可能拥有事后知情权。[②]在个人信息被聚合利用的情况下，由于此时损害个人权利的风险已明显降低，部分事项的告知已无必要，而另外某些事项的告知则很难实现。例如，要从被聚合起来的海量信息中单独提取出某个人的信息被处理的情况以准确回应信息主体的查询，其可行性是值得怀疑的。因此，在社会风险治理领域对个人信息的利用中，信息主体的知情权只能被保留在如下范围内：一是行政机关应当公开其对个人信息收集、储存、处理的一般政策，使公众了解哪些个人信息可能在何种情况下被收集、存储以及在何种范围内被利用，以降低公众的疑虑；[③]二是公开行政机关在个人信息收集和利用过程中采取的安全保障措施；三是在有关个人信息出现泄露、损毁等可能损害信息主体权益的情形或风险时，应当及时告知信息主体。

第四，适度放宽的比例原则。比例原则是行政法的支柱之一，“在行政法学中所扮演的角色，可以拟‘诚信原则’在民法中所居之‘帝王条款’之地位”[④]。比例原则要求行政措施的采取必须能实现行政目的或至少有助于目的的达成；为了达到法定的行政目标，所选择的手段是所有可选项中对公民

① 参见任龙龙：《大数据时代的个人信息民法保护》，对外经济贸易大学 2017 年博士学位论文。

② 参见王星辰、周轶：《技术侦查制度之检讨》，载《法律适用》2014 年第 2 期。

③ 参见陈晓勤：《公共行政领域中的个人信息保护》，载《法学杂志》2013 年第 10 期。

④ 陈新民：《中国行政法学原理》，中国政法大学出版社 2002 年版，第 45 页。

权利侵害最小的；行政措施与行政目的之达成必须合乎比例或相称。[①] 比例原则在个人信息保护中主要体现为目的明确、最少够用两个原则，要求处理个人信息具有特定、明确、合理的目的，不扩大使用范围，不在个人信息主体不知情的情况下改变处理个人信息的目的；要求信息的使用者只处理与处理目的有关的最少信息，达到处理目的后，在最短时间内删除个人信息。[②]1995 年欧盟的《个人数据保护指令》和诸多欧盟国家的立法也对此予以明确，[③]2013 年工信部的《电信和互联网用户个人信息保护规定》和全国信息安全标准化技术委员会编制的《信息安全技术　公共及商用服务信息系统个人信息保护指南》也确认了这一点。但这一原则在行政机关利用个人信息的情况下需要有所变通，因为其收集个人信息时，对这些信息预期的可能用途是有限的，“由于对个人数据信息使用的目的多样性、数据之间的关联性和可智能处理性，通过大数据技术的挖掘、开发和处理可能产生出很多衍生的信息和结果，而这些衍生的信息和结果很多是无法在一开始便能准确预见的”[④]。如果当初收集的信息较为有限或较早删除，就可能错失进一步挖掘利用的机会，或者需要付出巨大的成本补充或重新收集。发源于“前信息时代”的个人信息收集目的明确原则和最少够用两个原则，在公私领域都受到了严峻挑战。对于政府收集的个人信息，应当允许其保留一定的冗余度。“潜在价值的概念表明，组织机构应收集尽可能多地使用数据并保存尽可能

---

① 参见谢世宪：《论公法上之比例原则》，载城仲模主编：《行政法之一般法律原则》，三民书局 1999 年版，第 123—124 页。

② *OECD Guidelines on the Protection of Privacy and Transborder Flows of Personal Data, 1980*, http://www.oecd.org/digital/ieconomy/oecdguidelinesontheprotectionofprivacyandtransborderflowsofpersonaldata.htm，最后访问时间 2020 年 12 月 17 日。

③ 1995 年欧盟《个人数据保护指令》第 6 条、第 7 条。

④ 吴伟光：《大数据技术下个人数据信息私权保护论批判》，载《政治与法律》2016 年第 7 期。

长的时间。”[①] 在周汉华教授起草的《中华人民共和国个人信息保护法（专家建议稿）》中，对“目的明确”和“最少够用”两项原则在政府收集、利用个人信息时也给出了比较有弹性的例外，如“履行政府机关法定职责必须使用该个人信息”“为维护国家安全或其他公共利益”“有利于信息主体的合法权益”“有利于防止他人重大权益受到损害”“有正当理由并且仅供政府机关内部使用”等。[②] 不过，比例原则的放宽不应该没有限度，上述例外情形仍然必须通过合理机制在具体情景下一一确定。有学者从 2016 年欧盟的《数据保护一般条例》和 2015 年美国的《消费者隐私权利法案（草案）》出发，提出“场景与风险导向”的个人信息保护新架构，主张对个人信息的利用不应再以用户的知情同意为基础，不应再苛求将信息的收集、利用保持在最小必要的范围，而应当结合个人信息利用可能对用户造成损害或负面影响的具体场景进行风险评估，要求利用者将个人信息处理所引发的风险控制在实现特定目的所必需的合理水平，对个人信息进行后续利用时应将其引发的隐私风险降至实现目的最低水平，个人信息的二次利用不应提升信息原初的隐私风险或给用户带来无法预期的隐私损害，用“风险限定”取代“目的限定”，用“风险最小化”取代“信息最小化”作为处理个人信息的准则。[③] 这一框架对于促进个人信息利用的意义不言而喻，其不足则在于缺乏可以直接遵循的明确性规则，其实现必须依托利用者对信息风险等级划分和风险评估的规则及其工具的开发，以及政府对信息利用主体风险评估、风险控制过程的高

---

① ［英］维克托·迈尔－舍恩伯格等：《大数据时代：生活、工作与思维的大变革》，盛杨燕、周涛译，浙江人民出版社 2013 年版，第 143 页。

② 《中华人民共和国个人信息保护法（专家建议稿）》第 11 条、第 15 条。参见周汉华：《中华人民共和国个人信息保护法（专家建议稿）及立法研究报告》，法律出版社 2006 年版，第 4—6 页。

③ 参见范为：《大数据时代个人信息保护的路径重构》，载《环球法律评论》2016 年第 5 期。

效监管。而在政府作为信息利用者的情况下，这种框架操作必须更加简洁以防止被轻易架空。因此，个人信息利用风险等级的划定和风险评估的实施应当在主管部门——比如将来最有可能扮演这一角色的网信办——的主导下进行；在行政机关提出个人信息利用的新场景时，必须向主管部门提交风险评估报告并获得其同意，同时建立相应的责任回溯机制。

五、结　语

早在2006年，周汉华教授受原国务院信息化办公室委托起草的《中华人民共和国个人信息保护法（专家建议稿）》便已出版，但这一立法进程延宕至今，直到2018年9月，《个人信息保护法》才被正式列入十三届全国人大常委会立法规划的一类项目当中。究其原因，一是近十几年来个人信息的大数据应用在公、私两个领域的突飞猛进，将原来的某些理论远远抛于身后；二是国家在这一领域的立法思路转向以安全思维为主导，以维护信息安全为中心进行制度构建，导致立法片面注重规制个人信息的暴露环节，而忽视了对信息利用等其他环节的规制；三是在安全思维之下，私主体侵权成为个人信息保护的主要情景假设，对相关私法问题的研究蓬勃发展，公法研究则迅速旁落。[①] 这导致对个人信息利用的规制成为短板，而对公共部门利用个人信息的规制又是“短板中的短板”。要补齐这块短板，绝非刻舟求剑式地照搬个人信息保护的成例所能达致，其规则只能从个人信息公共利用的鲜活实践中去提炼。社会风险治理作为政府利用个人信息最为活跃的领域，是提炼这些规则的一个绝佳窗口，这对于完善个人信息保护的公法架构，推动公、私一体的《个人信息保护法》早日出台，均有裨益。

---

① 参见孙平：《系统构筑个人信息保护立法的基本权利模式》，载《法学》2016年第4期。

附录一

关于社会稳定风险评估地方立法的十点建议

对于北京市等地正在开展的社会稳定风险评估的地方立法工作，我们提出如下十点建议，供立法起草部门参考。

第一，“稳评”的性质定位。“稳评”所评估的社会稳定风险，从本质上看是行政决策利益相关群体针对决策事项的主观态度、行动倾向和行动能力，这是一种建构性的社会风险，而不是技术性风险。“稳评”的具体内容、评估技术的成熟度、评估结论的可靠度等因素，与作为典型技术性风险评估的“环评”等都不能相提并论。目前，包括国务院《重大行政决策程序暂行条例》在内的很多文件都将“稳评”和“环评”归为一类，这是不恰当的，在“稳评”的体制、程序、效力、责任追究等制度环节的设计上都导致了一系列偏差。“稳评”的本质是一种特殊的公众参与机制，其所解决的是行政决策中的“民主”问题，而不是“科学”问题。关于“稳评”的立法，应当立足在这一前提性的认识之下来展开。

第二，“稳评”的责任主体。“稳评”是行政决策的前置程序之一，如果按照“谁决策谁负责”“谁主管谁负责”两个原则来确定评估责任主体，就会出现决策者和评估负责者的重合。这种体制安排一方面导致决策者自身的风险极大，既要对决策前置程序负责，还要对决策过程和决策结果负责；另一方面会扭曲“稳评”的真实性和有效性，使决策者按照其既定的决策导向操纵“稳评”结果，使“稳评”变成纯粹“走过场”。比较合理的做法是：在项目类决策中，由项目的业主单位作为“稳评”的负责者；在非项目类决策中，由决策的承办机构作为“稳评”的负责者。无论谁作为负责者，在将评估项目委托给第三方机构去实施，并通过充分沟通表达了自己对决策项目的“利益—风险”立场之后，就不应再具体介入后续的评估过程。

第三，“稳评”报告的审查主体。目前普遍的做法是由决策项目属地的基层政府——主要是区县政府——对“稳评”报告进行审查，理由是维稳工作实行属地管理。在属地政府本身就是决策者的情况下，这种做法是没有问题的；而在决策权属于上级政府或其部门的情况下，这将造成权责错位，带来消极后果。一方面，“稳评”报告对决策结果有较强的影响力，由属地政府审查、批准“稳评”报告实际上分割了上级机关的决策权，导致决策权的碎片化；另一方面，在项目类决策中，决策的通过通常会给属地政府带来经济发展等绩效，其具有强烈推动决策通过的愿望，由其审批“稳评”报告实际上给了其操纵“稳评”结果的机会。在这种情况下，应当由决策机关同时负责“稳评”报告的审查、批准，属地政府在此过程中的角色只是一个利益相关者，可以在“稳评”的实施过程中充分表达其对决策项目的“利益—风险”立场，但不能由其负责“稳评”报告的审查。

第四，实施“稳评”的第三方。“稳评”的具体实施应当委托给第三方机构，并尽可能保证第三方在操作过程中的独立性，这一点目前已经有高度共识。当前一个棘手的问题是，要不要对第三方设定一个准入门槛。不设定门槛，则难以保证“稳评”报告的起码质量，还给评估负责者和实施者之间的利益输送留下了较大空间；设定门槛则与当前简政放权的行政审批改革大方向相背离，且地方政府规章无权创设经常性的行业准入许可。对此，可以考虑采取“借用”许可的方式，就是规定已经具有法律、法规所设定的某种行业准入资质的单位，或者具备这些资质并同时符合其他若干条件的单位，可以承接“稳评”业务，具体通过招投标程序确定。这种可以被“借用”的许可主要包括工程咨询服务资质、会计师事务所资质、律师事务所资质等。

第五，“稳评”的启动时机。“稳评”启动实施的时机应当提前，如果是项目类决策，“稳评”应当在项目的规划阶段就开始实施；如果是非项目类决策，应当在开始决策论证的环节实施。如果等到行政决策的其他若干前置程序结束之后再实施“稳评”，此时决策机关已经形成了较强的决策倾向，在行政体系内部已经没有足够强大的力量能够通过“稳评”去改变这种倾向了，“稳评”也就成了“走过场”。即使此时通过“稳评”发现了重大的社会稳定风险因素，最终也确实纠正了原来的决策倾向，由于前期已经投入了相当的人财物力，也会造成很多不必要的损失。

第六，“稳评”的实施过程。“稳评”的实施过程应当是多阶段动态循环的，因为“稳评”所测量的是人的主观态度，这种态度是可以随着风险沟通的进展而发生变化的，“稳评”的实施也正是为了引导行政决策的利益相关群体在态度上发生某种有利于决策机关的变化。目前，大多数地方的“稳评”都采取“一锤定音”的做法，实施“稳评”的目的就是得到一个高、中、低的风险等级，以判断原来拟定的决策方案是否应当获得通过。这是“舍本逐末”的做法，削弱了“稳评”识别、化解和缓解社会稳定风险的积极作用，成了一道纯粹的决策门槛，导致项目业主单位或决策承办单位以及基层政府的普遍抵制。因此，应当将“稳评”设定为一个多阶段滚动的动态过程，在每一阶段将风险识别出来之后便实施风险沟通和采取风险缓解措施，之后再重新评估，直到风险被降低到决策机关可以接受的程度。

第七，“稳评”结论的内容。受到发改委系统实施多年的重大固定资产投资“稳评”习惯做法的影响，“稳评”的结论通常会将决策项目面临的多个社会稳定风险点简化为一个整体风险来对待，通过一系列公式的计算得到一个风险系数，并对应高、中、低的某一风险等级。很多地方进一步规定要将决策结果和风险等级一一对应起来，比如低风险可以通过决策、中风险要暂缓决策、高风险要否定决策。这种做法错误地高估了“稳评”结论的可靠性，并且不恰当地压缩了决策机关做出政治判断的空间，还大大提高了评估负责者和实施者的风险，对其施加了事实上难以承受的压力，同时进一步诱发了相关主体操纵、篡改“稳评”结果的动力。我们认为，“稳评”的目的只在于为政府的风险决策提供参考和建议，其结论应当是将决策项目中面临的风险点一一揭示出来，并根据其风险等级排序，同时对如何消除或缓解这些风险提出建议。

第八，“稳评”报告的效力。“稳评”报告不应当被赋予和决策结果一一对应的刚性效力，而应该是一种弹性效力，主要体现在两个方面。一是允许决策机关最终在综合权衡各种因素的基础上，做出和“稳评”报告提示方向不同的决策，但决策机关必须将其决策结果和“稳评”报告之间的关系做出充分的说理，从而倒逼其认真对待“稳评”报告提出的建议。二是决策机关必须对“稳评”报告中所揭示出来的、建议优先处理的风险点采取风险化解措施，将其降低到可以接受的程度，并在做出决策时就风险化解的效果做出说明。如果在决策实施之后，由于这些风险点引发群体性事件，应当追究决策机关的责任。

第九，“稳评”的责任追究。当前，面向社会稳定风险的责任追究体系在行政决策的各方面中最为复杂、严密，但并未收到实效。在作为决策前置的“稳评”中，追责事由过度冗余，导致形式主义倾向；将“稳评”的结果和决策做出的责任挂钩，诱发了对评估结果的操纵；决策实施中的追责机制刺激了利益相关者和政府的博弈；单纯结果导向的责任倒查机制降低了行政管理效率，导致行政不作为。为此，在规定行政决策责任追究的节点和责任构成时，要特别注意避免将政治责任、法律责任和等级责任相混淆，谨慎地在决策前置程序和做出程序中设定违法归责的事由，将结果问责的运用限定在极为有限的特殊情况下。

第十，“稳评”主管部门的职能定位。主管部门应当具备三重职能：在当地党委、政府作为决策机关的情况下，主管部门是其社会稳定方面的决策辅助机构，类似于合法性审查中的司法行政部门（原来政府法制机构履行的职能），其主要职责是具体负责“稳评”报告的审查并提出决策建议；在决策权属于上级机关的情况下，决策事项的属地党委、政府处于利益相关者的地位，主管部门此时应当成为党委、政府的参谋助手，就属地党委、政府如何说服决策机关接受自己的意见提出方案；属地党委、政府同时是本区域行政决策事项所引发的整体社会风险的第一应对者，主管部门需要具体承担在这个问题上的日常工作，类似于应对其他类型突发事件时的专业机构。为此，主管部门应当全面掌握与本区域有关的每一个决策项目的“稳评”报告及其相关信息，并将其应用到当地党委、政府实施社会风险治理的整个过程中去。

附录二

关于在审判执行工作中建立社会稳定风险评估机制的实施意见（建议稿）

第一章 总 则

第一条【目的意义】 为了妥善处置法院审判执行工作中的各类社会矛盾，从源头上预防和减少涉诉社会稳定风险，促进社会和谐稳定，根据《国有土地上房屋征收与补偿条例》，根据本院实际，制定本意见。

第二条【概念界定】 审判执行工作中的社会稳定风险评估，是指人民法院在审判执行工作中特别是在重要司法决策出台和实施前，对审判执行工作可能涉及的影响社会稳定的风险进行系统的预测、分析和评估，并将评估结论作为制定和实施司法决策的重要依据的一项制度。

第三条【评估原则】 审判执行工作中的社会稳定风险评估工作应当坚持以下原则：

1. 全程评估原则：社会稳定风险评估应当贯穿于立案、审判、执行等整个诉讼流程。凡遇社会稳定风险苗头，均应进行分析评估。

2. 预防为主原则：坚持把社会稳定风险评估工作与审判执行工作同步推进，实现涉诉矛盾与风险防范关口前移，确保在重大司法决策出台和实施前把社会稳定风险因素调整至可控范围内。

3.“谁主管谁负责”原则：负责审判执行工作的审判组织（承办人）是具体案件社会稳定风险评估工作的直接责任人，相关业务庭是审判执行工作中社会稳定风险评估工作的具体组织者和相应责任的承担者。

4.处置与评估同步原则：开展社会稳定风险评估的同时应当同步研究制定风险防范控制措施，及时处置新情况、新问题，抓住有利条件化解相关涉诉矛盾。

第四条【组织体制】 法院院长是审判执行工作中社会稳定风险评估工作的第一责任人。分管院领导负责具体指导和协调分管部门的社会稳定风险评估工作，并根据本实施意见的规定对社会稳定风险评估报告进行审批。审判委员会在讨论决定其职权范围内的重大复杂案件时，应当对相关社会稳定风险评估报告和化解措施一并进行研究，并加强对社会稳定风险评估整体工作的指导。

第二章 评估的范围和内容

第五条【评估范围与环节】 符合以下条件的案件，在决定立案、开庭审理、宣判、裁定再审、采取司法强制措施、强制执行以及实施其他重要司法决策前，应当进行社会稳定风险评估：

1.涉案矛盾尖锐，当事人存在消极厌世情绪，可能引发激烈信访、自杀、自伤或攻击他人等恶性事件的案件；

2.可能引发群体信访或其他群体性事件的集团诉讼案件，以及矛盾复杂、牵涉面较广的案件；

3.涉及政治、民族、宗教、外交等特殊因素，可能引发不良影响的案件；

4.适用法律较为困难，裁判后难以执行或者可能引发不良社会效果的案件；

5.在一定范围内有较大影响，社会公众和媒体舆论较为关注的案件；

6.其他社会影响大、群众关注度高，可能存在重大社会稳定风险的案件。

第六条【评估内容】 审判执行工作的社会稳定风险评估应当包括以下内容：

1. 特定审判执行方案有无社会稳定风险；

2. 特定审判执行方案存在何种社会稳定风险；

3. 引发该项社会稳定风险的原因；

4. 该项社会稳定风险的级别、发生可能性及发展趋势；

5. 处理应对该项社会稳定风险的对策和建议。

第七条【风险级别】 根据社会稳定风险的规模、社会影响及危害程度将其划分为三个级别：

1. 一级社会稳定风险：是指当事人可能采取凶杀、爆炸、自杀等极端行为，可能组织煽动有关人员游行示威、围堵国家机关或其他敏感场所，滋生重大事端，或者案件的处理可能引起境内外媒体炒作或敌对势力攻击，影响我国内政外交大局和国际形象的特别重大风险。

2. 二级社会稳定风险：是指当事人可能纠结多人进京或到省、自治区、直辖市有关部门信访，滋生事端，或者案件处理可能引发连锁反应，造成事态扩大的重大风险。

3. 三级社会稳定风险：是指可能引发当事人情绪对抗升级，滞留法院或信访有关部门不归，以及其他较大的社会稳定风险。

第八条【风险分级控制标准】 经评估认为案件处理存在社会稳定风险的，应当采取本意见第十二条规定的措施，确保相关社会稳定风险得到妥善化解或有效控制。确需继续出台或实施预定司法决策的，应当满足以下防范控制标准：

1. 对一级社会稳定风险，预定的司法决策应当在防范控制措施、应急预案切实有效，相关的特别重大风险能够被有效避免，上级和社会各方面取得广泛共识之后付诸实施。

2. 对二级社会稳定风险，预定的司法决策应当在防范控制措施、应急预案切实有效，确保事态不扩大，矛盾不升级之后付诸实施。

3. 对三级社会稳定风险，预定的司法决策应当在应急预案得到落实，社会稳定风险降低到可控制、可处置的程度之后付诸实施。

第三章　评估的程序和方式

第九条【制定评估方案】 承办人在案件处理过程中发现社会稳定风险苗头的，应当即时开展社会稳定风险预估，初步判断相关审判执行工作是否存在社会稳定风险。经预估认为案件可能存在社会稳定风险的，应当拟定社会稳定风险评估方案，填写《审判执行工作社会稳定风险评估表》并报本部门负责人审核后组织实施。

第十条【分析风险因素】 承办部门应当采取深入调查、重点走访、座谈会、问卷调查等形式，全面收集与案件有关的涉稳定信息，广泛征求各方面意见。对争议较大、专业性较强的评估事项，可以采取公开听证、专家咨询或委托专业机构评估等方式，准确评估案件处理可能存在的社会稳定风险因素。

第十一条【编制评估报告】 承办部门应当根据评估所掌握的情况，按照本意见第七条的规定确定本案社会稳定风险的级别；并按照本意见第八条的规定制定相应的防控化解措施和必要的应急预案，编制专案评估报告。社会稳定风险评估报告应当包括本意见第六条规定的内容。

三级风险的评估报告经庭负责人批准后实施；二级风险的评估报告原则上由庭负责人批准后实施，庭负责人认为有必要时，也可以提请分管院领导审定；一级风险的评估报告由分管院领导批准后实施。

第十二条【落实维稳措施】 相关部门和承办人应当根据评估报告的要求，采取相应的风险防控化解措施：需要调整预定司法决策的，根据法定程序建议审判组织直至审判委员会做出相应的司法决策调整；对涉诉矛盾较为激烈、审判执行工作尚不具备条件的事项，要深化释法析理等相关延伸工作，促进矛盾缓和化解。

对按照相关法律法规和形势需要亟须付诸实施，但又确实存在社会稳定风险的事项，要提前制定社会稳定风险防控措施和紧急事件应急预案。风险防范控制措施和应急预案应当周密、具体、可操作，明确相关工作的组织领导、职责分工、具体措施、时间节点等内容。

第十三条【做好跟踪反馈】 相关部门和承办人对经评估付诸实施的事项要全程跟踪，及时发现和处置后续发生的矛盾和风险。发现原评估报告存在不当或相关情况发生重要变化的，应当及时启动后续评估程序。后续评估按照本意见第十一条至本条规定的程序进行。

第四章　配套机制和保障措施

第十四条【法院评估与政府评估的衔接】 对需要人民政府及其相关部门提供社会稳定风险评估报告的行政案件或其他案件，要强化对政府评估报告的审查，发现相关评估结论存在不当的，应当要求人民政府及其相关部门重新评估，必要时也可以由法院自行组织评估，确保评估结论的准确性。

第十五条【风险提示机制】 已经做出的风险评估结论对后续的审判流程继续有效，但按照本意见第十三条的规定予以调整的除外。社会稳定风险在审判执行的前一环节未能有效化解的，在向下一环节移送案件时应当做出明确的提示。

第十六条【风险信息共享】 信访、纪检监察等相关部门在当事人来信来访、投诉中发现审判执行工作可能存在社会稳定风险苗头的，应当做好记录并向责任部门通报。

第十七条【材料存档】《审判执行工作社会稳定风险评估表》与相关司法决策实施情况、风险防范控制措施和应急预案的落实情况等相关材料应当归入卷宗副卷，并随案件审判流程移交至后续责任主体。

第十八条【考评机制】 把审判执行工作中的社会稳定风险评估工作作

为各部门审判质效及目标管理考核的重要内容，确保相关制度落实到位。对风险评估和采取防范控制措施有力、效果良好的，给予表彰奖励；对因不认真履职、组织实施不力、应分析评估而未分析评估，引发社会不稳定事件或造成其他严重后果的，依照有关规定追究相关部门和人员的责任。

REFERENCES 参考文献

一、著作类

（一）中文

[1] 王名扬:《法国行政法》，中国政法大学出版社1989年版。

[2] 张步洪、王万华:《行政诉讼法律解释与判例述评》，中国法制出版社2000年版。

[3] 陈新民:《中国行政法学原理》，中国政法大学出版社2002年版。

[4] 薛澜、张强、钟开斌:《危机管理：转型期中国面临的挑战》，清华大学出版社2003年版。

[5] 陆益龙:《户籍制度：控制与社会差别》，商务印书馆2004年版。

[6] 顾培东:《社会冲突与诉讼机制》，法律出版社2004年版。

[7] 朱新力:《司法审查的基准》，法律出版社2005年版。

[8] 许宗力:《法与国家权力（一）》，元照出版有限公司2006年版。

[9] 周汉华:《中华人民共和国个人信息保护法（专家建议稿）及立法研究报告》，法律出版社2006年版。

[10] 张国庆:《公共行政学》，北京大学出版社2007年版。

[11] 王锡锌:《公众参与和行政过程——一个理念与制度分析的框架》，中国民主法制出版社2007年版。

[12] 侯猛:《中国最高人民法院研究——以司法的影响力切入》，法律出版社2007年版。

[13] 宋涛:《社会规律属性与行政问责实践检验》，社会科学文献出版社 2010 年版。

[14] 沈岿:《公法变迁与合法性》，法律出版社 2010 年版。

[15] 王泽鉴:《人格权法》，新学林出版股份有限公司 2012 年版。

[16] 肖北庚、王伟、邓慧强:《行政决策法治化研究》，法律出版社 2015 年版。

（二）译著

[1] [美] 迈克尔 · D. 贝勒斯:《法律的原则——一个规范的分析》，张文显等译，中国大百科全书出版社 1996 年版。

[2] [美] 波斯纳:《法律的经济分析》，蒋兆康译，中国大百科全书出版社 1997 年版。

[3] [德] 拉德布鲁赫:《法学导论》，米健、朱林译，中国大百科全书出版社 1997 年版。

[4] [日] 盐野宏:《行政法》，杨建顺译，法律出版社 1999 年版。

[5] [德] 哈特穆特 · 毛雷尔:《行政法学总论》，高家伟译，法律出版社 2000 年版。

[6] [澳] 欧文 · E. 休斯:《公共管理导论》(第 2 版)，彭和平等译，中国人民大学出版社 2001 年版。

[7] [美] 卡多佐:《司法过程的性质》，朱苏力译，商务印书馆 2001 年版。

[8] [德] 乌尔里希 · 贝克:《风险社会》，何博闻译，译林出版社 2003 年版。

[9] [德] 弗里德赫耳穆 · 胡芬:《行政诉讼法》(第 5 版)，莫光华译，法律出版社 2003 年版。

[10] [美] 凯斯 · R. 孙斯坦:《风险与理性——安全、法律及环境》，师

帅译，中国政法大学出版社 2005 年版。

[11][德]康德:《历史理性批判文集》，何兆武译，商务印书馆 2005 年版。

[12][德]魏德士:《法理学》，丁晓春、吴越译，法律出版社 2005 年版。

[13][英]布朗·贝尔、[法]加朗伯特:《法国行政法》，高秦伟、王锴译，中国人民大学出版社 2006 年版。

[14][美]保罗·斯洛维奇:《风险的感知》，赵延东等译，北京出版社 2007 年版。

[15][日]盐野宏:《行政法总论》(第 4 版)，杨建顺译，北京大学出版社 2008 年版。

[16][美]查尔斯·J. 福克斯、休·T. 米勒:《后现代公共行政——话语指向》，楚艳红等译，中国人民大学出版社 2013 年版。

[17][英]维克托·迈尔－舍恩伯格等:《大数据时代：生活、工作与思维的大变革》，盛杨燕、周涛译，浙江人民出版社 2013 年版。

（三）英文

[1] Paul C. Stern，Harvey V. Fineberg. *Understanding Risk-Informing Decisions in a Democratic Society*. Washington DC：National Academy Press，1996.

[2] Jay M. Shafritz. *International encyclopedia of public policy and administration*. Colorado：Westview Press，1998.

[3] IOC. *Principles and Guidelines for Social Impact Assessment in the USA*，2003.

[4] William F. Funk，Richard H. Seamon，*Administrative Law*：*Examples and Explanations*. Aspen Publishers lnc.，2006.

[5] Renn O.，Walker K.D.（eds.）. *Global Risk Governance*：*Concept and Practice Using the IRGC Framework*. Springer，2008.

二、论文类

（一）中文

［1］章剑生:《论行政程序违法及其司法审查》，载《行政法学研究》1996年第1期。

［2］郭道晖:《对行政许可是“赋权”行为的质疑——关于享有与行使权利的一点法理思考》，载《法学》1997年第11期。

［3］陈瑞华:《通过法律实现程序正义》，载《北大法律评论》（第1卷第1辑），法律出版社1998年版。

［4］方世荣:《行政许可的涵义、性质及公正性问题探讨》，载《法律科学》1998年第2期。

［5］刘莘:《具体行政行为效力初探》，载《中国法学》1998年第5期。

［6］谢世宪:《论公法上之比例原则》，载城仲模主编:《行政法之一般法律原则》，三民书局1999年版。

［7］余军:《对“违反法定程序”若干问题的思考》，载《浙江省政法管理干部学院学报》1999年第4期。

［8］王锡锌:《行政程序理性原则论要》，载《法商研究》2000年第4期。

［9］汪永清:《关于行政许可制度的几个问题》，载《国家行政学院学报》2001年第6期。

［10］杨建顺:《行政程序立法的构想及反思》，载《法学评论》2002年第6期。

［11］马怀德、王亦白:《行政诉讼目的要论》，载《行政法论丛》（第6卷），法律出版社2003年版。

［12］王锡锌、章永乐:《专家、大众与知识的运用——行政规则制定过程的一个分析框架》，载《中国社会科学》2003年第3期。

［13］胡希宁、贾小立、杨平安：《信息经济学的理论精华及现实意义》，载《中共中央党校学报》2003年第11期。

［14］周佑勇：《行政程序的正当性与正当的行政程序原则》，载《公法研究》（第2辑），浙江大学出版社2004年版。

［15］王朝刚、李开孟：《投资项目社会评价专题讲座》，载《中国工程咨询》2004年第3期。

［16］章剑生：《行政许可的内涵及其展开》，载《浙江学刊》2004年第3期。

［17］余凌云：《违反行政程序的可撤销理论》，载《国家行政学院学报》2004年第4期。

［18］陈端洪：《行政许可与个人自由》，载《法学研究》2004年第5期。

［19］周汉华：《〈行政许可法〉：困境与出路》，载吴敬琏等主编：《洪范评论》（第2卷第2辑），中国政法大学2005年版。

［20］程启智：《问责制、最优预防与健康和安全管制的经济分析》，载《中国工业经济》2005年第1期。

［21］蔡虹：《释明权：基础透视与制度构建》，载《法学评论》2005年第1期。

［22］周汉华：《行政许可法：观念创新与实践挑战》，载《法学研究》2005年第2期。

［23］刘东亮：《无害性审查：行政许可性质新说》，载《行政法学研究》2005年第2期。

［24］薛刚凌：《论行政程序制度的理性价值》，载《湛江师范学院学报》2005年第2期。

［25］齐爱民：《中华人民共和国个人信息保护法（示范法草案学者建议稿）》，载《河北法学》2005年第6期。

［26］编者按：《社会科学中的优良中差》，载《国际社会科学杂志（中文

版）》2005年第2期。

[27] 杨欣、王静:《论违反行政程序的法律责任》，载《国家行政学院学报》2005年第3期。

[28] 杨伟东:《行政程序违法的法律后果及其责任》，载《政法论坛》2005年第4期。

[29] 林鸿潮、肖竹:《行政许可与出租车行业政府管制》，载《经济法学评论》(第6卷)，中国法制出版社2006年版。

[30] 柳砚涛、刘宏渭:《法律保留原则的发展趋势》，载《山东警察学院学报》2006年第1期。

[31] 吕艳滨:《论完善个人信息保护法制的几个问题》，载《当代法学》2006年第1期。

[32] 邓峰:《领导责任的法律分析——基于董事注意义务的视角》，载《中国社会科学》2006年第3期。

[33] 杨建顺:《论政府职能转变的目标及其制度支撑》，载《中国法学》2006年第6期。

[34] 刘平、陈素萍、张华:《建立行政决策失误责任追究的法律制度研究》，载《政府法制研究》2006年第8期。

[35] 朱芒:《行政程序中正当化装置的基本构成——关于日本行政程序法中意见陈述程序的考察》，载《比较法研究》2007年第1期。

[36] 张海波:《社会风险研究的范式》，载《南京大学学报（哲学人文科学社会科学版）》2007年第2期。

[37] 刘漪:《服务契约理念下政府管理行为的问责进路》，载《华东政法大学学报》2007年第4期。

[38] 宋雅芳:《试论违反行政程序的法律后果》，载《中州学刊》2007年第4期。

[39] 莫于川:《推进行政改革·打造法治政府·构建和谐社会——行政

管理改革创新的背景、趋势、重点和界限》，载《北方法学》2007 年第 5 期。

[40] 周黎安：《中国地方官员的晋升锦标赛模式研究》，载《经济研究》2007 年第 7 期。

[41] 杨华均等：《工程项目社会影响评价的回顾与展望》，载《中国农学通报》2007 年第 8 期。

[42] 李军鹏：《当代西方政府问责制度的新发展及其启示》，载《上海行政学院学报》2008 年第 1 期。

[43] 吴杰：《辩论主义与协同主义的思辩——以德、日民事诉讼为中心》，载《法律科学》2008 年第 1 期。

[44] 张卿：《论行政许可的优化使用——从法经济学角度进行分析》，载《行政法学研究》2008 年第 4 期。

[45] [英] 安东尼·吉登斯：《阶级分化、阶级冲突与公民身份权利》，熊美娟译，载《公共行政评论》2008 年第 6 期。

[46] 王锡锌：《行政决策正当性要素的个案解读——以北京市机动车"尾号限行"政策为个案的分析》，载《行政法学研究》2009 年第 1 期。

[47] 朱苏力：《法条主义、民意与难办案件》，载《中外法学》2009 年第 1 期。

[48] 何海波：《司法判决中的正当程序原则》，载《法学研究》2009 年第 1 期。

[49] 张强：《论司法理性的内涵》，载《吉林工商学院学报》2009 年第 2 期。

[50] 章剑生：《对违反法定程序的司法审查——以最高人民法院公布的典型案件（1985—2008）为例》，载《法学研究》2009 年第 2 期。

[51] 王贵松：《行政裁量的内在构造》，载《法学家》2009 年第 2 期。

[52] 高秦伟：《论违反行政程序的原因与形态》，载《长春市委党校学报》2009 年第 4 期。

[53] 姜敏:《论行政首长问责的归责原则——重庆市行政首长问责实践的启示》,载《政治与法律》2009 年第 10 期。

[54] 肖滨:《信息技术在国家治理中的双面性与非均衡性》,载《学术研究》2009 年第 11 期。

[55] 刘太刚:《问责风暴的非理性倾向及对策思考》,载《领导科学》2009 年第 29 期。

[56] 周杰、杨望成:《行政问责与官员复出——中国政府应对突发事件的机制》,载《第十届中国制度经济学年会论文集》,2010 年。

[57] 李强、史玲玲、叶鹏飞、李卓蒙:《探索适合中国国情的“社会影响评价”指标体系》,载《河北学刊》2010 年第 1 期。

[58] 张海波、童星:《公共危机治理与问责制》,载《政治学研究》2010 年第 2 期。

[59] 于立深:《违反行政程序司法审查中争点问题》,载《中国法学》2010 年第 5 期。

[60] 童星:《公共政策的社会稳定风险评估》,载《学习与实践》2010 年第 9 期。

[61] 崔卓兰、段振东:《维护政府的合法性——官员问责制的政治意义》,载《兰州学刊》2010 年第 10 期。

[62] 王胜俊:《扎实推进三项重点工作　努力实现人民法院工作新发展》,载《求是》2010 年第 14 期。

[63] 曹正汉:《中国上下分治的治理体制及其稳定机制》,载《社会学研究》2011 年第 1 期。

[64] 炅晶雯:《“社会问题司法化”背景下的司法价值选择及路径探索》,载《山东审判》2011 年第 1 期。

[65] 景跃进:《关于民主发展的多元维度与民主化序列问题——民主化理论的中国阐释之二》,载《新视野》2011 年第 2 期。

[66] 蒋舸:《个人信息保护法立法模式的选择——以德国经验为视角》,载《法律科学》2011 年第 2 期。

[67] 冯辉:《问责制、监管绩效与经济国家——公共安全事故问责现状之反思》,载《法学评论》2011 年第 3 期。

[68] 张志红:《社会风险评估机制的多维审视》,载《人民论坛》2011 年第 3 期。

[69] 李强、史玲玲:《"社会影响评价"及其在我国的应用》,载《学术界》2011 年第 5 期。

[70] 容志、陈奇星:《"稳定政治":中国维稳困境的政治学思考》,载《政治学研究》2011 年第 5 期。

[71] 柳恒超:《风险的属性及其对政府重大决策社会风险评估的启示》,载《上海行政学院学报》2011 年第 6 期。

[72] 廉如鉴、黄家亮:《社会管理创新视野下重大事项社会稳定风险评估》,载《湖南社会科学》2011 年第 6 期。

[73] 张振生:《关于重大项目社会稳定风险分析评估中的几个问题》,载《中国工程咨询》2011 年第 9 期。

[74] 孔祥勉:《"天价维稳"现象的政策浅析》,载《改革与开放》2011 年第 12 期。

[75] 董幼鸿:《重大事项社会稳定风险评估制度的实践与完善》,载《中国行政管理》2011 年第 12 期。

[76] 宋航、沈竹莺:《专家陪审的制度效用和正当性分析——以金融审判为视角》,载万鄂湘主编:《审判权运行与行政法适用问题研究》,人民法院出版社 2011 年版。

[77] 徐亚文、伍德志:《论社会稳定风险评估机制的局限性及其建构》,载《政治与法律》2012 年第 1 期。

[78] 何海波:《内部行政程序的法律规制(下)》,载《交大法学》2012

年第 2 期。

[79] 陈振宇:《“不予撤销的程序违反行为”的司法认定》, 载《上海政法学院学报》2012 年第 3 期。

[80] 朱德米:《开发社会稳定风险评估的民主功能》, 载《探索》2012 年第 4 期。

[81] 曹缪辉、王太高:《行政许可设定权的反思与重构》, 载《学海》2012 年第 4 期。

[82]《筑牢决策的科学民主基石——中央维稳办副主任夏诚华谈建立健全社会稳定风险评估机制》, 载《紫光阁》2012 年第 6 期。

[83] 唐皇凤:《“中国式” 维稳: 困境与超越》, 载《武汉大学学报(哲学社会科学版)》2012 年第 5 期。

[84] 王利明:《论个人信息权在人格权法中的地位》, 载《苏州大学学报》2012 年第 6 期。

[85] 于建嵘:《当前压力维稳的困境与出路——再论中国社会的刚性稳定》, 载《探索与争鸣》2012 年第 9 期。

[86] 张玉磊、汪大海:《重大事项社会稳定风险评估制度的运行框架与政策建议》, 载《中国行政管理》2012 年第 12 期。

[87] 李开孟、彭振武、徐成彬:《我国项目稳评机制存在的问题、原因及对策》, 载《创新与创业管理》(第 9 辑), 2013 年。

[88] 彭宗超等:《社会生态系统治理视角下的中国社会稳定风险评估的理论框架与指标体系新探》, 载《公共管理评论》2013 年第 2 期。

[89] 成协中:《风险社会中的决策科学与民主——以重大决策社会稳定风险评估为例的分析》, 载《法学论坛》2013 年第 1 期。

[90] 曹正汉、周杰:《社会风险与地方分权——中国食品安全监管实行地方分级管理的原因》, 载《社会学研究》2013 年第 1 期。

[91] 李开孟:《风险社会与社会稳定风险评估》, 载《中国工程咨询》

2013 年第 2 期。

[92] 王宏伟:《完善重大决策社会稳定风险评估机制的五大转变》，载《云南社会科学》2013 年第 2 期。

[93] 陈晓正、胡象明:《重大工程项目社会稳定风险评估研究——基于社会预期的视角》，载《北京航空航天大学学报（社会科学版）》2013 年第 2 期。

[94] 任海青:《论行政许可设定——以价值分析为主线》，载《山西大学学报（哲学社会科学版）》2013 年第 2 期。

[95] 贺栩栩:《比较法上的个人数据信息自决权》，载《比较法研究》2013 年第 2 期。

[96] 许传玺、成协中:《重大决策社会稳定风险评估的制度反思与理论建构》，载《北京社会科学》2013 年第 3 期。

[97] 余凌云:《对我国行政问责制度之省思》，载《法商研究》2013 年第 3 期。

[98] 王柳:《国外问责研究的基本问题及理论发展》，载《中共浙江省委党校学报》2013 年第 4 期。

[99] 王利明:《论个人信息权的法律保护——以个人信息权与隐私权的界分为中心》，载《现代法学》2013 年第 4 期。

[100] 薛刚凌、杨欣:《论我国行政诉讼构造:“主观诉讼”抑或“客观诉讼”》，载《行政法学研究》2013 年第 4 期。

[101] 周林刚、王阳:《公民参与视野下的社会稳定风险评估——以深圳 X 环境园的社会稳定风险评估为例》，载《北京工业大学学报（社会科学版）》2013 年第 5 期。

[102] 李酣、马颖:《过度问责与过度规制——中国质量安全规制的一个悖论》，载《江海学刊》2013 年第 5 期。

[103] 谢岳、党东升:《“维稳”绩效困境:公共安全开支视角》，载《同

济大学学报（社会科学版）》2013 年第 6 期。

[104] 宋轩:《大数据下的灾难行为分析和城市应急管理》，载《中国计算机学会通讯》2013 年第 8 期。

[105] 陈晓勤:《公共行政领域中的个人信息保护》，载《法学杂志》2013 年第 10 期。

[106] 李开孟、徐成彬:《"五化"并举完善我国项目稳评机制》，载《中国投资》2013 年第 12 期。

[107] 彭振武、李开孟、徐成彬:《当前我国普遍采用的以整体风险等级为导向的项目稳评框架问题剖析》，载《技术经济》2013 年第 12 期。

[108] 张玉磊:《重大事项社会稳定风险评估中的第三方参与: 意义、困境与对策》，载《内蒙古社会科学》2014 年第 1 期。

[109] 徐成彬、李开孟、彭振武:《以问题解决为导向的投资项目社会稳定风险评估新框架》，载《技术经济》2014 年第 1 期。

[110] 傅玲静:《论德国行政程序法中程序瑕疵理论之建构与发展》，载《行政法学研究》2014 年第 1 期。

[111] 蒋俊杰:《我国重大事项社会稳定风险评估机制: 现状、难点与对策》，载《上海行政学院学报》2014 年第 2 期。

[112] 陈国权、谷志军:《非竞选政治中的决策问责: 意义、困境与对策》，载《经济社会体制比较》2014 年第 2 期。

[113] [爱尔兰] Colin Scott:《作为规制与治理工具的行政许可》，石肖雪译，载《法学研究》2014 年第 2 期。

[114] 王星辰、周轶:《技术侦查制度之检讨》，载《法律适用》2014 年第 2 期。

[115] 石东坡:《政府重大决策前期社会风险评估立法引论——以〈重大行政决策程序条例〉的创制为指向》，载《浙江工业大学学报（社会科学版）》2014 年第 3 期。

[116] 张创新、任庆伟:《我国决策问责制探析》, 载《浙江工商大学学报》2014 年第 3 期。

[117] 魏治勋、白利寅:《从"维稳政治"到"法治中国"》, 载《新视野》2014 年第 4 期。

[118] 胡象明、王锋:《一个新的社会稳定风险评估分析框架: 风险感知的视角》, 载《中国行政管理》2014 年第 4 期。

[119] 林鸿潮:《公共危机管理问责制中的归责原则》, 载《中国法学》2014 年第 4 期。

[120] 杨海霞:《项目稳评应方法科学标准合理——专访中国国际工程咨询公司研究中心主任李开孟》, 载《中国投资》2014 年第 4 期。

[121] 刘泽照、朱正威:《中国社会稳定风险评估实践框架及关键着力点》, 载《西南大学学报(社会科学版)》2014 年第 5 期。

[122] 方付建:《问责制下的责任规避现象研究》, 载《广东行政学院学报》2014 年第 5 期。

[123] 李洪雷:《〈行政许可法〉的实施: 困境与出路》, 载《法学杂志》2014 年第 5 期。

[124] 张玉磊:《多元主体评估模式: 重大决策社会稳定风险评估机制的发展方向》, 载《上海大学学报(社会科学版)》2014 年第 6 期。

[125] 张小明:《我国社会稳定风险评估的经验、问题与对策》, 载《行政管理改革》2014 年第 6 期。

[126] 李明:《大数据技术与公共安全信息共享能力》, 载《电子政务》2014 年第 6 期。

[127] 李霞:《重大改革决策社会稳定风险评估的现实意义与规范路径》, 载《中国发展观察》2014 年第 8 期。

[128] 戚建刚:《我国行政决策风险评估制度之反思》, 载《法学》2014 年第 10 期。

[129] 江必新:《论问责追责》，载《理论视野》2015年第1期。

[130] 黄杰、朱正威、王琼:《风险感知与我国社会稳定风险评估机制的健全》，载《西安交通大学学报（社会科学版）》2015年第2期。

[131] 高山、王京京:《社会稳定风险评估的两种模式及其融合》，载《湖南师范大学社会科学学报》2015年第2期。

[132] 童星、张乐:《国内社会稳定风险评估政策文本分析》，载《湘潭大学学报（哲学社会科学版）》2015年第3期。

[133] 程瑜、陈世明:《从“维稳”到“参与”: 社会稳定风险评估新探》，载《广西民族大学学报（哲学社会科学版）》2015年第3期。

[134] 张新宝:《从隐私到个人信息: 利益再衡量的理论与制度安排》，载《中国法学》2015年第3期。

[135] 谢远扬:《信息论视角下个人信息的价值——兼对隐私权保护模式的检讨》，载《清华法学》2015年第3期。

[136] 刘泽照、朱正威:《掣肘与矫正: 中国社会稳定风险评估制度十年发展省思》，载《政治学研究》2015年第4期。

[137] 于立深、刘东霞:《论社会稳定风险评估制度的行政自制功能》，载《东北大学学报（社会科学版）》2015年第4期。

[138] 张玉磊、徐贵权:《重大决策社会稳定风险评估机制的问题与完善》，载《中共天津市委党校学报》2015年第4期。

[139] 黄杰、朱正威:《国家治理视野下的社会稳定风险评估: 意义、实践和走向》，载《中国行政管理》2015年第4期。

[140] 张红显:《重大决策社会稳定风险评估程序建设研究》，载《河南财经政法大学学报》2015年第4期。

[141] 张乐、童星:《重大决策社会稳定风险评估的问题、回应与完善》，载《江苏社会科学》2015年第4期。

[142] 唐钧:《论政府的风险管理——基于国内外政府风险管理实践的评

述》，载《中国行政管理》2015 年第 4 期。

[143] 朱正威等:《重大项目社会稳定风险评估的主体、权力与责任——基于文本分析与个案研究的初步证据》，载《甘肃行政学院学报》2015 年第 4 期。

[144] 夏金莱:《重大行政决策终身责任追究制度研究——基于行政法学的视角》，载《法学评论》2015 年第 4 期。

[145] 覃慧:《行政决策责任追究制建构的逻辑——基于行政过程论的考察》，载《青海社会科学》2015 年第 4 期。

[146] 陶振:《重大决策社会稳定风险评估：流程与方法》，载《中共天津市委党校学报》2015 年第 5 期。

[147] 张乐、童星:《“邻避”设施决策“环评”与“稳评”的关系辨析及政策衔接》，载《思想战线》2015 年第 6 期。

[148] 韩春晖:《行政决策终身责任追究制的法律难题及其解决》，载《中国法学》2015 年第 6 期。

[149] 杨芳:《个人信息自决权理论及其检讨——兼论个人信息保护法之保护客体》，载《比较法研究》2015 年第 6 期。

[150] 谷志军:《中国决策问责的现状与困境——基于 2003—2012 年问责案例的分析》，载《学习与探索》2015 年第 7 期。

[151] 曹鎏:《论我国行政问责法治化的实现路径》，载《中国行政管理》2015 年第 8 期。

[152] 柳砚涛:《认真对待行政程序“瑕疵”——基于当下行政判决的实证考察》，载《理论学刊》2015 年第 8 期。

[153] 白鹭、王楠:《浅谈重大项目社会稳定风险评估主体间权责问题》，载《改革与开放》2015 年第 19 期。

[154] 卢超、马原:《社会稳定风险评估机制的基层实践及其功能异化——以西北某省 H 镇的风险评估为例》，载《行政法论丛》(第 18 卷)，

2016 年。

[155] 董嘉明:《邻避项目“边稳评边化解风险”的典型样本——基于某垃圾焚烧项目稳评实践的思考》, 载《中国工程咨询》2016 年第 2 期。

[156] 张欢、王新松:《中国特大安全事故政治问责: 影响因素及其意义》, 载《清华大学学报（哲学社会科学版）》2016 年第 2 期。

[157] 闫帅:《中国复合型问责的制度基础与行为模式研究》, 载《东北大学学报（社会科学版）》2016 年第 2 期。

[158] 吴晓涛等:《大数据时代我国应急管理体系变革新机遇与新挑战》, 载《河南理工大学学报（社会科学版）》2016 年第 2 期。

[159] 单勇:《犯罪热点成因: 基于空间相关性的解释》, 载《中国法学》2016 年第 2 期。

[160] 陶莹:《我国网络信息化进程中新型个人信息的合理利用与法律规制》, 载《山东大学学报（哲学社会科学版）》2016 年第 2 期。

[161] 朱正威、王琼、郭雪松:《工程项目社会稳定风险评估探析——基于公众“风险—收益”感知视角的因子分析》, 载《西安交通大学学报（社会科学版）》2016 年第 3 期。

[162] 张乐、童星:《重大“邻避”设施决策社会稳定风险评估的现实困境与政策建议——来自 S 省的调研与分析》, 载《四川大学学报（哲学社会科学版）》2016 年第 3 期。

[163] 高恩新:《特大生产安全事故行政问责“分水岭”效应: 基于问责立方的分析》, 载《南京社会科学》2016 年第 3 期。

[164] 刘泽照:《地方“稳评”操纵行为发生的影响机理——一个考核情境的诠释框架》, 载《公共管理与政策评论》2016 年第 4 期。

[165] 朱正威、王琼:《维稳关口前移何如——基于对 H 市公共政策稳评的思考》, 载《行政论坛》2016 年第 4 期。

[166] 耿玉基:《法律“被虚置化”: 以行政许可法为分析对象》, 载《法

制与社会发展》2016 年第 4 期。

[167] 孙平:《系统构筑个人信息保护立法的基本权利模式》，载《法学》2016 年第 4 期。

[168] 杨芳:《我国个人信息保护法立法模式思考》，载《云南大学学报法学版》2016 年第 4 期。

[169] 张乐、童星:《社会稳定风险评估之评估：过程与效果的综合指标》，载《南京大学学报（哲学人文科学社会科学）》2016 年第 5 期。

[170] 杨丹、宋英华:《转型期中国社会稳定风险评估法治化：挑战与回应》，载《国家行政学院学报》2016 年第 5 期。

[171] 田先红、罗兴佐:《官僚组织间关系与政策的象征性执行——以重大决策社会稳定风险评估制度为讨论中心》，载《江苏行政学院学报》2016 年第 5 期。

[172] 范为:《大数据时代个人信息保护的路径重构》，载《环球法律评论》2016 年第 5 期。

[173] 王玎:《行政程序违法的司法审查标准》，载《华东政法大学学报》2016 年第 5 期。

[174] 张欢:《从评估到监测：社会稳定风险应对的新策略》，载《四川大学学报（哲学社会科学版）》2016 年第 6 期。

[175] 单勇:《基于犯罪大数据的社会治安精准防控》，载《中国特色社会主义研究》2016 年第 6 期。

[176] 黄杰、朱正威、吴佳:《重大决策社会稳定风险评估法治化建设研究论纲——基于政策文件和地方实践的探讨》，载《中国行政管理》2016 年第 7 期。

[177] 吴伟光:《大数据技术下个人数据信息私权保护论批判》，载《政治与法律》2016 年第 7 期。

[178] 郑戈:《在鼓励创新与保护人权之间——法律如何回应大数据技术

革新的挑战》，载《探索与争鸣》2016 年第 7 期。

[179] 谭达宗：《重大行政决策终身责任制的法律责任定位》，载《中国行政管理》2016 年第 8 期。

[180] 周利敏：《迈向大数据时代的城市风险治理——基于多案例的研究》，载《西南民族大学学报（人文社会科学版）》2016 年第 9 期。

[181] 张乐、童星：《重大决策社会稳定风险评估路径的优化：公众参与环节的再思考》，载《广州大学学报（社会科学版）》2016 年第 10 期。

[182] 朱正威、刘莹莹：《重大公共政策社会稳定风险评估中风险沟通机制的构建——基于北京市水价调整政策的案例分析》，载《北京社会科学》2016 年第 11 期。

[183] 张倩：《重大行政决策终身责任追究制的法律困境及其突破》，载《学习与探索》2016 年第 11 期。

[184] 孙粤文：《大数据：风险社会公共安全治理的新思维与新技术》，载《求实》2016 年第 12 期。

[185] 王羽佳：《“大数据”时代背景下电子轨迹在侦查工作中的应用研究》，载《中国科技信息》2016 年第 13 期。

[186] 王柳：《理解问责制度的三个视角及其相互关系》，载《经济社会体制比较》2016 年第 2 期。

[187] 卢超：《“社会稳定风险评估”的程序功能与司法判断——以国有土地征收实践为例》，载《浙江学刊》2017 年第 1 期。

[188] 赵春燕：《第三方参与社会稳定风险评估机制的意义及障碍——以北京市大兴区永泰风险评估服务中心为例》，载《中国工程咨询》2017 年第 1 期。

[189] 徐国利：《论行政问责的责任与归责原则》，载《上海行政学院学报》2017 年第 1 期。

[190] 陈振乾、黄书琴：《郑州市 Y-STR DNA 数据库建设及应用的调

查研究》，载《中国人民公安大学学报（自然科学版）》2017 年第 1 期。

［191］肖登辉、张文杰：《个人信息权利保护的现实困境与破解之道——以若干司法案例为切入点》，载《情报理论与实践》2017 年第 2 期。

［192］张玉磊、贾振芬：《基于利益相关者理论的重大决策社会稳定风险评估多元主体模式研究》，载《北京交通大学学报（社会科学版）》2017 年第 3 期。

［193］袁雪石：《论行政许可名称法定——以“放管服”改革为背景》，载《财经法学》2017 年第 3 期。

［194］蔡一军：《大数据驱动犯罪防控决策的风险防范与技术路径》，载《吉林大学社会科学学报》2017 年第 3 期。

［195］梁君瑜：《行政程序瑕疵的三分法与司法审查》，载《法学家》2017 年第 3 期。

［196］朱正威等：《社会稳定风险第三方评估：实践进展、现实障碍与优化策略》，载《江苏行政学院学报》2017 年第 4 期。

［197］朱正威、吴佳：《社会稳定风险评估机制的运行困境与优化策略》，载《中国党政干部论坛》2017 年第 5 期。

［198］章剑生：《行政程序正当性之基本价值》，载《法治现代化研究》2017 年第 5 期。

［199］黄全义等：《城市公共安全大数据》，载《地理空间信息》2017 年第 7 期。

［200］丁翔、张海波：《大数据与公共安全：概念、维度与关系》，载《中国行政管理》2017 年第 8 期。

［201］于佳琪：《通信大数据社会治安防控新思路》，载《软件和集成电路》2017 年第 8 期。

［202］陈国栋：《行政问责法制化主张之反思》，载《政治与法律》2017 年第 9 期。

[203] 张海波:《应急管理研究向何处去——简论大数据时代的应急管理研究》,载《安全》2017 年第 10 期。

[204] 于志刚:《“公民个人信息”的权利属性与刑法保护思路》,载《浙江社会科学》2017 年第 10 期。

[205] 张玉磊、程倩:《江苏重大决策社会稳定风险评估的实施经验与优化对策》,载《淮阴师范学院学报(哲学社会科学版)》2018 年第 1 期。

[206] 廖秀健:《“对抗式”重大决策社会稳定风险评估模式构建》,载《中国行政管理》2018 年第 1 期。

[207] 吴长剑:《淮安重大决策社会稳定风险评估优化——基于风险沟通视角的研究》,载《淮阴师范学院学报(哲学社会科学版)》2018 年第 1 期。

[208] 邢振江:《价值理性视角下我国特大安全事故行政问责探究》,载《中国行政管理》2018 年第 1 期。

[209] 孔祥稳:《重大行政决策终身问责制度的困境与出路——以地方立法样本为素材的分析》,载《行政论坛》2018 年第 1 期。

[210] 胡象明、张丽颖:《科学主义与人文主义视角下大型工程社会稳定风险评估困境及对策探析》,载《行政论坛》2018 年第 2 期。

[211] 汪大海、郑延瑾:《行政问责的触发机理——基于 20 例公共突发事件的模糊集定性比较分析》,载《兰州大学学报(社会科学版)》2018 年第 2 期。

[212] 雷尚清:《重大工程项目自主决策式稳评的操作性偏误与矫治》,载《中国行政管理》2018 年第 3 期。

[213] 陈振宇:《行政程序轻微违法的识别与裁判》,载《法律适用》2018 年第 11 期。

[214] 林鸿潮:《论社会稳定风险评估的效力》,载《北京行政学院学报》2019 年第 2 期。

（二）英文

［1］Wolf C. P., Social Impact Assessment: The State of the Art, in Wolf C. P., ed. *SIA*. Washington: Environmental Design Research Association, 1974, pp.15–16.

［2］William R. Freudenberg, Social Impact Assessment, *Annual Review of Sociology*, 1986 Annual Review, pp.451–478.

［3］Becker D. R., Harris C. C., McLaughlin W. J., etc. A Participatory Approach to Social Impact Assessment: The Interactive Community Forum. *Environmental Impact Assessment Review*, 2003, 23 (3), pp.367–382.

［4］Thiel S. V., Leeuw F., The Performance Paradox in Public Sector, *Public Performance & Management Review*, 2002, 25 (3), pp.267–281.

［5］Dubnick M. J., Accountability and the Promise of Performance: In Search of Mechanism, *Public Performance & Management Review*, 2005, 28 (3), pp.376–417.

［6］Barbara S. Romzek. Enhancing accountability. in James L. Perry. *Handbook of public administration* (*Second Edition*). San Francisco: Jossey–Bass Inc., 1996, pp.100–103.

三、学位论文类

［1］郑华卿:《中国突发事件行政问责功能异化研究》，华中科技大学法学院 2011 年博士学位论文。

［2］魏云:《压力型体制下的行政问责模式研究》，复旦大学 2011 年博士学位论文。

［3］周慧:《突发事件问责研究》，中国政法大学 2011 年博士学位论文。

［4］张娟:《个人信息的功法保护研究》，中国政法大学 2011 年博士学位

论文。

［5］姚岳绒：《宪法视野中的个人信息保护》，华东政法大学 2011 年博士学位论文。

［6］谷志军：《决策问责及其体系构建研究》，浙江大学 2014 年博士学位论文。

［7］任龙龙：《大数据时代的个人信息民法保护》，对外经济贸易大学 2017 年博士学位论文。

四、报纸类

［1］刘裕国：《四川遂宁推行社会稳定风险评估》，载《人民日报》2006 年 6 月 6 日。

［2］陈宵：《法院审案风险何在》，载《法治周末》2011 年 2 月 24 日。

［3］方工：《司法活动需要评估社会风险吗》，载《检察日报》2011 年 3 月 17 日。

［4］黄顺：《8 万"治安高危人员"被清出深圳》，载《深圳商报》2011 年 4 月 11 日。

［5］朱德米：《深化社会稳定风险评估的理论支持》，载《中国社会科学报》2011 年 6 月 2 日。

［6］王姝、李丹丹：《国务院已取消下放审批项目 362 项　过半任务完成》，载《新京报》2014 年 2 月 28 日。

［7］罗丹阳：《财政部公布中央预算中央本级支出细化到项级科目》，载《北京青年报》2014 年 3 月 26 日。

［8］张永生、孙贝贝：《漩涡中的睢宁政府版征信》，载《新京报》2014 年 7 月 2 日。

［9］刘冰：《大数据时代的应急管理变革》，载《学习时报》2014 年 12

月 22 日。

［10］张海波:《复杂条件下应急管理的战略升级》，载《学习时报》2015 年 12 月 21 日。

［11］唐钧:《稳评存三大问题亟待科学和规范》，载《中国县域经济报》2016 年 1 月 4 日。

［12］黄杰:《需关注重大政策类稳评中的共识构建》，载《学习时报》2016 年 5 月 16 日。

五、网络文献类

（一）中文

［1］《生态环境部就〈工矿用地土壤环境管理办法（试行）〉有关问题答问》，载生态环境部网，http://www.gov.cn/xinwen/2018-06/03/content_5295863.htm。

［2］张慧宁:《青海高院对重大司法决策和重大敏感案件的审判执行实行风险评估》，载中国法院网，https://www.chinacourt.org/article/detail/2010/04/id/403703.shtml。

［3］王利明:《论法学方法论在司法中的运用》，中国人民大学民商法前沿论坛第 356 期讲座，http://www.360doc.com/content/11/0410/14/6591220_108599437.shtml。

［4］李克强:《在全国深化“放管服”改革转变政府职能电视电话会议上的讲话》，载中央人民政府网，http://www.gov.cn/guowuyuan/2018-07/12/content_5305966.htm。

（二）英文

［1］The Interorganizational Committee on Guidelines and Principles for Social

Impact Assessment, *Guidelines and principles for social impact assessment*, 1994, https://www.tandfonline.com/doi/ref/10.1080/07349165.1994.9725857.

[2] Executive Office of the President's Council of Advisors on Science and Technology. *Report to The President Big Data and Privacy: A Technological Perspective*, May 2014, https://obamawhitehouse.archives.gov/sites/default/files/microsites/ostp/PCAST/pcast_big_data_and_privacy_-_may_2014.pdf.

[3] *OECD Guidelines on the Protection of Privacy and Transborder Flows of Personal Data*, 1980, http://www.oecd.org/digital/ieconomy/oecdguidelinesontheprotectionofprivacyandtransborderflowsofpersonaldata.htm.

POSTSCRIPT | 后记

我对社会稳定风险评估的研究兴趣，大概始于 2011 年。当时，国内有不少地方政府已经开始了“稳评”的尝试，遂宁经验、淮安经验等频频见诸各种报道。我最早的想法是尝试开发“稳评”的技术导则，或者说是操作指南，因为当时各地的评估方法五花八门，我认为促进评估方法的统一是一件很有意义的事情。但在尝试了一段时间之后，我发现了两个问题：第一，我对于各种风险评估技术能否真正提升“稳评”的效果产生了怀疑，因为我在学习和研究的过程中发现要证明某种评估技术优于另外一种评估技术是一件很难的事情，甚至要证明这种技术是有用的也很不容易；第二，我明白了开发技术导则并非自己所长，“跨界”幅度太大，自己的知识背景不能胜任。尽管我因此放弃了开发评估导则的尝试，但这段时间的经历对我来说仍不无收获，这既让我初步熟悉了“稳评”这个全新的研究领域，又促使我去思考“稳评”的属性到底是什么，特别是思考此前在“环评”“安评”等风险评估中广泛应用的各种方法在“稳评”中是否也同样适用。

带着这个兴趣，加上我此前连续两年申请国家社科基金项目没有成功，在 2013 年，我尝试更换一个和“稳评”相关的题目去申请。当时的想法是回到自己的本行，研究和“稳评”相关的法学问题，因此，拟定的申请题目是“公共项目社会稳定风险评估的法律机制研究”。但对于到底在其中研究什么具体问题，当时我也只有一些比较初步的想法，思考得并不十分深入。幸运的是，这个题目得以立项，这也是我第一次获得国家社科基金项目，印象十分深刻。

2014年，当我开始深入思考这个题目的时候，因为一次机缘巧合，我有一个在成都从事律师业务的朋友——实际上是我多年前从事国家司法考试培训教学时的一个学生，但比我年长不少——告诉我四川省的“稳评”开展得比较“红火”，他和几个志同道合的朋友设立了一家“稳评”机构，邀请我从学术角度提供一些建议。由此，我获得了直接参与“稳评”具体操作的机会。后来，他们在四川双流、仁寿等地完成的一些“稳评”项目引起了我的强烈兴趣。因为，他们采取了和很多工程咨询机构完全不同的评估方法，主要不是靠专家分析，而是通过问卷调查了解行政决策项目利益相关者的“利益—风险”感知来开展评估。这引起了我对“稳评”到底是一个“科学决策”机制还是“民主决策”机制的反思，对这个问题思考的结果，实际上成为本书立论和逻辑展开的主要基点。

我在收集研究资料的过程中，发生了另外一个巧合。我发现一位硕士阶段的同门师弟、在上海长期从事审判工作的彭浩法官对司法程序中的“稳评”问题颇有研究兴趣，并在法院系统的一些学术会议上发表了相当独到的见解，和我当时对“稳评”已有的一些认识不谋而合。而且，我对“稳评”的思考主要着眼于行政过程，他对司法活动中“稳评”的研究恰恰是我所忽视且不够擅长的，这无疑是极好的互补。于是，我便邀请彭浩法官参加课题组和我一起研究，这正是本书由我和彭浩合著的机缘由来。

2017年到2018年，清华大学法学院的余凌云教授受当时北京市维稳办的委托，为北京市起草有关“稳评”的一部地方性立法。因为余老师听说我在研究“稳评”，便两度邀请我参加了起草过程中的研讨，其间和北京市维稳办、司法局的同志进行了深入交流。这是一个颇为难得的机会，即使我能够通过接触立法实践进一步开拓自己对“稳评”的研究思路，也使得我前期一些思考的成果能够直接向立法起草者表达，对于促进立法中的认识深化多少作出一些贡献。

在这个国家社科基金项目进行期间，本书一些篇章中的部分内容曾经在《环球法律评论》《行政法学研究》《北京行政学院学报》《中共中央党校（国家行政学院）学报》《政治与法律》等学术期刊发表。感谢这些期刊的编辑和审稿专家们所提出的宝贵意见，这些意见对于相关文字在当时和此后的修改完善大有帮助。本书的编辑，中国法制出版社的马颖女士和王雯汀女士曾经编辑过我独著或者合著、参编的多部图书，对于我在出版过程中的各种“无理要求”总能耐心倾听和尽量提供帮助，衷心感谢她们为本书出版所付出的努力。

林鸿潮

2020 年 7 月 5 日记于北京

图书在版编目 (CIP) 数据

社会稳定风险评估的法律机制研究 / 林鸿潮，彭浩著 .—北京：中国法制出版社，2021.8

ISBN 978-7-5216-2053-5

Ⅰ.①社… Ⅱ.①林… ②彭… Ⅲ.①社会稳定—风险评价—研究—中国 Ⅳ.① D630.8

中国版本图书馆 CIP 数据核字（2021）第 141170 号

策划编辑：马　颖　　责任编辑：王雯汀　　封面设计：周黎明

社会稳定风险评估的法律机制研究

SHEHUI WENDING FENGXIAN PINGGU DE FALÜ JIZHI YANJIU

著者 / 林鸿潮　彭　浩

经销 / 新华书店

印刷 / 北京虎彩文化传播有限公司

开本 / 710 毫米 × 1000 毫米　16 开　　印张 / 18　字数 / 244 千

版次 / 2021 年 8 月第 1 版　　2021 年 8 月第 1 次印刷

中国法制出版社出版

书号 ISBN 978-7-5216-2053-5　　定价：69.00 元

北京西单横二条 2 号　　传真：010-66031119

邮政编码 100031

网址：http://www.zgfzs.com　　**编辑部电话：010-63141824**

市场营销部电话：010-66033393　　**邮购部电话：010-66033288**

（如有印装质量问题，请与本社印务部联系调换。电话：010-66032926）